„Beachte die Körpersignale …"

Aspekte Themenzentrierter Interaktion

Herausgegeben von

Karin Hahn, Marianne Schraut, Klaus-Volker Schütz
und Christel Wagner

„Beachte die Körpersignale …"

Körpererfahrungen in der Gruppenarbeit

Matthias-Grünewald-Verlag · Mainz

CIP-Titelaufnahme der Deutschen Bibliothek

„Beachte die Körpersignale ...“ : Körpererfahrung in der
Gruppenarbeit / [hrsg. von Karin Hahn ...]. — Mainz :
Matthias-Grünewald-Verl., 1991
(Aspekte themenzentrierter Interaktion)
ISBN 3-7867-1530-0
NE: Hahn, Karin [Hrsg.]

© 1991 Matthias-Grünewald-Verlag, Mainz
Umschlag: Wagner
Druck und Bindung: Druckhaus Darmstadt GmbH

Inhalt

Vorwort

Im Sinne einer ganzheitlichen Sicht des Menschen hat die körperorientierte Arbeit in vielen pädagogischen und therapeutischen Schulen eine lange Tradition. Wenn man die unterschiedlichen Angebote in der psychologischen und pädagogischen Gruppenarbeit heute überblickt, wird man schnell feststellen, wie eng Psychisches, Interaktionelles und Physisches darin zusammengedacht werden. Zum einen haben Gruppendynamik, Gruppenpädagogik und Gruppentherapie die Frage nach dem Körpererleben zu einem ihrer zentralen Themen gemacht. Zum anderen hat der Blick auf die Gruppe (und die dynamischen Phänomene in ihr) mittlerweile auch jene Angebote erreicht, die traditionellerweise eher auf das Somatische festgelegt waren.

„Körper" und „Gruppe" sind heute stärker denn je ineinander verwoben und haben einander zu bereichern gelernt.

In der Praxis allerdings wird immer wieder deutlich, wie vielfältig die Fragen sind, mit denen man konfrontiert ist, wenn man sich mit diesem Zusammenhang befaßt. Der vorliegende Band möchte dem Thema in möglichst vielen Facetten Raum geben.

Beispiele aus den Arbeitsfeldern der Autoren und theoriebezogene Erörterungen ergänzen einander. Es ist nur selbstverständlich, daß nicht alle Details der angeschnittenen Thematik behandelt werden konnten. Trotzdem glauben wir, daß das, was als Ergebnis zustande gekommen ist, einen interessanten und zudem aktuellen Ausschnitt daraus bietet, was Leiterinnen und Leiter beschäftigt, wenn man sie heute über das Verhältnis von „Körper" und „Gruppe" befragt.

Ruth C. Cohns Aufforderung „Beobachte Signale aus deiner Körpersphäre und beachte Signale dieser Art bei den anderen Teilnehmern!" bildet das Leitmotiv und den roten Faden, um den herum die einzelnen Beiträge angeordnet sind.

Karin Hahn
Marianne Schraut
Klaus-Volker Schütz
Christel Wagner

7

Klaus-Volker Schütz

Geboren 1956. Dr.theol. Evangelischer Theologe und Pastoralpsychologe. Zur Zeit Gemeindepfarrer in Geisenheim/Rheingau. Mitglied der Deutschen Gesellschaft für Pastoralpsychologie (DGfP), Sektion Gruppendynamik/Sozialpsychologie. TZI-Gruppenleiter (Diplom), körperpsychotherapeutische Ausbildung. Zahlreiche Veröffentlichungen zu gruppenbezogenen Themen, allgemein und für den kirchlichen Bereich. Mitherausgeber der „Aspekte Themenzentrierter Interaktion".

Ein Leib, viele Glieder

Die Beziehung von Körper und Gruppe
Versuch eines Überblicks

Im Grunde eine alte Frage...

Körper und Seele als Einheit zu betrachten, ist ein Anliegen, das so alt ist, wie die Menschheitsgeschichte selbst. Bereits in der europäischen Antike war eine lebhafte Diskussion darüber im Gang, wie denn genau man sich das Verhältnis von Leib, Seele und Geist für das menschliche Leben vorzustellen habe.
Auf der einen Seite stand die *griechische Position*, auf der Platoniker und Aristoteliker lebhaft miteinander diskutierten, ob

9

das Wesen des Menschen als in Körper — Seele — Geist dreigeteilt gedacht werden müsse oder ob eine Zweiteilung (Körper — Seele) vielmehr richtiger sei. Auf der anderen Seite wissen wir um die Position des *Judentums*, die den Menschen stets als untrennbare Einheit ansah: „Näfäsch", in den deutschen Übersetzungen des Alten Testaments — falsch einschränkend — oft mit „Seele" wiedergegeben, bezeichnet gerade die Gesamtheit der menschlichen Existenz, ohne dabei in mehrere Einzelelemente aufzuspalten. „Psyche", der unsterbliche innere Funke der Griechen, ist dem älteren Judentum unbekannt. Der Mensch besteht hier nicht aus mehreren Aspekten, wie dies vor allem Platonismus und Gnosis vertraten. Auch werden Seele und Geist nicht als besondere im Raum des physischen Körpers befindliche Organe oder Prinzipien eines höheren geistigen Lebens über dem naturhaft Animalischen aufgefaßt. Der Mensch wird als Ganzheit und lebendige Einheit begriffen, als ein Ich, das sich selbst gegenständlich werden kann im Wollen und im Wissen.

Es paßt auf diesem Hintergrund für unseren Zusammenhang nicht schlecht, daß wir eines der ersten Zeugnisse für eine Verbindung von Körper und Gruppe im Neuen Testament finden. Es zeigt, daß die Beziehung zwischen diesen Bereichen im Grunde ein erhebliches Alter hat und daß sie längst vor der Entstehung modernen psychologischen und sozialpsychologischen Denkens bestand.

In 1 Kor. 12ff schreibt Paulus an die durch Konflikte zerrüttete Gemeinde im griechischen Korinth:

„Denn gleichwie *ein* Leib ist und hat doch viele Glieder, alle Glieder aber des Leibes, wiewohl ihrer viele sind, doch *ein* Leib sind: so auch Christus. Denn wir sind durch *einen* Geist alle zu *einem* Leibe getauft, wir seien Juden oder Griechen, Unfreie oder Freie, und sind alle mit *einem* Geist getränkt. Denn auch der Leib ist nicht *ein* Glied, sondern viele. Wenn aber der Fuß spräche: Ich bin keine Hand, darum bin ich des Leibes Glied nicht, sollte er um deswillen nicht des Leibes Glied sein? Und wenn das Ohr spräche: Ich bin kein Auge, darum bin ich nicht des Leibes Glied, sollte es um deswillen nicht des Leibes Glied sein? Wenn der ganze Leib Auge wäre, wo bliebe das Gehör? Wenn er ganz Gehör wäre, wo bliebe der Geruch? Nun aber hat Gott die Glieder gesetzt, ein jegliches am Leibe besonders, wie er gewollt hat. Wenn aber alle Glieder ein Glied wären, wo bliebe der Leib? Nun aber sind der Glieder viele, aber der Leib ist einer. Es kann das Auge nicht sagen zu der Hand: Ich bedarf dein nicht; oder wiederum das Haupt zu den Füßen: Ich bedarf euer nicht. Sondern vielmehr die Glieder des Leibes, die uns dünken die schwächsten zu sein, sind die nötigsten; und die uns dünken am wenigsten ehrbar zu sein, die umkleiden wir mit besonderer Ehre; und die uns übel anstehen, die schmückt man am meisten. Denn die uns wohl anstehen, die bedürfen's nicht. Aber Gott hat den Leib zusammengefügt und dem geringeren Glied höhere Ehre gegeben, auf daß nicht eine Spaltung im Leibe sei, sondern die Glieder füreinander gleich sorgen. Und wenn ein Glied leidet, so leiden alle Glieder mit, und wenn ein Glied wird herrlich gehalten, so freuen sich alle Glieder mit. Ihr aber seid der Leib Christi und Glieder, ein jeglicher nach seinem Teil."

Schon hier — in der zweiten Hälfte des ersten Jahrhunderts also — konnte man Körper und Gruppe zusammendenken. Paulus deutet den Gemeindezusammenhang der jungen christlichen Gruppe als einheitlichen Leib, dem Spaltungen schädlich sind und in dessen Gefüge einzelne Glieder je nach ihren Fähigkeiten bestimmte Rollenfunktionen übernehmen. Indem er das dynamische Ganze der Gemeindegruppe in das Bild des Körperschemas überführt, bietet Paulus der turbulenten Gruppendynamik in Korinth und den Beteiligten in ihr eine Verstehenshilfe an, die zur Durcharbeitung des konflikthaften Geschehens anregen soll. Sozialpsychologisch gesprochen: Paulus nutzt seinen Status als Leiter, um die Gemeindegruppe durch Rückmeldung (Feedback) von außen zur Überwindung der akuten Gruppenkrise anzuregen. Im Grunde sind viele elementare Gedanken der modernen gruppenbezogenen Sozialpsychologie bei ihm präjudiziert. Eine genauere Betrachtung des zitierten Abschnitts wäre sicher lohnenswert. Wenn es auch nicht darum gehen kann, den frühchristlichen Apostel zum antiken Vater der modernen Gruppendynamik zu machen, so zeigt das kleine Beispiel doch, wie sehr die Frage nach Körper und Gruppe, die uns so überaus charakteristisch für unser Jahrhundert erscheint, im Grunde doch die Menschen aller Zeiten beschäftigt hat.[1]

---

[1] Vgl. auch Schütz, Klaus-Volker, Gruppenarbeit in der Kirche. Methoden

Wenn man noch vor einigen Jahren die Begriffe „Gruppe" und „Körper" in einem Atemzug genannt hätte, wäre man mit einiger Sicherheit auf Unverständnis gestoßen. Die „Gruppe"[2] war ein feststehender Begriff in den Sozialwissenschaften, mit dem man die Konstellationen beschrieb, aus denen eine Gesellschaft zusammengesetzt ist und deren Miteinander und Gegeneinander die Vielfalt der menschlichen Gemeinschaften ausmacht. Der Themenkreis „Körper" dagegen war eindeutig auf das Gebiet der Medizin bezogen und hatte dort seine Heimat. Wo man eine Verbindung von „Körper" und „Gruppe" in der Vergangenheit hätte herstellen wollen: Man hätte am ehesten wohl noch an Sportvereine und vergleichbare Verbände gedacht. Inzwischen hat sich die Lage erheblich verändert, und es haben sich vielfältige Beziehungen zwischen den beiden — ursprünglich getrennten — Bereichen ergeben. Wo heute das Thema Gruppe und Körper angeschnitten wird, denkt man in erster Linie an die vielen Angebote in der Erwachsenenbildung, in der Therapie- und Selbsterfahrungsszene, in denen das Körpererleben eine wesentliche Rolle spielt, in denen dem Wahrnehmen und Reflektieren körperlicher Prozesse hoher Rang eingeräumt wird. Ob Managementtraining, Seelsorgekurs oder Supervisionsgruppe, ob Besinnungswochenende, ob Lehrerseminar oder therapeutische Gemeinschaft — ohne die explizite Einbeziehung des Körpers sind solche Angebote kaum noch denkbar.

Man kann dabei zweierlei unterscheiden: Zum einen haben viele Gruppenarbeitsverfahren die Frage nach dem Körpererleben zum zentralen Gegenstand gemacht. Zum anderen hat der Blick auf die Gruppe dann aber auch jene Kursangebote und Bildungsveranstaltungen erreicht, die ihrer Herkunft nach eigentlich auf das Rein-Somatische festgelegt waren. In vielen Yoga-, Entspannungs- und Eutoniekursen wird heute das Geschehen in der Übungsgruppe selbst — als ein die Erfahrungen des einzelnen vertiefendes Element — mit ins Gespräch gebracht.

angewandter Sozialpsychologie in Seelsorge, Religionspädagogik und Erwachsenenbildung, Mainz 1989.
[2] Vgl. als Basisliteratur zur Gruppe Schütz, Klaus-Volker, Gruppenforschung und Gruppenarbeit. Theoretische Grundlagen und Praxismodelle, Mainz 1989.

Wenn man sich nun fragt, wie es zu dieser Verbindung gekommen ist, wird man zunächst einmal an die Anfänge der Gruppenbewegung in den USA und Europa erinnert und auf sie verwiesen werden. Wir begeben uns mitten hinein in die Geschichte der Psychologie und der psychotherapeutischen Methoden, wo wir nach Herkunft und Werden dieser Entwicklung fragen.

1. Die Verbindung vom Körper und Gruppe, in ihrer jüngeren Entwicklung gesehen

1.1 Die Abkehr von der klassischen Psychoanalyse

In den Anfängen der Gruppenbewegung in den USA wollte man sich zunächst einmal von der klassischen Psychoanalyse absetzen. Im Hinblick auf das, was man als Neues wollte, war man sich weniger einig, als bezogen auf *das*, was man inzwischen als ungenügend betrachtete: Die Kritik am analytischen Setting war das verbindende Element. Nicht mehr wollte man eine Praxis, die man als eingeschränkt erlebte; nicht mehr wollte man ein Menschenbild, das man als an Defiziten orientiert ansah. Dabei waren die Begründerinnen und Begründer der neuen Gruppenverfahren in der Regel selbst Psychotherapeuten analytischer Herkunft. Sie wußten, wovon sie redeten. Die Kritiker und Neuerer kamen aus dem kritisierten Medium selbst und hatten dort intensive Schulung erfahren.

Im Rahmen der Suche nach einem ganzheitlichen Psychotherapiekonzept, das über das streng analytische Setting hinausging, formulierten die Vertreter dieser Richtung schon früh auch den Wunsch nach einer stärkeren Einbeziehung des Körpererlebens als wichtiger Ergänzung des therapeutischen Prozesses.

Es waren die „Psychologen der Dritten Kraft" („Dritte Kraft", d.h. dritte Säule der Psychologie neben Psychoanalyse und Verhaltenstherapie), die Begründerinnen und Begründer der Humanistischen Psychologie, die die Bedeutung des Körpers für die Arbeit mit Menschen neu ins Gespräch brachten. Ch.Bühler, M.Allen, A.Maslow, C.Rogers, Ruth Cohn und Will Schutz, um nur einige Vertreter zu nennen, wollten ihre Weise des psychologischen Denkens nicht so sehr in der Lehre von den seelischen Störungen begründet wissen. Vielmehr wollten sie den Bedingungen gelingenden Lebens auf die Spur kommen und danach fragen, was eine sinnerfüllte menschliche Existenz im Kern ausmacht. Von diesem Anspruch und bestimmten philosophischen Grundlagen her, die man für eine moderne ethisch orientierte Psychologie für unverzichtbar hielt, war die Körpersphäre damit im Blick.

Zwei Mitbegründer der Humanistischen Psychologie können für unseren Zusammenhang als in besonderem Maß prägend genannt werden: Ruth Cohn, die Hauptperson auf der gruppenpädagogischen Seite des neuen Ansatzes, und William C. Schutz, der Vater der Encountergruppen und selbsterfahrungsorientierten Arbeit.

1.1.1 Ruth Cohn und die Themenzentrierte Interaktion

Ruth Cohn hat als eine der ersten die Einbeziehung des Körpererlebens in alle Zusammenhänge der Gruppenarbeit gefordert und ihr Beachtung verschafft: Wo ganzheitliches, lebendiges Lernen gelingen soll, kann der Körper nicht ausgegrenzt bleiben. „Beachte Signale aus deiner Körpersphäre und beachte Signale dieser Art bei den anderen Teilnehmern" hat sie als eine der zentralen Forderungen über ihre themenzentrierten Gruppen gesetzt[3]. „Von der Psychoanalyse zur Themenzentrierten Interaktion", ihre erste umfangreiche Veröffentlichung, enthält in vielen Kapiteln Hinweise darauf, wie elementar ihr dieses Anliegen ist.

„Lernstunden übersehen den Körper, Turnstunden übersehen den Geist", ist einer ihrer programmatischen Sätze, mit denen sie sowohl die Kritik am Herkömmlichen als auch die Grundrichtung des Zu-Erstrebenden benennt. Die Körperempfindungen der Teilnehmer, in welcher Situation der Gruppenarbeit auch immer, sollen zum Indikator dafür werden, inwiefern der einzelne tatsächlich („mit Haut und Haar") bei der Sache ist und dem gemeinsamen Lernprozeß folgt.

Das Störungspostulat („Störungen haben Vorrang") bildet den

---

[3] Siehe auch Schütz, Klaus-Volker, TZI zwischen Gruppendynamik, Gruppenpädagogik und Gruppenpsychotherapie, in: Hahn, K. / Schraut-Birmelin, M. / Schütz, K.-V. / Wagner, Ch. (Hrsg.), Gruppenarbeit: themenzentriert, Mainz 1987, S.11-23.

Rahmen, in dessen Mitte die körperbezogene Hilfsregel den konkreten Fokus der Aufmerksamkeit benennt. Körperempfindungen sollen ernstgenommen werden. Wenn sich bleierne Müdigkeit einstellt oder wenn ich nicht mehr richtig durchatmen kann, wenn Verspannungen mich nicht ruhig sitzen lassen oder wenn sich mein Magen verkrampft, dann ist das in vielen Fällen auch mit meiner persönlichen Beziehung zu der gestellten Arbeitsaufgabe verbunden. Ein ganzheitlicher Ansatz in der Gestaltung von Lernprozessen kann die Ebene des Körperlichen nicht vor der Tür lassen, ohne einen der elementaren Aspekte menschlicher Existenz zu verraten. Der Körper hat Indikationsfunktion, was die Beziehung der Teilnehmer an einer Lern- oder Arbeitsgruppe zur Sache selbst angeht.

„Der Körper hat seine eigene Sprache, mit der er auch Übersetzer unserer Gefühle ist. Er macht Unsichtbares sichtbar — ohne Worte. Wenn wir seine non-verbale Sprache ins Verbale übersetzen, erhöhen wir unser Verständnis: „Dein Finger liegt auf deinem Mund. Was sagt der Finger zum Mund? Was sagt der Mund zum Finger?" „Dein Fuß klopft auf die Erde. Was sagt er?" „Der Körper ist gefühlsnah und sagt darum oft etwas über emotionale Befindlichkeiten aus, die dem Sprecher noch nicht zum Bewußtsein gekommen sind."[4]

Im Kontakt miteinander sollen es die Mitglieder einer Gruppe mehr und mehr lernen, die Sprache ihres Körpers wahrzunehmen, sie zu erkennen und anzuerkennen, sie zu verstehen und ihren Empfindungen Ausdruck zu geben. Das Maß der Auswahl dessen, was angesprochen werden kann (sowohl vom Teilnehmer als auch vom Leiter her), hängt vom thematischen Zusammenhang ab, zu dessen Bearbeitung eine Gruppe zusammengekommen ist. In einer körperpsychotherapeutischen Selbsterfahrungsgruppe wird das anders sein, als es in einer Teamsitzung innerhalb einer Institution der Fall ist.

Trotzdem gilt in allen Fällen: Das Empfundene soll in Worte übersetzt werden, damit es benannt werden kann und der lebendige Bezug zur Sachebene erhalten bleibt. Dann, so Ruth Cohns Hoffnung, wird die Interaktion jeweils auf einer wahrhaf-

---

[4] Cohn, Ruth C., Von der Psychoanalyse zur Themenzentrierten Interaktion, Stuttgart 1975, S.202.

tigeren Ebene weitergehen können, und es muß nicht so vieles an unbewußten/halbbewußten Inhalten ausgeblendet bleiben. Verschweigen, Ignorieren und Verdrängen jedenfalls ist für die Gruppenarbeit keine Lösung. Das Nicht-zur-Kenntnis-Nehmen des Körperlichen verhindert Schritte zu einem höheren Maß an Sebstverantwortlichkeit, zu Selbstbewußtsein und Autonomie, und wird — individuell und interaktionell — über die Zeit doch nur zu Krisen führen oder in Stagnation enden. Die Einbeziehung des Körpers ist nicht Selbstzweck, sondern Mittel, um die Gruppenarbeit lebendig und den einzelnen in ihr im Kontakt mit sich zu halten.

1.1.2 William C. Schutz und die Encountergruppe

William C. Schutz[5], der zweite Vertreter der Humanistischen Psychologie, der für unseren Zusammenhang wichtig ist, beschäftigt sich im Unterschied zu Ruth Cohn stärker mit dem „reinen" Selbsterfahrungsbereich. Wo Ruth Cohn eine Vielfalt von themenorientierten Gruppen im Auge hat, wurde von Schutz eher der klassische Encounter-Ansatz formuliert.[6]
Bei ihm ist die Frage nach dem Körpererleben in der Gruppe wiederum auf einer anderen Ebene gestellt. Alle Gruppenberatung und Gruppentherapie denkt er streng vom Somatischen her und beschreibt die physiologischen Grundlagen für jede Begegnungsgruppenarbeit als zentral. Noch stärker als dies bei Ruth Cohn der Fall ist, wird die Wahrnehmung körperlicher Reaktionen bei William Schutz zum Angelpunkt des Leiterverhaltens und Ausgangspunkt jedweder Intervention.
„Gefühle können in erster Linie mit Hilfe des Körpers verstanden werden", ist eines der Axiome, von denen er ausgeht. Viele Gefühle, die für Menschen ursprünglich sind, und die durch Bewegungen ausgedrückt werden könnten, sind durch kulturelle Einflüsse (Familie, Schule, Kirche etc.) unterdrückt.

---

[5] Vgl. Schutz, William C., Freude, Reinbek 1973; ders., Encounter, Hamburg 1977.
[6] „Encounter ist eine Methode, persönliche Beziehungen herzustellen auf der Grundlage von Offenheit und Ehrlichkeit, Selbst-Wahrnehmung und Selbst-Verantwortlichkeit, Körperbewußtsein, Beachtung der Gefühle und der Betonung des Hier-und-Jetzt. (...) Die Gruppe konzentriert sich darauf, ihre Gefühle im Hier-und-Jetzt zu entdecken und auszudrücken. Der Gruppenleiter hilft ihnen, diese Gefühle zu klären." Schutz, William C., Encounter, Hamburg 1977.

Schutz schreibt: „Im Encounter wird das muskuläre System genau beachtet. Durch Anspannung deiner Muskeln unterdrückst du Gefühle. Hieraus ergibt sich eine wichtige Regel des Encounter: ‚Immer wenn du etwas körperlich ausdrücken kannst, dann drücke dich durch deinen Körper aus, anstatt nur zu reden.' Wenn du zum Beispiel Kontakt mit einem anderen Teilnehmer aufnehmen möchtest, gehe zu ihm und berühre ihn, anstatt nur zu sprechen. Wenn du dich nicht bewegst und nur redest, unterdrückst du leicht dein Gefühl..."

(...) „Wenn du in einer Gruppe redest und nicht weiterkommst, fordere ich als Leiter dich auf, dich zu bewegen und helfe dir so, mit den hinter deinen Worten versteckten Gefühl auf einer aktiveren Ebene in Kontakt zu kommen. Wenn zwei von euch versuchen, verbal auszudrücken, was ihr füreinander empfindet, und damit nicht zurechtkommt, fordere ich euch auf, euch einander gegenüber zu setzen und ohne Worte zu kommunizieren. Das endet oft in einer Umarmung, einem Ringkampf, mit Fortstoßen des anderen oder Abwenden, oder es bricht ein geheimer Wunsch hervor, sobald die verbale Überlagerung einmal entfernt ist.

Das bedeutet nicht, daß Verbalisierung immer sinnlos ist. Wenn du dir über dein Gefühl klar geworden bist, wird es oft durch verbale Erklärung verfestigt und verdeutlicht. Wenn Verbalisierung das zugrundeliegende Gefühl jedoch verschleiert, hörst du am besten auf zu reden und erforschst die Körpergefühle."[7]

Die verschiedenen Stadien der Gruppenentwicklung (Gruppenbildung/ Zusammenfinden — Trennung/Abschiednehmen etc.) deutet er von den damit verbundenen psychosomatischen Energieverläufen her. Noch mehr: Jede einzelne Sitzung der Gruppenarbeit ist für ihn ein umfassender körperlich-seelischer Energieprozeß, dessen physischen Ausdrucksformen er sich als Leiter sorgsam widmen will, weil nur so seiner Meinung nach wirklich vollständig erfaßt werden kann, was „eigentlich" in der Runde der Beteiligten vor sich geht. Nonverbales Verhalten der Teilnehmer berücksichtigt er, um die individuelle psychische Dynamik zu verstehen und um die Art und Weise der Interaktion realitätsgerecht einschätzen zu können.

[7] Ebd. S.35ff.

1.1.3 Alexander Lowen und die Bioenergetische Analyse

Noch ein anderer Neuerer muß genannt werden, wo man über die Wurzeln der Körperorientierung in den modernen Gruppenverfahren miteinander ins Gespräch kommen will. Zwar zählt Alexander Lowen[8] nicht zum engeren Kreis der Begründerinnen und Begründer der Humanistischen Psychologie, und doch er hat mit seinen Gedanken indirekt erheblich auch auf die Ansätze dieser Richtung eingewirkt und zur Körperorientierung in ihnen beigetragen. Zu den Humanistischen Psychologen im eigentlichen Sinn gehört er nicht: Mit dem, was er entwickelt hat, ist er vom Grundkonzept her eher einer Erneuerung und Erweiterung der Psychoanalyse verschrieben. Die zentralen Kritikpunkte, die Ruth Cohn und andere an der Klient-Therapeut-Beziehung der klassischen Psychoanalyse vorgebracht haben, teilt er nicht. Zwar betont auch er die Wichtigkeit einer positiven Anthropologie für die Ausrichtung der psychotherapeutischen Arbeit, und definiert auch er sie als Wachstumsprozeß; trotzdem bleibt er in seinem klinischen Denken eher der Psychoanalyse verpflichtet. Im Hinblick auf die Schärfe seines Standpunktes in der Psychodiagnostik, Psychopathologie und Charakterlehre kann man sogar mit einiger Berechtigung sagen, daß er dabei in etlichen Punkten noch über Freud selbst hinausgegangen ist. Auch die Klient-Therapeut-Beziehung, wie Lowen sie entwirft, hat ihm gerade von seiten der Humanistischen Psychologie immer wieder den Vorwurf eingebracht, noch technizistischer und mechanistischer vorzugehen, als die orthodoxen Freudianer selbst[9]. Wie dem auch sei, dennoch hat Lowen die Körperorientierung in der Psychotherapie — auch im Hinblick auf die Gruppe — erneuert, noch einmal in ganz eigener Weise durchdacht und formuliert, ja sie zur Mitte psychotherapeutischer Praxis schlechthin gemacht.

---

[8] Zur Einführung in Lowens Werk ist aus der Vielfalt seiner Veröffentlichungen m.E. am besten geeignet: Lowen, Alexander, Bioenergetik. Therapie der Seele durch Arbeit mit dem Körper, Reinbek 1979 (inzwischen in neuer Auflage erschienen).

[9] Vgl. Ruth Cohns persönlicher Eindruck von Lowens Person und Ansatz, beschrieben in: Cohn, Ruth C. / Farau, Alfred, Gelebte Geschichte der Psychotherapie, Stuttgart 1984, S.251ff.

Lowen ist Reichianer, bei Wilhelm Reich[10] selbst ausgebildet, und hat dessen körperbezogene Charakteranalyse zur Vollendung geführt. Was bei Reich vom Grundansatz zwar schon vorhanden ist, was durch die Vielfalt und Sprunghaftigkeit seiner Interessen aber nicht ausgearbeitet wurde, hat Lowen zur Bioenergetischen Analyse verbunden. Sein Ansatz ist bis heute zum Synonym für Körperpsychotherapie schlechthin geworden. Die Vielfalt der neueren Methoden auf diesem Gebiet sind letzten Endes nichts anderes als Unterformen und Varianten seiner Methodik geblieben.

Die Bioenergetische Analyse ist ein Ansatz der Einzeltherapie; ein Gruppenverfahren ist sie nicht. Wie in der klassischen Psychoanalyse wird nach dem Konzept von Übertragung und Gegenübertragung gearbeitet, um die explizite Arbeit am Körperprozeß ergänzt. Im Gegensatz zur herkömmlichen psychoanalytischen Arbeit gibt der Therapeut das Berührungstabu auf. Unterstützend und helfend leitet er zu Körpererfahrungen an, die im analytischen Gespräch behutsam bearbeitet werden. Die verbale Analyse des Übertragungsgeschehens, der freien Einfälle und der Träume ist um die Dimension des Körperlichen bereichert und um sie herum arrangiert. Das Wahrnehmen, Verstehen und Annehmen der im Körper eingefleischten Lebensgeschichte wird zur via regia des therapeutischen Prozesses.

Dahinter steht Reichs Erkenntnis vom Zusammenhang zwischen den unbewußten Prägungen, wie sie ein Mensch aus seiner Lebensgeschichte mitbringt, und dem muskulären Spannungsmuster („Panzerung") des Körpers. Dieses soll Schritt für Schritt entdeckt werden, damit die in ihm gebundenden unbewußten Strebungen an die Oberfläche des Bewußtseins gelangen können. Das identische Funktionieren von Psyche und Physis ist die Grundannahme der Bioenergetischen Analyse: Was im Innern eines Menschen vorgeht (und in der Vergangenheit vorgegangen ist), spiegelt sich in der körperlichen Struktur; oder wie C.G.Jung es ausgedrückt hat: „Der Körper ist das geoffenbarte Leben der Seele. Die Seele ist das wahrgenommene Leben des Körpers."

Lowen selbst schreibt: „Bioenergetik bietet einen Weg, die Persönlichkeit vom Körper und seinen energetischen Prozessen

---

[10] Vgl. Reich, Wilhelm, Charakteranalyse, Köln/Berlin 1970.

her zu verstehen. Diese Prozesse, nämlich die Energieproduktion durch Atmung und Stoffwechsel und die Entladung der Energie in Bewegung, sind die grundlegenden Vorgänge des Lebens. Wieviel man zur Verfügung hat und wie diese Energie gebraucht wird, bestimmt die Art, wie man auf Lebenssituationen antwortet. Je mehr Energie man frei in Bewegung und Ausdruck umsetzen kann, desto mehr kann man mit den verschiedensten Situationen umgehen. Die bioenergetische Analyse ist zugleich eine Therapieform, die Körperarbeit mit Psychoanalyse verbindet. Dadurch will sie Menschen helfen, ihre emotionalen Probleme zu lösen und ihre Fähigkeit zur Freude und Lebenslust zu steigern."[11] Obwohl die Bioenergetische Analyse an sich kein Gruppenverfahren ist, wurde sie hier dennoch erwähnt, weil das in ihr enthaltene Grundverständnis des psychosomatischen Zusammenhangs die Arbeit in vielen Selbsterfahrungs- und Therapiegruppen entscheidend geprägt hat. In den weitaus meisten Fällen übernahm man dabei weniger den neoreichianischen Ansatz selbst, als daß man in ihm eine Ansicht über die leib-seelische Ganzheit des Menschen formuliert fand, in der viele der wesentlichen neueren Gedanken auf diesem Gebiet zusammengeflossen sind. Aber auch die bioenergetischen Übungen, von denen Lowen eine Vielzahl entwickelt hat, gehören inzwischen zum Standardrepertoire zahlreicher Gruppenleiter. So hat Lowens Gedankengut, obwohl es selbst stets auf die Einzeltherapie bezogen war, dann doch auch die Körperorientierung in der Gruppenarbeit in den letzten Jahren erheblich zu beeinflussen vermocht.

Exkurs: Zur Bedeutung der Psychoanalyse für unser Thema

Wenn man den Körperbezug in den verschiedenen Gruppenarbeitsformen in seinem Werden überblickt, stellt sich nachträglich doch noch einmal die Frage nach dem Ort und Stellenwert der Psychoanalyse darin. Viel weniger radikal als noch vor Jahren wird heute die Abkehr von der Psychoanalyse formuliert, mit der

---

11 Lowen, Alexander / Lowen, Leslie, Bioenergetik für Jeden, Gauting 1979.

die Entwicklung der Humanistischen Psychologie in den fünfziger Jahren einst angetreten war. Man ist versöhnlicher geworden und kann wieder stärker das Positive gewichten, das die analytische Tradition auch für die neuen Gruppenverfahren bereithält. Im Grunde ist man dazu übergegangen, erst einmal anzuerkennen, daß vieles von dem, was in den fünfziger und sechziger Jahren so ungewöhnlich und ganz und gar neu erschien, im Grunde doch schon bei Freud selbst angelegt ist und ohne ihn nicht möglich gewesen wäre.

Die Psychoanalyse hat vor mehr als einhundert Jahren als Bewegung innerhalb der Physiologie begonnen. Freud war Arzt und hat das Interesse an den somatischen Vorgängen im menschlichen Leben nie verloren. Bis zuletzt hoffte er, die Libido doch einmal meßbar nachweisen zu können.[12] Viele seiner Analyseberichte, die uns erhalten sind, zeugen von seinem einfühlsamen Umgang nicht nur mit der Realität des Seelischen, mit den unbewußten Prozessen, denen er wie kein anderer auf die Spur gekommen ist, sondern auch von einem erstaunlichen Wissen, von Verständnis und Behutsamkeit im Hinblick auf das leib-seelische Erleben, das er bei seinen Analysanden vorfand.

Die Kritik, die die Vertreterinnen und Vertreter der Humanistischen Psychologie gegen die Psychoanalyse vorbrachten, war über weite Strecken die Kritik an einer erstarrten orthodoxen Praxis. Den Begründer hat sie stets weniger getroffen. Es scheint mir kein Zufall, daß sein Name in dieser Hinsicht auch nur selten erscheint. Seine Schüler waren (wie es bei Schülern ja des öfteren vorkommen soll) unbeweglicher als ihr Lehrer selbst und haben in eine feste Form gegossen, was bei ihm sowohl in Theorie als auch in therapeutischer Praxis noch im besten Sinn experimentierend und fließend war.

Aber auch im von Freud entwickelten Theoriegebäude spielt das körperbezogene Gedankengut eine immense Rolle. Wer könnte eine Entwicklungspsychologie nennen, die mehr als diejenige Freuds vom Nachdenken über psychosomatische Zusammen-

---

[12] „Libido ist ein Ausdruck aus der Affektivitätslehre. Wir heißen so die als quantitative Größe betrachtete - wenn auch derzeit nicht meßbare - Energie solcher Triebe, welche mit all dem zu tun haben, was man als Liebe zusammenfassen kann." Freud, Sigmund, Massenpsychologie und Ich-Analyse, 1921, Gesammelte Werke XIII, S.98.

hänge geprägt ist? Seine Phasenlehre kennt keine Trennung von körperlicher und seelischer Wirklichkeit. Sie schildert das Werden einer psychophysischen Ganzheit. Der Vorwurf eines blinden Flecks im Hinblick auf den Körper trifft ihn ganz sicher nicht. Im Gegenteil: Er hat das verborgene Leben des Körpers zu einer Zeit zum Thema gemacht, die alles andere hören wollte, als das, was er in dieser Hinsicht zu sagen hatte. Vor allem im Hinblick auf die Rolle, die er der Sexualität für das menschliche Leben von Geburt an zuspricht, hat er Tabus berührt. Was er das „Unbewußte" nennt, ist von ihm als Tiefendimension des beseelten Leibes verstanden, in dem jeder psychische Prozeß gleichzeitig Körperprozeß und umgekehrt ist.

In den wesentlichen Punkten teilt die Einbeziehung des Körpers in die moderne Gruppenarbeit die psychoanalytischen Grundannahmen und hat sie nie in Frage gestellt. So bunt und ausgeprägt einzelne Vorgehensweisen auch sein mögen, so sehr sie sich von der analytischen Situation abzuheben bemühen, so geringfügig sind doch die theoretischen Differenzen zu ihr. Ohne das psychoanalytische Persönlichkeitsmodell wäre weder die Lowensche Bioenergetik, die Encountergruppe noch das Störungspostulat Ruth Cohns denkbar.

1.1.4 Neue und traditionelle Verfahren

Wo „Körper" und „Gruppe" sich heute begegnen[13], begegnen sich neue und traditionelle Verfahren. Ein kurzer Überblick über die historische Entwicklung unseres Zusammenhangs wäre unvollständig, würde man nicht gleichzeitig all diejenigen Methoden erwähnen, die — stärker von der eigentlichen Körperseite her kommend — in die verschiedenen Gruppenarbeitsformen Eingang gefunden haben. Sie in Vollständigkeit aufzuzählen, wäre Sisyphosarbeit. Es kann und soll hier nur das Daß eine Rolle spielen.

Für die Aufgabe einer Übersicht scheint es mir nützlich, *zwei Stränge* zu unterscheiden.

Da sind zum einen die vielen *überlieferten Verfahren* der

---

[13] Siehe auch Schütz, Klaus-Volker, Körper erleben - Gruppe erleben - Körpererleben in der Gruppenarbeit, in: Praxis Spiel + Gruppe, 2.Jahrgang, Heft 1, Mainz 1989.

Körperschulung, des Körperbewußtseins und der Körperbildung, die aus alten — oft religiös verwurzelten — Systemen zu uns gekommen sind. Gerade die frühen Selbsterfahrungsgruppen haben sich ihrer gern bedient. An erster Stelle sind hier die verschiedenen Zweige des Yoga zu nennen, die in der Form des Hatha-Yoga (einer an sich relativ späten Yoga-Form) schon im amerikanischen Encounter der späten fünfziger Jahre Aufnahme fand. Nach dem Motto: „Gut ist, was dem Körperbewußtsein dient", hat man die morgendliche Gruppenarbeit oft mit einer Phase des stillen gemeinsamen Körperübens begonnen. Auch das chinesische Tai-Chi-Chuan und die verschiedenen Formen der Zen-Meditation haben hier Verwendung gefunden.

„Awareness", „Bewußtheit"[14] war das Stichwort. Man suchte sich aus dem Fundus der neuentdeckten „alten" Verfahren aus, was man im Hinblick auf das eigene Ziel für nützlich hielt. Vor allem Verfahren asiatischer Herkunft standen hoch im Kurs, daneben — quasi als westliches Pendant dazu — Lowens bioenergetische Übungen. Die Art und Weise der Integration war funktional bestimmt und eher eine Integration am Rande oder in den Vorphasen der eigentlichen Gruppenarbeit. Den religiösen oder weltanschaulichen Hintergrund der einzelnen Ansätze hat man dabei selten zur Kenntnis genommen. Erst später, in der New-Age-Bewegung, hat er dann eine größere Rolle gespielt.

Gleichzeitig sind aber auch neuere Ansätze der Körperarbeit entwickelt und nach und nach aktuell geworden. Hier wäre zum Beispiel Ida Rolfs „Strukturelle Integration" zu nennen, wie sie auch unter dem Namen „Rolfing" bekannt geworden ist. Ida Rolf hat eine neue Form der Bindegewebsmassage begründet, die die Auseinandersetzung des Körpers mit der Schwerkraft der Erde zum Thema macht und Fehlhaltungen erfolgreich — wenn auch schmerzlich — zu korrigieren weiß.

---

[14] „Bewußtheit ist ein das ganze Leben andauernder Prozeß. Um vital zu leben, mußt du deinen gesamten Körper spüren können, mußt du wissen, was du in jedem Augenblick fühlst, mußt du deine Bedürfnisse und Motive kennen - auch belanglose und unangenehme -, mußt du die persönlichen Folgen deiner Handlungen erkennen und alle Teile deines Selbst integrieren können. Ich glaube, daß ein Organismus, der sich seiner selbst voll bewußt ist, sich so verhält, wie es für ihn am vorteilhaftesten ist, und daß eine Gruppe, in der sich alle Mitglieder ihrer selbst voll bewußt sind, die Bedürfnisse aller am besten befriedigt." Schutz, William C., Encounter, Hamburg 1977, S.23.

Auf eigene Weise gehören auch diese Ansätze zum Umfeld unseres Themas mit hinzu, wenngleich sie nur selten tatsächlich in konkrete Gruppenarbeitszusammenhänge aufgenommen worden sind. Ilse Middendorfs Atemtherapie ist hier zu erwähnen, die Arbeit der Gindler-Schule, von der Ruth Cohn profitiert hat, die Konzentrative Bewegungstherapie, das Autogene Training nach J.H.Schultz und die Bewegungsübungen, die Moshe Feldenkrais erdacht hat. Im Hinblick auf diese Verfahren ist, wie oben bereits gesagt, eher ein umgekehrter Reflex bemerkenswert: Als Körperschulungsmethoden im eigentlichen Sinn haben sie von den psychotherapienahen Gruppenverfahren gelernt und sind nach und nach immer mehr dazu übergegangen, auch Gesprächspassagen in ihre Gruppenangebote aufzunehmen.

Auf diese Weise hat sich die Gruppenarbeit durch die traditionellen Körperübungswege bereichert und haben die neueren Körperverfahren von der Erforschung des psychosomatischen Zusammenhangs durch die moderne Psychologie und Psychotherapie gelernt.

Bleiben abschließend noch die verschiedenen Massagetechniken zu erwähnen, wie sie vor allem durch die Bücher George Downings neuerlich bekannt geworden sind. Im Hinblick auf die Aufnahme der Körperverfahren in die Gruppenarbeit nehmen sie eine Sonderstellung ein. Sie sind vor allem in das Sensitivity-Training[15] der sechziger Jahre in den USA und in Europa eingeflossen und wurden dort als Grundbestandteil integriert.

---

[15] Die Bezeichnung „Sensitivity-Training" wurde um das Jahr 1954 an der University of California von Weschler, Kallejan, Tannenbaum und anderen eingeführt. Im Sensitivity-Training verbanden sich damals ältere gruppendynamische Arbeitsformen mit den Vor- und Frühformen der Humanistischen Psychologie. Methodengeschichtlich ist das Sensitivity-Training eine Übergangsform zwischen dem gruppendynamischen Training sozialpsychologischer Prägung und dem humanistisch-psychologischen Encounteransatz, wie ihn Carl Rogers und Will Schutz vertreten haben.

2. Körper und Gruppe, systematisch betrachtet

2.1 Die Angebote an sich

Wenn man heute die Programme von Volkshochschulen, Bildungshäusern und Fortbildungseinrichtungen aufschlägt, wenn man sie mit dem Blick auf die Verbindung von Körper und Gruppe nebeneinanderlegt und nach Ordnungskriterien darin sucht, bietet sich folgende Einteilung an.
Man entdeckt in der Regel dreierlei:

A) **Themenorientierte Veranstaltungen**, deren Schwerpunkt eine bestimmte Zielsetzung (häufig für eine bestimmte Zielgruppe) ist und in die, wie der jeweilige Ausschreibungstext verdeutlicht, die Frage nach dem Körpererleben aufgenommen ist.
— „Paarbeziehung... (Paarwochenende)
  (...) Da eine Paarbeziehung ein eigenes ganzheitliches Resonanzfeld von Mann und Frau ist, sagt uns auch unsere körperliche Befindlichkeit, ob die Beziehung im Gleichgewicht ist. Schwerpunktmäßig wollen wir an diesem Wochenende solchen Fragen nachgehen."[16]
Zu dieser Kategorie der Angebote zählen auch die Veranstaltungen, die nach Ruth Cohns Konzept der Themenzentrierten Interaktion durchgeführt werden. In ihnen gehört die Frage nach der Körperbefindlichkeit zum Tenor der Methode an sich.

B) **Körperorientierte Kurse**, in denen eines der älteren oder neueren Verfahren aus diesem Gebiet am eigenen Leib erfahren werden soll, bilden den zweiten Kreis.
— „Feldenkrais zum Kennenlernen...
  (...) U.a. begleiten uns folgende Themen:
  * Aufmerksamkeit für die innere Erfahrung und Bewegung

---

[16] Teil einer Ausschreibung von Christine Lippert-Lutz und Joachim G. Vieregge im Seminarverzeichnis 1/1991 des Odenwald-Instituts für personale Pädagogik, Wald-Michelbach. Das Odenwald-Institut ist eines der wenigen großen Wachstums-, Selbsterfahrungs- und Fortbildungszentren in der Bundesrepublik, die vom Konzept her an die „Growth"-Zentren in den USA erinnern, wie sie dort im Umkreis der Humanistischen Psychologie an vielen Orten entstanden sind.

* Neugierde und Offenheit gegenüber neuen/unerwarteten Erlebnissen in der Bewegung
* Eigenständige Entwicklung des eigenen Potentials
* Entdeckung neuer Formen und Möglichkeiten der Bewegung.
Die Bewegungsübungen der Feldenkrais-Methode sind angenehm und erleichternd. Jede(r) hat die Möglichkeit, ohne Leistungsdruck oder fremdes Vorbild zu experimentieren und, ohne Anstrengung oder Schmerz, das zu suchen, was der individuellen Eigenart organisch entspricht. Dabei wird das intuitive Wissen als Wegführer behilflich sein."[17]
Die Fülle und Vielfalt der Methoden auf diesem Gebiet ist inzwischen unübersehbar geworden. Die einzelnen Verfahren tragen oft blumige Namen, die nur noch wenig über die angebotenen Inhalte aussagen. Bei „Lomi", „Hakomi", „Posturaler Integration", „Biodynamik", „Somadrama", „Rebirthing" und „Reiki" wird nur der sehr in der Materie Bewanderte noch die einzelnen Schwerpunkte auseinanderzuhalten wissen. Zudem tritt sehr viel Eng-Verwandtes unter ganz verschiedenen Bezeichnungen auf, so daß die Vermutung nahe liegt, daß es eher das Bedürfnis der Begründerinnen und Begründer nach „etwas eigenem" war, das die jeweilige Namensgebung veranlaßt hat, als daß hier tatsächlich Methodendifferenzen zum Tragen kommen.

C) Klar formulierte **körperpsychotherapeutische Angebote** machen schließlich die letzte Kategorie der Gruppenangebote aus.
— „Sehen und gesehen werden — Körperlesen...
Der Körper zeigt unser Wesen, unsere Gefühle und Gedanken. Er enthüllt alte Traumen und die jetzige Persönlichkeit. Gefühle, die wir zeigen, und Gefühle, die nie zu Wort kommen. Für die, die sehen und verstehen können, spricht der Körper klar und gibt Ausdruck über die Art, wie ein Mensch in der Welt ist — über seinen Charakter.
(...) In innerer Achtsamkeit werden wir die Botschaften unseres eigenen Körpers erspüren und entziffern."[18]

---

[17] Ausschreibung von Roger Russel, Odenwald-Institut 1/1991.
[18] Ausschreibung von Rainer Scheunemann, ebd.

Im Hinblick auf diese Angebote muß gesehen werden, daß ihre Einbindung in Gruppen eher eine nachträgliche ist. Sie wurden ihrer Herkunft nach für die Einzeltherapie entwickelt, und ihre Vertreter haben sich erst in zweiter Linie für die therapeutische Gruppe zu interessieren begonnen. Erst in letzter Zeit wird eine eigene fruchtbare Synthese von Einzelansatz und Gruppenarbeit auch in der Körperpsychotherapie sichtbar, wie sie vor allem von solchen Therapeuten angestrebt wird, die in beiden Bereichen (Körpertherapie/Gruppentherapie) ausgebildet und zu Hause sind. Theoretische Konzepte liegen hier allenfalls im Ansatz vor.[19] [20]

3. Art und Weise der Integration

Haben wir bisher mehr oder weniger *von außen* auf die Verbindung von Körper und Gruppe geschaut, wie sie sich im Augenblick darstellt, so soll nun noch einmal ein Blick auch in das Innere geworfen sein. Die Frage lautet: Wie genau eigentlich geht die Integration des Körperbezugs in den Gruppenverfahren vor sich? Auch hier sind zwei Grundrichtungen zu unterscheiden. Die eine betrifft die individuelle Körperlichkeit des einzelnen als Teil des Gruppengesamt; die andere betrifft die Gruppe selbst als eigenes „körperliches" Wesen, das wie die Physis eines Menschen ein Eigenleben führt.

3.1 Der individuelle Körper in der Gruppe

Auf dieser Seite begegnen wir noch einmal den von Ruth Cohn entwickelten Gedanken, wie wir sie weiter oben kurz skizziert haben und wie sie auch über den engeren Zusammenhang der Themenzentrierten Interaktion hinaus in der Gruppenarbeit inzwischen Allgemeingut geworden sind. „Ich bin mein Körper",

---

[19] Eine Sonderstellung nimmt hier die Bioenergetische Analyse ein, die schon immer in Gruppen gearbeitet hat. Allerdings waren diese Gruppen Übungsgruppen (keine Therapieveranstaltungen im engeren Sinn!), in denen die von Lowen entwickelten Haltungen und Streßpositionen therapiebegleitend oder ihres Eigenwerts für das psychosomatische Wohlbefinden wegen durchgeführt wurden.
[20] Vgl. auch den Beitrag von Helga Hausmann in diesem Band.

lautet die selbstverständlich klingende Voraussetzung, die zu der Aufforderung führt, das körperliche Befinden des einzelnen in jeder Situation der Gruppenarbeit gezielt zu beachten.[21] Im klassischen Sinn geschieht dies gerade nicht durch besondere Übungen, sondern einfach durch die Aufmerksamkeit des einzelnen Gruppenteilnehmers selbst, einer Eigenbeobachtungsaufgabe, zu der er von Anfang an von der Leiterin oder vom Leiter ermutigt wird. Durch das regelmäßige Üben dieser speziellen Bewußtseinseinstellung — im Rahmen von Aus- und Fortbildungskursen etwa — wird ein hohes Maß an Erfahrung und Sicherheit im Umgang mit dem eigenen Körpererleben zu erlangen sein.

In den letzten Jahren ist in bezug auf dieses Grundkonzept in der Praxis immer wieder Verwirrung aufgetreten, die mitunter zu erklärenden und korrigierenden Bemerkungen Anlaß gab.[22] Diese Verwirrung ist unter anderem dadurch zustande gekommen, daß man auch in themenzentrierten Gruppen immer häufiger mit *Körperübungs*methoden zu experimentieren begann, wie man sie etwa aus Bioenergetikkursen mitbrachte. Dadurch setzte sich im Bewußtsein vieler Teilnehmer fest: Ich achte auf meinen Körper, wir achten auf unsere Körpergefühle in der Gruppe, wenn wir spezielle Körper*übungen* miteinander machen. Das jedoch ist eine fatale Verwechslung des ursprünglich Beabsichtigten mit einer nachträglich modifizierten Praxis und hat mit dem, was Ruth Cohn vom Grundgedanken her wollte, nur wenig zu tun. In mehr und mehr TZI-Gruppen wurde mit der Zeit eine Entwicklung sichtbar, die im Nachdenken darüber reichlich paradox erscheint: Gerade dadurch, daß nun immer häufiger angeleitete Erfahrungen zur Schulung des Körperbewußtseins angeboten wurden, wurde die körperbezogene Aufmerksamkeit in den eigentlichen Sitzungen weitgehend vernachlässigt, ja vergessen und ist in den Hintergrund getreten. TZI wurde darüber vielfach zum Synonym für reine Gesprächsgruppenarbeit. Damit aber war eine der wesentlichen Absichten Ruth

---

21 Siehe dazu auch Cohn, Ruth C., „Mein Körper gehört zu mir". Auf dem Weg zu einer holistischen Therapie, in: Cohn, Ruth C. / Farau, Alfred, Gelebte Geschichte der Psychotherapie, Stuttgart 1984, S.242ff.
22 Vgl. auch den Beitrag von Matthias Kroeger in diesem Band.

Cohns verlassen. Der ursprünglichen Absicht ihres Ansatzes hat solches Vorgehen nie entsprochen. Zudem konnte man vielfach erleben, daß Leiterangebote in Richtung Körpererleben, obwohl sie doch ein höheres Maß an personaler Bewußtheit bringen sollten, im Dienste der Abwehr eingesetzt wurden, d.h dann, wenn eigentlich anderes bearbeitet gehörte. Auch hier ist Kritik angebracht, denn man richtete sich dadurch in Wohlgefühlen ein, wo eigentlich unlustvolle Affekte hätten thematisiert werden müssen. Der Fehler, im TZI-Jargon benannt: Störungen (hier aus der Körpersphäre kommend) sollen nicht im *vorhinein* „eliminiert" werden. Ihnen soll innerhalb der ganz „normalen" Interaktion der Vorrang zukommen.

Es wird künftigen Ausbildungsgruppen überlassen sein, sich hier wieder mehr Klarheit zu verschaffen.

Wo man auf explizite Körperübungen — aus welchen Gründen auch immer — dennoch nicht verzichten will, wird man sich zudem genau zu besinnen haben, wie sich das jeweilige Leiterverhalten durch Angebote der Körpererfahrung ändert und welche Richtung es dann bekommt: Eine Übung aus der körperorientierten Psychotherapie kann ich als Leiter nicht mitmachen; der ansonsten partizipierende Leiter „rutscht" schnell in eine quasi-therapeutische Rolle hinein, wie sie in den seltensten Fälle aber tatsächlich angebracht sein wird. Und: Ob sie aufgrund der eigenen Ausbildung dann auch zum Nutzen aller Teilnehmer professionell übernommen werden kann, wo man sie einmal induziert hat, steht noch einmal auf einem ganz anderen Blatt. Das Handwerkszeug der üblichen TZI-Ausbildung jedenfalls genügt dafür nicht. Gerade aus dem Wissen um die außerordentliche Wirksamkeit der körperbezogenen Verfahren heraus, sollte man sich eher für ihren sparsamen Gebrauch entscheiden. Man kann beruhigt sein: Die Körperorientierung an sich leidet dadurch nicht, sondern wird vielmehr an ihren ursprünglichen Ort zurückgegeben, der innerhalb der Arbeitseinheiten liegt.

Trotz dieser Konfusion ist die Zielrichtung von Ruth Cohns Aufforderung, den Körper in der Gruppenarbeit jederzeit zu beachten, dennoch klar. Leiterin bzw. Leiter handeln als Modellteilnehmer, von deren Verhalten ein jedes Gruppenmitglied auch in bezug auf die Beachtung der eigenen Körperwirklichkeit lernen soll. Die körperorientierte Hilfsregel gilt für Teilnehmer *und* Leiter. *Beide* sollen der somatischen Wirklichkeit bei sich selbst und anderen Aufmerksamkeit schenken. Der Körper hat Vorrang. Körperwahrnehmung und Körpererleben dienen der Aufschlüsselung dem Bewußtsein nicht unmittelbar zugänglicher emotionaler Erlebnisinhalte, die bemerkt, angeschaut und verstanden sein wollen, wo die Gruppenarbeit den ganzen Menschen — und nicht nur seinen Kopf — erreichen will. Müdigkeit, Verspannungen, Bewegungsdrang und andere somatische Symptome werden als positive Irritationen verstanden, die für die Lebendigkeit des Gruppengesamt, die für die Entwicklung des einzelnen in ihm und auch im Hinblick auf die gemeinsam zu bearbeitende Aufgabe förderlich sein können, wo man sich aufmerksam um sie bemüht.

Von den Strukturelementen, welche die TZI im Hinblick auf Gruppen für bedeutsam hält, wird man weiter unterscheiden können, daß jede Bemerkung eines Teilnehmers im Hinblick auf seine Körperwahrnehmung in mindestens vier Grundrichtungen aufgeschlüsselt werden kann:

— auf sein eigenes *Ich* (aktuelle Situation und/oder Lebensgeschichte): „Ich muß ständig gähnen, weil ich gestern kaum geschlafen habe", „ich bin traurig, weil ein naher Verwandter gestorben ist", „ein Traum sitzt mir im Nacken, in dem ich meinen Eltern begegnet bin";

— auf das *Wir*, auf die Gemeinschaft der anderen (Gruppengesamt und/oder einzelne Teilnehmer): „Gruppen wie diese schlagen mir auf den Magen", „wenn ich mit Männern wie dir zu tun habe, ballt sich meine Faust in der Tasche";

— auf das *Thema*, d.h. auf die Arbeitsaufgabe: „Bei soviel Theorie bekomme ich Kopfschmerzen";

— auf den *Globe*, also auf die räumlichen, historischen, politischen etc. Umfeldbedingungen, in denen die aktuelle Gruppe zusammengekommen ist: „In solchen Räumen läuft es mir eiskalt über den Rücken".

In den wenigsten Fällen werden körperbezogene Beiträge von Teilnehmerseite so klar differenziert sein, wie dies in den angeführten Beispielsätzen der Fall ist. Vielmehr ist es oft geradezu ihr Charakteristikum, daß sie diffuse Wahrnehmungsgehalte zum Ausdruck bringen, die nicht näher oder sofort mit

Bedeutung belegt werden können. Hier wird das hilfreiche Nachfragen des Leiters oder anderer Teilnehmer einzusetzen haben, damit ein tieferes Verständis erreicht wird und die Selbstverantwortlichkeit des einzelnen im Wir der Gruppe wachsen kann.

3.2 Die Gruppe als Körper

Hier wird das Gesamt einer Gruppe wie ein Körper betrachtet, und die gruppendynamischen Prozesse werden so aufgefaßt, als spielten sie sich innerhalb einer einzigen Person ab. Leider ist dieses Verstehensmodell noch wenig ausgearbeitet. Wir kennen eine vergleichbare Sichtweise am ehesten noch aus der Gruppenanalyse, wo das psychoanalytische Persönlichkeitsmodell auf das Gruppenganze übertragen wird.[23]

Einige Vorarbeit zu einer entsprechenden Perspektive im Rahmen der Humanistischen Psychologie hat allerdings Will Schutz geleistet, wenn er die einzelnen Phasen des Gruppenlebens als Energiezyklen zu verstehen versucht.

Auf die Arbeit in seinen Encountergruppen bezogen schreibt er:
„Eines der wichtigsten Phänomene, für das der Gruppenleiter empfänglich werden muß, ist Energie, und zwar im Blick auf die Gruppe als auch im Blick auf den einzelnen Teilnehmer. Als Leiter bin ich am effektivsten, wenn ich der Energie folge. (...)

Wenn sich ein Energiezyklus geschlossen hat, sehe ich mich in der Gruppe nach Hinweisen um, wohin ich mich jetzt wenden will. Der Zyklus hat wahrscheinlich viele Teilnehmer beeinflußt. Ich konzentriere mich auf die Gruppenmitglieder mit der meisten

---

[23] Herrmann Argelander kann als Hauptvertreter dieser Richtung genannt werden. Er schreibt: „Je mehr wir unsere Aufmerksamkeit von den einzelnen Teilnehmern abziehen und dem Gesamtgeschehen in der Gruppe zuwenden, um so mehr gehen wir mit der Gruppe wie mit einem einheitlichen Wesen um. Unabsichtlich verwandeln wir dabei eine Vielpersonensituation in eine bipersonale Beziehung. Wir sprechen von den Gefühlen der Gruppe in einer Relation zum Gruppenleiter, der ihre Äußerungen beobachtet und sich mit ihnen auseinandersetzt. Auf diese Art lösen wir ein schwieriges Problem, denn wir vereinfachen die komplizierte Situation für unsere Zwecke. Wir reden von einem Gruppen-Ich, Gruppen-Über-Ich, von den Bedürfnissen und Ängsten der Gruppe, von ihrem Abwehrverhalten usw." Argelander, Herrmann, Gruppen-Prozesse, Reinbek 1972.

sichtbaren Energie. Hierdurch kann ich ein hohes Energieniveau der Gesamtgruppe aufrechterhalten.

Das Energiekonzept macht auch Entscheidungsprozesse in der Gruppe verständlicher. Wenn eine Entscheidung getroffen wird, geht die Gruppe durch einen Energiezyklus. Ist dieser Kreis geschlossen, zeigt sich das in der körperlichen Entspannung aller Teilnehmer. Wenn solche Entspannung nicht eingetreten ist, ist die Gruppe nicht vollständig bereit, ihre Entscheidung zu realisieren, und es kann zu einem Rückschritt kommen. Der Abschluß eines Energiezyklus bewirkt gewöhnlich eine dauerhafte Veränderung im Einzelnen und in der Gruppe."[24]

In diesen Bemerkungen bahnt sich ein ganz neues Verständnis des physischen Ganzen an, das eine Gruppe jeweils darstellt. Auf weiterführende Beiträge darf man gespannt sein. Insbesondere wäre zu hoffen, daß Humanistische Psychologie, Psychoanalyse und Körperpsychotherapie hier einiges von ihrer alten Konkurrenz aufgeben, um durch neue Kooperation und um der vielen Menschen willen, die heute in professionell geleiteten Gruppen zusammenkommen, fruchtbare neue Sichtweisen hervorzubringen.

In diesem Sinn etwa ließe sich die Charakterlehre[25] der körperorientierten Psychotherapieformen in der Nachfolge Reichs, Lowens und anderer auf das *Gruppengesamt* übertragen.

3.2.1 Die schizoide Gruppe

Wir sprechen von einer *schizoiden Gruppe* nicht, wenn sich bei einer bestimmten Gelegenheit außergewöhnlich viele Teilnehmer zusammengefunden haben, deren persönliches Abwehrverhalten gerade dieser Charakterform entspricht (das mag freilich hin und wieder auch einmal der Fall sein!), sondern vielmehr in solchen Situationen, in denen *eine Gruppe selbst* eindeutige Züge dessen aufweist, was wir meinen, wenn wir beim einzelnen von einer schizoiden Persönlichkeitsstruktur sprechen. Dies wird häufig gerade in Anfangssituationen der Gruppenarbeit vorkommen.

---

[24] Schutz, William C., Encounter, Hamburg 1977, S.79ff.
[25] Zur Charakterlehre der körperorientierten Psychotherapie vgl. Reich, Wilhelm, Charakteranalyse, Köln/Berlin 1970; Lowen, Alexander, Bioenergetik. Therapie der Seele durch Arbeit mit dem Körper, Reinbek 1979; Lowen, Alexander, Körperausdruck und Persönlichkeit, München 1981.

Die Atmosphäre im Gruppen-Körper ist von Isolierung, Kälte, von einer gewissen Schärfe sowie von großer Vorsicht geprägt, und oft ist eine latente Feindseligkeit im Raum zu spüren, als ob das Recht auf Dasein für alle Teilnehmer erst erworben werden müßte. Die unbewußte Angst vor Auflösung, ja Vernichtung, führt dazu, daß sich das Wir krampfhaft zusammenhält. Das emotionale Reagieren der Gruppe kann sehr stark vom Intellekt kontrolliert sein und/oder Tendenzen zu einer Flucht in Phantasiewelten zeigen. In solchen Stadien ist eine Gruppe sich ihrer selbst (noch) kaum bewußt und neigt dazu, sich im übertriebenen Maß mit den Sachinhalten ihrer jeweiligen Aufgabenstellung zu identifizieren. In bezug auf die Wahrnehmung der einzelnen Teilnehmer füreinander — aber auch und gerade im Hinblick auf den Leiter — ist eine hohe Sensibilität typisch. Die Teilnehmer sind einerseits „ganz Auge" und „ganz Ohr" füreinander, was aber nicht zu intensiver Kontaktaufnahme führt. Statt dessen steht eine reservierte Feindseligkeit im Raum, die vom geschulten Beobachter wahrgenommen wird. Die Gruppe wirkt in einem gewissen Maße disharmonisch. Die einzelnen sind letzten Endes isolierte Wesen in ihr. Sie können sich den anderen noch am ehesten im Schutz einer starren sozialen Rolle präsentieren. Ein wirklicher Zusammenhalt besteht kaum oder nicht. Die Gruppe steht im Grunde immer in der Gefahr auseinanderzufallen und zu zerbrechen. Sie ist auf die Ich-Ebene fixiert.

3.2.2 Die oral-depressive Gruppe

Die *oral-depressive Gruppe* dagegen befindet sich in einer gänzlich anderen Verfassung: Sie „schreit" nach emotionaler Nahrung, nach intensiver Zuwendung in ihrem eigenen Schutz, nach Halt und Kontakt, wie ein Säugling, der der Mutter bittend die ausgebreiteten Arme entgegenstreckt. Will man sie mit einer der typischen Phasen des Gruppenlebens in Verbindung bringen, dann ist das oral-depressive Erlebensmoment am ehesten für solche Phasen typisch, in denen die Anfangssituation überwunden wurde und ein guter Kontakt der Teilnehmer untereinander entstanden ist. Die Gruppe neigt dazu, bei Gesprächspassagen zu verharren, in denen sie sich mit den wachsenden Beziehungsbedürfnissen ihrer Mitglieder befaßt. Die Harmonie des Wir steht ganz im Zentrum des Interesses. Das Gruppengesamt wirkt mitunter symbiotisch und verschwommen. Die einzelnen Teilnehmer sind in ihrer Abgrenzung voneinander oft nicht wirklich deutlich unterscheidbar, man paßt sich gerne an. Die Versorgungsbedürfnisse, vor allem im Hinblick auf die Leiterin oder den Leiter, sind enorm. Die Fähigkeiten und Eigenschaften, die man ihr/ihm in der kollektiven Phantasie zuschreibt, sind immens. Außerhalb der Sitzungen wird viel gegessen, getrunken und gefeiert. Wegen der mangelnden Ich-Abgrenzung und dem Mangel an energetischer Ladung ist Aggression nur selten möglich: Wo sie einmal aufkommt, wird sie in hohem Maße als bedrohlich erlebt. Die Stimmung schwankt zwischen übertrieben liebevoller Zuwendung, Depression und Manie. Im Vergleich mit den Kontaktwünschen tritt die sachlich-inhaltliche Gesprächsebene in den Hintergrund. Die Gruppe wirkt emotional „hungrig", ja „unterernährt", gerade was starke Affekte der Zuwendung und des Kontaktes angeht. Diese sucht sie, diese will sie, um sie ganz und gar in sich aufzunehmen. Die Teilnehmer „brauchen" einander, um ihre Bedürftigkeit zu stillen. Jeder Ansatz zu Eigenständigkeit im Gruppengesamt führt bei der Mehrheit der Mitglieder zur Angst davor, verlassen und alleingelassen zu werden, letzten Endes in der Mangelsituation zu sterben.

3.2.3 Die psychopathische Gruppe

Die psychopathische Gruppe[26] wiederum ist von ganz anderer Natur: Mit Vehemenz pocht sie auf ihr Recht zu eigenständiger Entfaltung in ihrem kollektiven Ich. Freiheit und Unabhängigkeit werden zu zentralen Werten, wie es für Gruppen typisch ist, in denen die einzelnen Mitglieder über die Klippen der Kontaktaufnahme, des Kennenlernens und der Gemeinschaftsbildung gut hinweggekommen sind. Die Gruppe „weiß", wer sie ist und was sie kann und vermag ihren Eigenwert nach außenhin zu repräsentieren. Aufgaben werden selbstsicher übernommen und perfekt erfüllt. Die Wünsche und Bedürfnisse, die von anderer Seite an die Gruppe herangetragen werden, werden gern

---

[26] Der Begriff der „Psychopathie" bezeichnet in Lowens Charakterologie eine bestimmte Persönlichkeitsstruktur. Er ist nicht ganz glücklich gewählt, denn in der europäischen Psychopathologie und Neurosenlehre wird er mit völlig anderen Inhalten belegt. Diese sind bei Lowen jedoch nicht gemeint.

akzeptiert, andererseits weiß man es der Umwelt aber auch immer wieder klarzumachen, daß nur sie letzten Endes für die Arbeit in Frage kommt, um die es geht — jede andere Gruppe würde beim gleichen Projekt „ganz sicher" versagen. Die Gruppe hält ihr Image hoch, ja hält sich selbst mit diesem über Wasser, wo einmal Phasen der Stagnation und Depression drohen könnten. Gleichzeitig hat die Gruppe als Gesamt (und haben einzelne Protagonisten in ihr) eine erstaunliche Fähigkeit erworben, andere zu manipulieren, indem man ihnen vorspielt, was sie vielleicht erwarten könnten. Ein nach außenhin gut wirkender Kontakt, ein für Beobachter erstaunlicher Zusammenhalt ist etabliert, von dem man im Innern aber weiß (oder wissen könnte), daß er allzuoft nur über den Preis der manipulativen Beeinflussung des Partners läuft. Überhaupt sind solche Gruppen immer stark mit dem Außen befaßt (Globe-fixiert), mag dieses Außen nun real oder phantasiert sein. Psychopathische Gruppen sind Grenzgänger, die einmal aufgespürte Rahmenbedingungen gern erweitern. Weil einem in der Vergangenheit nur wenig Grenzen begegnet sind, sucht man sie in der Gegenwart zu finden. Arbeitszeiten und -strukturen werden häufig verändert, getroffene Verabredungen übersehen. Als Teilgruppe gibt es eigentlich keinen Grund dafür, warum man sich an Verabredungen mit anderen Teilgruppen halten soll. Die in den eigenen Reihen erlebte Kraft und Eigenständigkeit versucht man zu bewahren, um nach außenhin selbst die Bedingungen an andere zu stellen. In Wahrheit ist eine solche Gruppe aber doch nur von geringer Standfestigkeit, obwohl sie auf andere so überzeugend wirkt. Aufgrund unbewußter Ängste tritt die Gruppe lieber die Flucht nach vorne am, anstatt sich die eigenen Bedürftigkeiten einzugestehen. „Kopf hoch, wir schaffen's schon!", lautet ihr Lieblingsmotto.

3.2.4 Die masochistische Gruppe

Im Unterschied dazu wirkt die *masochistische (anal-sadistische) Gruppe* geradezu aggressionsgehemmt, sorgenbeladen und gequält. „Behalten" oder „hergeben" sind ihre zentralen unbewußten Themen. In ihren Unabhängigkeitsstrebungen und Durchsetzungsbedürfnissen ist sie reduziert. Sorgsam und zwanghaft erledigt sie einmal übernommene Aufgaben, klar strukturiert — Schritt für Schritt. Arbeitsergebnisse werden in sauberer Grafik am Flipchart visualisiert oder (noch besser!) per Overhead-Projektor eingeblendet. Immer wieder kreist man um dieselben Themen, um etwaige Resultate noch klarer zu bekommen und um die Arbeit noch besser zu bewältigen. Trotz allem Arbeitseifer wirkt die Stimmung in der Runde gedrückt, die Last und Mühe der Aufgaben liegt dem Gruppen-Körper schwer auf den Schultern. Überhaupt ist es die Arbeit, die miteinander verbindet: „Kontakt über Anstrengung", lautet die Devise. Die masochistisch agierende Gruppe ist die typische Märtyrergruppe — man tut's den anderen zuliebe, dem Gruppenleiter zuliebe, der Welt zuliebe, die man retten will. Man selbst ist dabei oft das Opfer, das man aber gern zu geben bereit ist. Schuld ist ein mächtiges Thema. Mit Nachdruck bedrängt man die einzelnen Mitglieder, das Gruppenziel doch auch zu übernehmen, weil sonst ja nichts erreicht werden kann. Anstrengung oder Schuldgefühl, sind die Pole, zwischen denen man sich hin und her bewegt, besser gesagt: an die man gekettet ist wie Sisyphos ans Steinerollen. Die Gruppe gleicht einem Drucksystem, verwandt mit einer Dampfmaschine, die immer unter Spannung steht, die sich stets in Aktion befindet. In der Arbeit jedoch fließt trotzdem wenig Ladung ab, ein hohes Maß von ihr bleibt stets erhalten. Arbeit ist nicht das halbe, sondern das *ganze* Leben; am ehesten spürt man sich selbst im anstrengenden Tun. Aufgabenlosigkeit wäre der Tod. Psychosomatisch gesehen, verhält sich eine solche Gruppe wie ein Organismus, dem es verboten ist, auszuscheiden. Bedürftigkeit und Aggression zu äußern und dies an die Mitwelt „herzugeben" — beides wird vom Gruppen-Ich als bedrohlich erlebt. Vor allem *Gefühle*, seien sie auch nur von geringer Intensität, werden im Verborgenen gehalten. Hinter einer äußerlich angepaßten und freundlichen Oberfläche gärt eine explosive Mischung von Wut und Aggression und existieren viele Wünsche nach tiefer Zuneigung, intensivem Kontakt und freier Kommunikation mit anderen. Masochistische Gruppen sind meist überangepaßt und folgen ihren Leitern gern. Durch ihre aufopfernde Grundhaltung sind auch undankbare und langwierige Aufgaben für sie unproblematisch.

3.2.5 Die rigide Gruppe

Es sind die *rigiden Gruppen*, mit denen unser Kreis einer groben Ordnung und Einteilung der Gruppe als Körper schließt. Psychogenetisch betrachtet, sind die rigiden Gruppen im Inneren am weitesten gereift. Auch äußerlich wirken sie erwachsen und intakt, doch kann auch in ihrer Struktur die Energie nicht so frei fließen, wie dies an sich möglich wäre. Auch die rigiden Gruppen sind in ihrer Ausdrucksfähigkeit und in ihren Gefühlsäußerungen verunsichert. Körperpsychotherapeutisch gesehen, ist die Grundspaltung, die in ihnen existiert, eine Spaltung zwischen Herz und Genital. Auch sie handeln nach einem festen Entweder-Oder-Schema: entweder gefühlsmäßig offen und triebmäßig beherrscht oder sexuell aktiv und gefühlsverschlossen. Nur selten kommt man darüber hinaus. Der Abwehrmechanismus der Verdrängung ist für ihren Zusammenhang charakteristisch; es sind vor allem die sexuellen Gefühle und Empfindungen, die im Gruppen-Unbewußten festgehalten sind. Die Kontakte in der Gruppe werden entweder sehr stark rational kontrolliert oder bewegen sich, was seltener der Fall ist, in den Bahnen einer vom Gefühl losgelösten, abgespaltenen Geschlechtlichkeit. Auch das ist eine Überlebensstrategie: das Recht auf intensive Erfüllung des Verlangens nach Liebe und Zärtlichkeit wird negiert. Obwohl agierte Sexualität in rigiden Gruppen eine große Rolle spielen kann, ist es in ihnen doch unmöglich, ein entsprechendes ganzheitliches Selbstverständis als sexuelles Wesen zu entwickeln, das Verstand und Herz und Genital im reifen Sinn in sich vereinen könnte. Die Sublimierung dieser Grundbedürfnisse geschieht durch Leistung, Erfolgsorientierung und professionelle Kompetenz, die jedoch nicht wie beim masochistischen Erlebensmuster mit Mühe und Klage (und letzten Endes immer in der Opferrolle) erworben werden müßte. Die rigide Struktur steht eher auf der Sieger- und Gewinnerseite. Die verschiedenen Funktionen des Gruppen-Körpers in diesem Stadium sind weitgehend ausdifferenziert. Die Gruppe ist arbeitsfähig und sexuell potent und trotzdem von einer diffusen Angst bestimmt, daß ihr das offene Eingestehen ihrer Zuwendungsbedürfnisse als Schwäche ausgelegt werden könnte, ja daß ein phantasierter Partner das ungeschminkte Sich-Zeigen doch nur zur Zurückweisung nutzen würde. Die Koordination von Sach- und Personenbezug ist ausgeglichen und wirkt gelungen. Die Arbeit verläuft fließend, aber nie unkontrolliert.

3.2.6 Wachstum und Entwicklung des Gruppen-Körpers

Zum Abschluß sei noch einmal festgehalten, was eigentlich eine Selbstverständlichkeit sein sollte: daß die hier versuchte Ordnung idealtypisch ist. In Reinkultur wird sie ganz sicher nirgendwo zu finden sein. Auch bei den Gruppen-Körpern herrschen die Mischstrukturen vor. Trotzdem sind solche Systematisierungsversuche sinnvoll, weil sie die Wahrnehmung schärfen. Für die Psychopathologie des einzelnen sind sie ja seit längerem bewährt. Wo sie in der Gruppenarbeit als Deutungsmuster zum Einsatz kommen und dies vor dem Hintergrund einer entsprechend fundierten Ausbildung geschieht, wird die Gefahr des Schubladendenkens eher eine phantasierte Gefahr denn eine tatsächliche sein.

Jedem Gruppenleiter, ob er nun im Rahmen psychotherapeutischer Gruppen arbeitet oder nicht, tut ein Blick in die unbewußte Dynamik im Gruppen-Körper gut. Für den Psychotherapeuten ist er unerläßlich, aber auch dem Nicht-Therapeuten wird er zur Vertiefung seiner Arbeit hilfreich sein (trotzdem bleibt er hier fakultativ).

So wird man erkennen und verstehen, wie sehr die *schizoide Gruppe* das langsame, vorsichtige Bekanntmachen ihrer einzelnen Glieder miteinander braucht, damit sie „laufen lernen" kann; wie behutsam und sachte die Energien und interaktiven Kräfte in ihr entdeckt werden wollen, damit es nicht tatsächlich zu Zerfall oder Dekompensation kommt.

Auch wird man dann mit einer *oral-depressiven Gruppe* leichter die richtigen Schritte zu einem höheren Maß an Selbständigkeit finden — zu einem Gruppen-Körper, der gelernt hat, selbst zu atmen, auf den eigenen Füßen zu stehen und selbstverantwortlich zu leben, ohne alle Hilfe vom Leiter zu erwarten.

Mit einer *psychopathischen Gruppe* konfrontiert, wird man sich im Gedächtnis behalten, daß es hier mehr als in anderen Zusammenhängen darauf ankommt, sich die eigenen Grenzen immer wieder bewußt zu machen, um nicht immer wieder auf das Plazet der Gruppe angewiesen zu sein. Gerade dadurch wird die Gruppe für neue Erfahrungen offen werden und mit der Zeit verstehen, daß sie sich nicht nur so verhalten muß, wie andere es von ihr erwarten. Im Körperbild gesprochen, wird man eher das Ausatmen als das Einatmen unterstützen, damit die tiefen Kontaktwünsche erlebt werden können und sich die Gruppe nicht immer wieder dazu verführt, ihr Schein-Selbst hochzuhalten und „aufzublasen".

Wo man es einmal mit einer *anal-sadistischen Gruppe* zu tun bekommt, wird man die Überangepaßtheit schnell erkennen und auch die unterschwellige Abwehrhaltung, die durch den Mechanismus der Projektion die Arbeit — sozusagen durch die Hintertüre — zum Scheitern bringen will. Zur Äußerung aggressiver Impulse und echten Ausdrucks von Zuneigung wird man ermutigen, weil man doch weiß, wie elementar hier eine Öffnung gerade in jener Hinsicht ist.

In den *rigiden Gruppen* schließlich wird man vor allem darum bemüht sein, die gebundene Spontaneität freizulegen und die enorme Leistungsmotivation zu dämpfen. Die Spaltung zwischen gefühlsorientierten und genital bestimmten Teilnehmern wird man ins Bewußtsein bringen, damit sie im Fortgang der Arbeit überwunden werden kann. Ihre Gruppenteile müssen lernen, daß sie sich fallen lassen können, ohne daß Verrat die Folge ist.

4. Nocheinmal: Wider die Spaltung

Gruppenleiterinnen und -leiter, die in den verschiedenen Bereichen psychosozialen Handelns tätig sind, werden heute kaum an einer eigenen Reflexion des Körper-Gruppe-Zusammenhangs vorbeikommen, es sei denn, sie nehmen in Kauf, daß sie sich vor einer der Hauptlinien in der jüngeren Geschichte der Gruppenverfahren verschließen. Zum Glück stehen inzwischen überall ausgezeichnete Fortbildungsmöglichkeiten zur Verfügung, die jede nur denkbare Schulung bieten.

Trotzdem bleibt auch zu fordern, daß man sich in der Ausbildung in Zukunft wieder stärker um Integration bemüht und nicht die „Gruppen-Orientierten" und „Körper-Orientierten" wie zwei Konfessionen auf ihrer Seite für sich sein läßt.

Im Bereich der eigentlichen Gruppenverfahren ist es vielleicht am ehesten die TZI, die von ihrer Anlage her in der Praxis die interessantesten Anknüpfungspunkte für unsere Frage nach Körper und Gruppe bietet. Zudem ist Ruth Cohns Interaktionsmodell in vielen Institutionen verbreitet[27]. Andere Verfahrensweisen, die in der Vergangenheit wertvolle Beiträge für unseren Bereich geliefert haben, sind heute nur noch selten zu finden. So etwa wird die klassische Encountergruppe heute kaum noch angeboten. Gleichzeitig konnte deutlich werden, wieviel Anregendes gerade die psychosomatischen Therapien für die Gruppenarbeit bereithalten. Hier kann man für beide Seiten nur auf einen lebhaften Austausch hoffen.

5. Selbsterleben als wichtigste Voraussetzung

Bevor man als Gruppenleiter an eine stärkere Einbeziehung des Körperaspekts in das eigene Arbeitsfeld denkt, sind längere Zeiten der Selbsterfahrung am eigenen Leib und an eigener Seele unerläßlich. Die vielen so überaus fabelhaft klingenden Übungen aus den zahlreichen Handbüchern werden für die eigene Praxis nur wenig taugen oder sogar Irrwege sein, wo nicht das eigene Erleben am Anfang gestanden hat und fortgeschritten ist. So interessant, effektiv und manchmal beeindruckend die körperorientierte Sichtweise für die Gruppenarbeit auch ist — ungenügende Eigenerfahrung, unzureichende Ausbildung und allzu sparsame Supervision können zu erheblichen Verletzungen führen, die gerade aufgrund der Wirksamkeit der Methoden dann leider oft gravierender sind, als sie dort geschehen, wo es „nur" um das rein Verbale geht.

---

[27] Vgl. Schütz, Klaus-Volker, Themenzentrierte Interaktion (TZI) in der kirchlichen Praxis, in: Schwalbacher Blätter. Zeitschrift für Gruppenpädagogik, 35, 1984, S.69-82.

Gespräch mit Ruth C. Cohn

Geboren 1912 in Berlin. 1933 Flucht nach Zürich. Universitätsstudien vielfachrig, speziell Psychologie und Literatur. Ausbildung in Psychoanalyse. 1941 Emigration mit Mann und Kind nach USA. Ausbildung in Pädagogik, Dipl.Psych. Columbia University, N.Y. Weiterbildung: Psychiatrie, Psychotherapie in verschiedenen Schulen und Institutionen. Privatpraxis 1946-1973 in New York; daneben seit 1949 Lehrtätigkeit.

Mitinitiatorin der Experiential Therapy (Erlebnistherapie) und Begründerin der TZI. Mit Kollegen Gründung von WILL (Workshop Institute for Living-Learning) 1966 in New York (später WILL-America). Rückkehr nach Europa, Wohnsitz Schweiz 1974. Gründung WILL-Europa 1974. (Regionalgruppen BRD, Schweiz, Österreich, Niederlande, Belgien, England). Teilzeitberaterin: Ecole d'Humanité, Hasliberg-Goldern.

Auszeichnungen: „Psychologist of the Year": New York Society Clinical Psychologists 1971. Dr.phil. h.c.: Universität Hamburg 1979.

Bücher: Von der Psychoanalyse zur Themenzentrierten Interaktion, Stuttgart [9]1989; Cohn/Farau, Gelebte Geschichte der Psychotherapie, Stuttgart [2]1989; Es geht ums Anteilnehmen, Freiburg 1989; Zu wissen, daß wir zählen. Gedichte, Bern/Bonn/Wien 1990.

Im April 1990 fuhren wir, *Karin Hahn* und *Christel Wagner*, als Vertreterinnen der Herausgebergruppe dieser Buchreihe, zu Ruth Cohn in die Schweiz, um mit ihr ein Gespräch über das Schwerpunktthema unseres neuen Bandes zu führen — in der Tasche eine lange Reihe wohlüberlegter Fragen.
Wir waren gespannt.
Als wir dann mit Ruth zusammensaßen, liebevoll empfangen, und ihren Gedanken und Erfahrungen zuhörten, vergaßen wir unseren Anspruch, daß nur ja alles, was vorher besprochen war, auch dranzukommen habe. So ist vieles, das wir für unverzichtbar hielten, im Gesprächsfluß plötzlich zweitrangig geworden.

Wichtiger war zu erleben: Das ist Ruth Cohn mit 78 Jahren, mit einer Fülle von Erfahrungen, Erlebnissen und Geschichten aus einer für die modernen Therapieformen prägenden Zeit — und das ist, was sie uns heute, 1990, unter dem Themenschwerpunkt „Körper" davon mitteilen möchte.

Wir hoffen, daß die besondere Atmosphäre dieses Gesprächs für alle Leserinnen und Leser spürbar wird.

Körper signalisieren — wie und was sind unsere Fragen

Ruth:
Mitte der sechziger Jahre habe ich eine Supervisions-Therapiegruppe geleitet. Wir waren alle sehr erfahrene Therapeuten. Drei Jahre lang haben wir jeden Mittwochmorgen zwei Stunden an dem Thema „Körper und Seele" gearbeitet, und zwar direkt: „Wie würde ich es machen, wenn ..." Wir waren selber Patienten, und wir haben über Patienten gesprochen.

Wir hatten uns vorgenommen, darüber ein Buch zu schreiben, und haben es dann doch nicht getan. Das war zu einer Zeit, in der der Körper noch gar nicht „in" war.

Karin:
Du beschreibst diese Gruppe kurz in der „Geschichte der Psychotherapie" — zwar nicht so ausführlich, aber Du erwähnst sie als ein Übungsfeld.

Ruth:
Ja, es war wirklich eine Forschungsfrage. Es gab sogar schon frühere Versuche mit Henry Guze, der dann aber leider verstorben ist. Es ging damals noch nicht um TZI, es ging um Therapie, wie man's macht, vom Körper her, von der Seele her, vom Reden her. Es war ein Aspekt der Psychophysiotherapie.

Ich habe eben Henry Guze erwähnt. Henry Guze, das war einer der ganz Frühen, er war früher als ich mit Körper-Seelen-Therapie. Er war einer der genialsten Leute, die ich gekannt habe, und er hat angefangen, Psychotherapie unter Einbeziehung des Körpers zu machen.

Einmal war ich sehr deprimiert. Es war mir etwas sehr Häßliches passiert, und ich rief ihn und seine Frau Vivian an

und sagte: „Wenn mir jemand helfen kann, dann seid Ihr es."
Vivian schwieg wohl eine Zeitlang am Telefon, und dann sagte
sie: „Komm her." Und dann bin ich gekommen, und sie sagte:
„Das ist mehr was für Henry." Ich ging mit ihm aufs Zimmer,
und er sagte, ich solle mich weitgehend ausziehen. Dann hat er
mich erzählen lassen, und während ich erzählte, hat er getastet,
wo die Spannung in meinem Körper war. Wo er sie fühlte, hat er
die Hand hingelegt und gesagt: „Laß die Bilder kommen." Es
kamen ganz andere Bilder als die, von denen ich gesprochen
hatte. Ich überließ mich eine ganze Weile der freien Assoziation,
aber mit körperlicher Berührung. Es hat mir unglaublich gut
getan, und es hat mir eingeleuchtet, daß der Körper immer
mitspricht. Ich rede über das, was in mir vorgeht, und er — der
Therapeut — macht mir gleichzeitig bewußt, was im Körper an
Wesentlichem vorgeht.
Das ist das einzige, das ich erinnere von der Art, wie er
gearbeitet hat. Er ist sehr bekannt unter den progressiven
Amerikanern, speziell unter den Mitgliedern der Akademie von
Psychotherapeuten, und zwar nicht nur für die Körperarbeit,
sondern für die Weite seines Denkens und Geistes, einschließlich
des Körpers. Heute würde man diese Ganzheit vielleicht „Leib"
nennen. Henry Guze hat unglaublichen Einfluß auf die gesamte
Therapiebewegung gehabt. Dabei wird er nur selten genannt,
weil er nicht geschrieben hat und jung starb. Das ist ja
manchmal so, daß Leute, die wirklich etwas in die Welt gesetzt
haben, gar nicht bekannt sind.

Christel:
Damals in den USA hast Du eine ganze Reihe von Leuten
kennengelernt, die den körpertherapeutischen Ansatz entscheidend mitgeprägt haben. Über Alexander Lowen hast Du in
diesem Zusammenhang in Deinem Buch einige kritische Bemerkungen gemacht...

Ruth:
Lowen habe ich durch die „American Academy of Psychotherapy"
kennengelernt. An ihm hat mich die Art gestört, wie er seine
Patienten vorgeführt hat, wie „Gegenstände", für mein Gefühl
ohne Rücksicht auf deren Gefühle und auf deren Situation,

einschließlich den Körper in seinen verschiedenen Teilen anzufassen, den Patienten umzudrehen, so daß jeder ihn sehen
konnte, klinische Diagnose, sei es Schizophrenie oder Depression
oder was immer. Ich hatte jedenfalls ein sehr ungutes Gefühl. Es
hat mir wehgetan. Ich war zu Lowen's Demonstrationen gegangen, weil ich sehr auf der Suche war nach einem Reichianer
in New York oder in Amerika. Ich war zu der Zeit, Anfang der
60er Jahre, damit nicht sehr erfolgreich. Reich habe ich von
ganzem Herzen verehrt und auch mit ganzem Kopf. Er war einer
der ganz Frühen, die über die Psychoanalyse hinausgegangen
sind in verschiedene Richtungen, die zusammenzufügen zu einer
Ganzheit hinterher nicht einfach ist. Er wurde bekannt durch
seine Charakteranalyse, die in allen psychiatrischen Instituten
damals gelehrt wurde.

Er war aber auch bekannt bei den sexuell hungrigen Teenagern
und jungen Menschen, die aus den sexuellen Fesseln ausbrechen
wollten. Ich glaube, das Buch hieß „Die sexuelle Revolution".

Und dann war es die Zeit, in der die Worte „Sozialismus" und
„Kommunismus" Worte waren, die Jugendliche und ältere
Intellektuelle anfeuerten, damit eine bessere Welt möglich sei. In
diesem Sinne ging Reich nach Rußland, war aber nach einiger
Zeit fähig zu sehen, daß dies nicht *der* Kommunismus war, von
dem er geträumt hatte.

Dann kamen andere Zwischenstationen und später seine „Orgon-
Theorie" und „-Praxis", worüber ich jetzt nichts weiter sagen will,
als daß es sehr wertvoll ist, sich damit zu beschäftigen. Er hat
ein Testament hinterlassen, daß die Sachen, die er darüber
geschrieben hat, erst 50 Jahre nach seinem Tod veröffentlicht
werden dürfen. Ich weiß nicht genau, wann er gestorben ist, aber
es scheint mir noch recht lange bis dahin zu sein. Die
Orgon-Theorie habe ich zuerst als komisch angesehen, aber dann
doch das Gefühl bekommen, das mag nicht alles stimmen, doch
es scheint mir ein Weg zu sein. Etwas stimmt mit der „Energie in
der Welt", die man vielleicht ja tatsächlich wahrnehmen kann.
Seine Gedanken stimmen mit den modernen physikalischen
Theorien, die das Publikum damals noch nicht kannte, weitgehend überein. Aber heute geht in bezug auf Körperarbeit sehr
viel von Reich aus, auch wenn man sich nicht immer bewußt ist,
wer nun der Großvater oder der Urgroßvater dieser Arbeit war.

Übrigens steht dahinter noch eine Frau, nämlich Elsa Gindler, von der ich aus guter Quelle jetzt weiß, daß er nicht bei ihr gearbeitet, aber sehr viel von ihr gewußt hat.

Ich war auch sehr von seiner politischen Arbeit beeindruckt, durch die Haltung, die er hatte. Er war ein Analytiker, der sich wirklich für die sozialen und politischen Umstände interessiert hat, was im allgemeinen die psychoanalytische Profession nicht tat. Viele übersetzten die Forderung der „Abstinenz" und „Neutralität", die vom Analytiker in der Praxis verlangt wurde, auch ins Soziale. Bleib neutral, setz dich nicht persönlich ein. Und die „Selbsterfahrung" war nicht realistisch, weil sie die Erfahrung in der Welt so weitgehend ausschloß. Es gab nur wenige Analytiker, die das in den Frühzeiten überwunden haben.

So war es Reichs Verdienst, nicht nur den einzelnen Menschen als soziales Wesen in der Welt zu sehen, sondern auch in der Therapie sich dem Körper und seiner Bedeutung zuzuwenden. Sich einzulassen mit Seele und Leib, soweit es dem Patienten förderlich wäre, war eine neue Idee.

Christel:
Wir haben über die Zeit in Amerika gesprochen. Wie war das noch früher, während Deiner psychoanalytischen Ausbildung?

Ruth:
Während meiner Ausbildung, da „hatte" man keinen Körper. Da lag ich auf der Couch — und möglichst nichts anderes. Ich hab' mich manchmal dagegen gewehrt, aktiv gewehrt.

Ich habe als junges Mädchen, junge Frau immer gedacht, ich sei furchtbar häßlich, und „wenn Sie das nicht sehen, Analytiker, daß mein Körper furchtbar häßlich ist, dann kann ich es auch nicht beschreiben". Und er saß da wie ein Stock. Natürlich war diese Ansicht über mich echt neurotisch, denn ich war weder furchtbar schön noch furchtbar häßlich und hatte keine besondere externe Behinderung. Später, weniger neurotisch, war ich sicher weniger schön als in meiner Jugend, aber da habe ich diese Häßlichkeitsgefühle nicht mehr gehabt.

Ich hatte immer das Gefühl, es stimmt etwas nicht mit dem „Nicht-Ansehen" in der Analyse. Mimik und Gestik — das ist der Mensch doch genauso wie seine Sprache. Medard Boss, mein

Analytiker, war damals noch nicht Daseinsanalytiker, sondern gerade fertig mit seiner psychoanalytischen Ausbildung, also auch deswegen besonders steif.

Und eines mochte noch wichtig sein, vor allem zur Interpretation. Ich war so im Training gedrillt, nichts zu sagen, außer wenn ich meiner Interpretation ganz sicher war. Das ist genau das Gegenteil von dem, was ich heute täte und was alle Existentialisten tun. Wir, stellen Hypothesen auf, die wir für fraglich halten, um sie zu untersuchen. Und wir müssen überhaupt nicht recht haben. Selbst Freud hat Sachen gesagt, die genau das bedeuten. Ich entsinne mich, irgendwo steht der Satz: „Der Patient hat immer recht", und das war nicht zynisch gemeint, sondern existentiell. Der Patient hat recht von seiner Warte aus. Und ich kann ihm nur helfen, sein eigenes Repertoire zu erweitern. Und mit diesem Wunsch zu erweitern, hängt auch die ganze moderne Entwicklung zusammen. Erweitern in der Anzahl der Patienten resp. Schulen, in der Erweiterung der therapeutischen Perspektiven, dem Wissen, daß der Mensch Körper-Seele-Geist als Ganzheit und — jedenfalls solange er lebt — nicht teilbar ist.

Das war ja das Seltsame, daß Freud wirklich eine Theorie entwickelt hat, die mit der körperlichen Entwicklung beginnt und endet. Die Libidotheorie ist theoretisch ja vom Körperlichen aus entwickelt worden, doch in der Psychotherapie selbst blieb der Körper passiv auf der Couch und wurde nur verbal besprochen. So jedenfalls erfuhr ich es damals. Und ich fragte mich schon sehr früh — veranlaßt durch meine guten Erfahrungen mit Körperarbeit bei der Gindler-Schülerin Carola Speads —: Wie kommt es, daß der Mann eine Körpertheorie aufbaut, doch die Körperwahrnehmung in der Therapie weitgehend ausschließt? Den einzigen Körperkontakt, den ich mit meinem Analytiker hatte, war, uns vor und nach der Stunde die Hand zu geben. Und in Amerika fiel selbst das weg, da die Amerikaner sich eigentlich nur einmal — beim Kennenlernen — die Hand geben, und Mann und Frau praktisch nie. Allerdings glaube ich, daß sich das in Amerika langsam ändert.

Christel:
Heute versuchen ja viele Therapeuten, dieses Arrangement zu

ändern, aber die psychoanalytischen Vereinigungen wehren sich immer noch dagegen. Sowohl in der Psychotherapie- wie auch in der Pädagogikgeschichte hat es Versuche gegeben, die Spaltung zwischen Körper und Seele aufzuheben. Es gibt eine Reihe ganz früher Veröffentlichungen dazu ...

Ruth:
Seit mehreren hundert Jahren kommen wir aus einer Spaltungskultur, die mit der jüdisch-christlichen Tradition zusammenhängt. Wenn Du z.B. an die Stellung der Frau im Judentum denkst: Da gibt es eine sehr starke Abkehr von der Ganzheitlichkeit. Und die Kirche hat die Spaltung später noch fortgesetzt. Die Frauen müssen bis heute in den Kirchen um ihren Platz kämpfen. Die Spaltung ist sowohl biologisch als auch kulturell bedingt, plus noch anderer Dinge.

Karin:
Würdest Du sagen, daß das auch erklärt, warum in TZI-Gruppen die Einbeziehung des Körpers heute häufig nicht grundsätzlich, sondern eher additiv geschieht?

Ruth:
Das ist sicher auch von der Geschichte der Psychotherapie beeinflußt.

Karin:
Du selbst hast ja in Deinen Einzeltherapien und Gruppen immer wieder versucht, die körperlichen Aspekte stärker zu berücksichtigen. Wie war das im Detail?

Ruth:
Ich hatte eine erste Erfahrung, in der ich meine Zweifel, daß körperliche Berührung und gegenseitiges Anschauen falsch sei, überwunden habe. Es handelte sich um eine Patientin, die in der Stunde stumm blieb, doch auffaßte, was ich sagte. Erst in dem Augenblick, wo ich sie infolge einer Krankheit längere Zeit nicht gesehen hatte und sie sich offenbar ängstigte, daß ich nicht wiederkäme, fiel sie mir um den Hals und legte ihren Kopf auf meine Brust. Ich fühlte, daß eine Versagung in diesem Augen-

blick untragbar wäre, und ließ sie ein paar Minuten lang gewähren. Daß sie von dieser Zeit an reden konnte, zunächst mit Berührung von Brust statt Hand, und dann auch frei wie jede andere Patientin, daß sie danach einen konstruktiven Lebensabschnitt anfangen konnte, das gab mir die Kraft, weiter über Körperarbeit nachzudenken.

Seit dieser Erfahrung war mir klar, daß es kein Absolut geben darf im Hinblick auf die Frage der körperlichen Berührung, und wie wichtig es ist, darauf zu achten, welche Gefühle ich habe, wenn ich berühre.

Freud selbst ist ja ehrlich gewesen und hat sich selbst gegenüber zugegeben, daß er sich in Patientinnen verliebt hat. Aber wenn man miteinander ins Bett geht, wenn das kein Tabu mehr ist, dann ist kaum zu hoffen, daß der/die Analysierende seine/ihre eigene Befriedigung im Interesse der Patientin oder des Patienten vollzieht!

Ich habe meinen Patientinnen und Patienten seit vielen Jahren immer dies gesagt: *Ich darf als Therapeutin alles fühlen, ob es sexuell ist oder erotisch oder zärtlich oder gar nichts oder nur Abwehr. Ich darf es nicht nur fühlen, sondern ich muß es auch wahrnehmen. Die Wahrnehmung der Realität ist prinzipiell einer der wesentlichen Faktoren der Psychotherapie.* Je klarer ich die Welt wahrnehme, desto klarer kann ich auch in ihr leben. Und als Therapeutin war mein Grundsatz recht konventionell, aber auch realistisch: Als Therapeutin ist meine Konzentration auf meine berufliche Arbeit gerichtet, dem Patienten, der Patientin auf seinen/ihren eigenen Weg zurückzuhelfen. Ich muß als Therapeutin oder Therapeut lernen, daß Gefühle etwas anderes sind als Taten. Und ich glaube eher, daß Patienten oder Patientinnen sich wohlfühlen, wenn sie auch etwas von dem Innenleben des Analysierenden wissen und vertrauensvoller weiterarbeiten, als daß ein noch so schöner Orgasmus durch einen Therapeuten oder eine Therapeutin dem Patienten oder der Patientin nützen. Wenn man miteinander Sexualverkehr hat, wenn das kein Tabu mehr ist, dann ist zumindest die therapeutische Arbeit belastet und oft nicht mehr möglich.

Ich habe als Supervisorin nicht nur junge Therapeuten, sondern auch einige Kollegen meines Alters — es war mein „Mittelalter" — gesehen, und in den Fällen, wo sie mit ihrer Patientin Verkehr hatten, fragte ich, ob eine Trennung von wenigen Monaten und ein Besuch bei einem/r anderen Psychoanalytiker/in nicht die gescheitere Lösung sei als der Dauerkonflikt, der sich da aufbaute. Nach wenigen Monaten könnte sich dann wohl klären, ob die persönliche Beziehung außerhalb der Therapie fortgesetzt werden könnte und sollte. Ich habe übrigens solche Fälle nur von Therapeut und Patientin erzählt bekommen. Ich glaube, daß dies mit der biologischen und kulturellen Genese von Buben und Mädchen zu tun hat. Ich nehme aber an, daß das Tabu für gleichgeschlechtliche Beziehungen bewirkt hat, daß die Therapeutin als sexuelle Partnerin noch kaum besprochen wurde. Ich habe bisher nichts von homosexuellen Therapeut-Patient- oder Therapeutin-Patientin-Konflikten gehört.

Christel:
Deine Maxime des selektiv Authentischen gilt für mich in der therapeutischen Arbeit beim Sprechen und beim Tun. Ich sage und tue nicht alles, was mir durch den Kopf geht. Mit Worten allein kann ich natürlich auch Grenzen überschreiten oder jemanden fast umbringen. Ich versuche, mit dem Anfassen ähnlich umzugehen wie mit meinen Worten.

Ruth:
Ja, ja, aber wie lernst und lehrst Du das?

Christel:
Das ist wohl sehr schwer.

Karin:
Wir haben bis jetzt mehr über therapeutische Einzelarbeit gesprochen. Mich interessiert im Moment stärker das, was in der Gruppenarbeit geschieht. Ruth, wie hast Du Körperaspekte da integriert?

Ruth:
In der Einzeltherapie geschieht das von selbst: zwei Menschen in einem Raum haben viel mehr Aufmerksamkeit füreinander als z.B. acht Menschen. Die Intimität mit einem Menschen führt eher zu körperlicher Beobachtung und Reaktion, auch zur

körperlichen Nähe. Wenn eine Patientin mir gegenübersitzt und ich merke, daß sie Luft pumpt beim Atmen und daß ihr Herz vermutlich ganz schnell schlägt, dann kann es sein, daß ich auf sie zugehe und ihr meine Hand auf die Brust lege oder auch den Rücken entlangstreiche. Ich spreche aber vorher mit ihr darüber; sage z.B.: „Ich komme jetzt zu dir hinüber, wenn es dir recht ist; ich möchte mal sehen und spüren, wie das für dich ist..." Dann fühle ich mit der Hand, was los ist, wo Verspannungen sind, wie sich ihre Gefühle im Körperlichen ausdrücken.

Aber auch in Gruppen gibt es ja Momente von Körperkontakt und Intimität. Wenn jemand z.B. anfängt zu weinen, dann kommt oft ein anderer, legt den Arm um ihn und nimmt ihm vielleicht alles Gefühl, mit dem er gerade in Kontakt gekommen ist, gleich wieder weg. Diese Art Körperkontakt ist beinahe ein Ritual geworden in Gruppen. Ich schätze es nicht sehr, dieses Ritual des Liebhabens, wenn es eigentlich nicht dran ist, nicht nützlich und/oder nicht ehrlich.

Karin:
Ruth, das eine sind die Berührungen, und das andere ist — Du hast es in Deinen Büchern und Artikeln beschrieben —, daß Du immer wieder aussprichst, was Du wahrnimmst.

Ruth:
Ja, der erste Schritt ist das Wahrnehmen. In der TZI wird das betont durch die Aufforderung „Beobachte Signale aus deiner Körpersphäre und beachte diese auch bei anderen Teilnehmern!" Und dann geht es darum, ob ich den anderen spiegele, imitiere und z.B. seine momentane Körperhaltung übertreibe. Man kann ja immer nur hypothetische Interpretationen machen — reine Wahrnehmung ohne Deutung gibt es nicht. Schon Babys können ja offenbar erkennen, interpretieren, ob jemand freundlich oder unfreundlich ist.

An der Psychoanalyse hat mich immer sehr gestört, daß wir gelernt haben: „Gib keine Interpretation, bevor du nicht sicher bist, daß sie stimmt! Du mußt sicher sein, sonst tust du dem Patienten etwas Böses an". Ich habe dann angefangen, meine Wahrnehmungen und Interpretationen so anzubieten: „Ich sage gerne, was ich sehe, auch wenn ich nicht sicher bin...; ich sage gerne, was ich denke, auch wenn ich nicht sicher bin..." Dann kann man gemeinsam bzw. jeder für sich darüber nachdenken, und es kann ein Anstoß sein. Aber sogenannte Interpretationen sind nur Hypothesen — sie mögen stimmen oder auch nicht.

Christel:
Das führt zu der Frage der Deutungskriterien. Das ist eine Frage, die mich sehr beschäftigt, denn ich bin auch nicht für solch simple Schlußfolgerungen wie „dieser Körperausdruck bedeutet genau das und das".

Ruth:
Ja, dann ist der Gruppenleiter oder Therapeut auch wieder der Meister, der alles genau weiß, dann wird die Eigenverantwortlichkeit nicht gefördert, sondern die Abhängigkeit und Unterordnung unter das Urteil des anderen.

Christel:
Aber auch wenn ich kein starres Raster habe, so wende ich doch Kriterien an, nach denen ich meine Wahrnehmungen deute.

Ruth:
Erzähl mal, was hast Du für Kriterien, vielleicht habe ich so darüber noch nie nachgedacht.

Christel:
Meine Hypothese dazu ist, daß ich zum größten Teil aufgrund meiner eigenen Körpergeschichte meine Wahrnehmungen filtere und deute. Das ist auch eine Frage der Gegenübertragung...

Ruth:
Aber nicht nur Deine Geschichte zählt, denn Du mußt doch, wenn Du in einer Gruppe mit zehn Leuten zusammen bist, mit allen eine relativ große Übereinstimmung finden. Das ist ja das Merkwürdige, daß so eine Übereinstimmung häufig vorkommt. Es ist nicht nur die Gegenübertragung, sondern vielleicht beruhen diese Übereinstimmungen, wie wir unsere Körperwahrnehmungen deuten, außer auf unserer Früherfahrung auch auf der Tatsache des Menschseins; denn ein Baby muß eben nicht

erst lernen zu interpretieren, welches Gesicht freundlich und welches nicht freundlich ist.

Christel:

In der TZI-Ausbildung habe ich die Erfahrung gemacht, wie wichtig es ist, immer wieder darüber zu sprechen, welche Wahrnehmungen ich als Gruppenleiterin bei anderen mache und wie ich selbst darauf körperlich reagiere. Und mich haben dabei eben vor allem die Kriterien interessiert, nach denen ich diese Wahrnehmungen und eigenen Körperreaktionen deute.

Ruth:

Ich habe über einen Kriterienkatalog nie nachgedacht. Mein Wort wäre jetzt eher „Geheimnis" als „Kriterium". Das Wie, die Art und Weise, wie z.B. schon Babys erkennen, daß jemand freundlich oder unfreundlich ist, bleibt für mich ein Geheimnis. Gewisse Deutungen kann ich allerdings verallgemeinern. Die meisten Menschen, die wir kennen, werden mit dem Kopf nicken, wenn sie zustimmen, und ihn schütteln, wenn sie nicht zustimmen. Das ist in dieser Kultur so. Auch z.B. die Haltung, in der jemand dasitzt, der tief in Gedanken ist, ist wohl fast allen Menschen unseres Kulturkreises vertraut und von Künstlern oft dargestellt worden.
Wie ich in der TZI-Ausbildung damit umgehe, ist etwa so, daß ich die Teilnehmer anrege, ihre Innensicht bewußt zu erleben; z.B. sage ich: „Nehmt mal wahr, was ihr von euch spürt in diesem Augenblick, wo das gesagt wird!" Die Wahrnehmung der anderen und die Deutung von deren Körperausdruck kann zutreffen oder auch nicht. Wie oft kommt das in Gruppen vor, daß jemand sagt „Du siehst so traurig aus", und die Erwiderung ist „Ich bin nicht traurig." Und er ist wirklich nicht traurig. Oder die Erwiderung ist die gleiche und dennoch fängt er zwei Minuten später zu weinen an. Also, ich glaube, Kriterien, nach denen ich genau erkennen kann, was jemand im Körperlichen ausdrückt, gibt es nicht.

Christel:

Das einzige Kriterium könnte die Achtung sein vor dem, was der andere Mensch über sich selbst aussagt — und meine Fähigkeit als Gruppenleiterin, mich einzufühlen und zu fragen: „Bist du traurig? Ich sehe ..., ich vermute, daß du traurig bist..."

Ruth:
Ja. Sag, was Du siehst, und dann kann der andere sagen, was zutrifft oder nicht.

Christel:
Ich würde es so nennen: „Den Dialog beginnen", die Wahrnehmungen des anderen nutzen, um einen Prozeß der Bewußtwerdung für alle Beteiligten zu fördern.

Ruth:
Etwa so: „Ich nehme an dir wahr ..., ich intuiere. Du sagst ..., ich überprüfe ..." Ich überprüfe ja dauernd meine Wahrnehmungen und Intuitionen bzw. Deutungen. Und das Interessante oder besser „das Wunder" ist ja, daß es wirklich oft in einer Gruppe Übereinstimmung gibt über die Wahrnehmungen eines Menschen, und daß die Vermutung, was sie bedeuten kann, auch oft zutrifft — und manchmal eben auch nicht!

Christel:
Das Entscheidende ist für mich das „in Ehrfurcht bleiben" oder „in den Dialog kommen" mit dem anderen. Und da sollte dann die Gruppe einbezogen werden, um die Wahrnehmungen mehrerer Menschen zu nutzen.

Ruth:
In der Gruppe sollte das die Grundlage sein, denn dort muß ich meine Wahrnehmungen noch genauer überprüfen als in der Einzeltherapie, weil ich ja acht oder mehr immer weniger gut kenne als einen einzelnen Menschen. Außerdem sind TZI-Gruppen keine therapeutischen Gruppen, auch wenn sie Selbsterfahrungsthemen haben; in TZI-Gruppen will ich ja gar nicht auf solche Tiefe der Gefühle hinzielen wie in therapeutischen Gruppen oder in der Einzeltherapie.
Aber das Erstaunliche ist ja, daß auf der reinen Wahrnehmungs- und Dialogebene so viel Therapeutisches im Sinne heilsamer, fördernder Einsicht geschieht. Das ist mir damals aufgefallen, als

ich TZI sozusagen erfunden habe, daß Therapeutisches passierte, ohne daß ich wußte warum. Es wurde mir dann klar, daß wir daran gearbeitet haben, uns selbst besser zu verstehen, uns gegenseitig besser zu verstehen und Respekt voreinander zu haben. Das war das Entscheidende. In dem Moment, wo ich als Therapeutin oder TZI-Gruppenleiterin versage in meiner Fähigkeit, begegnen zu können oder empathisch zu sein (das sind zwei verschiedene Dinge), ist der Prozeß der Einsicht für alle gestört. Allerdings gibt es ja in einer Gruppe dann noch andere Menschen, die diese Fähigkeiten einbringen können. In der Gruppe spielt dann das Zusammenspiel der Beobachtungen eine große Rolle: das Duett einer Gruppe mit der Leiterin oder besser das Oktett aller Gruppenmitglieder, denn es kommt auf jede Stimme an!

Christel:
Das finde ich einen interessanten Gesichtspunkt. Dieses Zusammenspiel von Menschen in einer Gruppe — ihr Aufeinanderbezogensein, so wie es sich auch körperlich ausdrückt — betrifft auch das Phänomen „Körperschema der Gruppe" ...

Ruth:
Das Wort „Schema" habe ich noch nicht gehört in dem Zusammenhang, aber Gruppenklima, Gruppenatmosphäre ...

Christel:
Das Körperschema der Gruppe setzt sich zusammen aus den Körperschemen der einzelnen, aus dem, wie sich die einzelnen Menschen mit ihrem Körper im Raum präsentieren, wie sie Körpergrenzen wahren usw. Paul Schilder hat „Körperschema" die Gesamtheit dessen genannt, was ich an Bewußtem und Unbewußtem gespeichert habe in und über meinen Körper, über die Lage im Raum, die Grenzen — so wie ich bin in meinem Körper. Und das ist, auf die Gruppe übertragen, ein ganz interessanter Gedanke. Wie geht z.B. eine Gruppe mit körperlicher Abgrenzung um?

Ruth:
Wie nah zueinander die Teilnehmer sitzen...

Christel:
Ja, Sitzordnung ist gemeint, oder auch das Bewegungsverhalten innerhalb der Gruppe: wie die einzelnen sich voneinander weg oder aufeinander zu bewegen, wenn z.B. eine Arbeitseinheit beendet ist und die Pause beginnt.

Ruth:
Bezogen auf diese Aspekte haben wir schon immer darauf geachtet, wer wo sitzt, wie sich die Gruppenmitglieder verhalten, bewegen. Wir haben auch beachtet, warum zu Beginn einer Gruppe häufig niemand neben dem Leiter sitzt. Einerseits wird diese Nähe vielleicht vermieden, andererseits kann ich als Teilnehmer ja den Leiter nicht sehen, wenn ich direkt daneben sitze. Auch die körperliche Wahrnehmung der Zeit und der Teilnehmerzahl ist sehr interessant. Im Nachhinein kommt mir ein Kurs oft so kurz vor. Auch mit einer Zahl von zwanzig Menschen geht es mir so, daß ich zu Beginn denke: so viele fremde Menschen kann ich gar nicht wahrnehmen — und nach zwei Stunden erscheinen es mir gar nicht mehr so viele, und es fällt mir sofort auf, wenn ein einzelner fehlt.

Christel:
Ich denke, auch das hat etwas mit dem Körperschema der Gruppe zu tun. Die Gruppe wird im Verlauf der Zeit kleiner in der subjektiven Empfindung, sie schrumpft...

Karin:
je stärker die Vertrautheit wächst ...

Ruth:
und die Vertrautheit hat auch etwas mit der Größe des Raumes zu tun. Bei einer Veranstaltung mit insgesamt fünfzig Menschen, die zeitweise in Kleingruppen arbeiten, habe ich erlebt, daß jeweils diejenige Kleingruppe von zehn Leuten am besten arbeiten konnte, die in dem kleinsten Raum war. Die Gruppenzusammensetzung und die Leiter waren immer wieder anders, aber alle Gruppen, die in den großen Räumen arbeiteten, liefen nicht so gut wie die, die jeweils im kleinen Raum stattfanden.
Ja, es scheint die Körpernähe zum anderen zu sein, die das

Begegnen und Verstehen fördert — oder vielleicht ist es einfach die nähere Perspektive, die eine intensivere Wahrnehmung ermöglicht...

Karin:
Noch einmal zurück zum Methodischen: Wie kann denn das Wahrnehmen, das Gewahrwerden und Annehmen von Körperempfindungen gefördert und gelernt werden?

Ruth:
Zum Beispiel durch das bewußte Erleben im Raum. Der Raum spielt eine ganz große Rolle. Das erste, was ich auch heute noch tue, wenn ich eine Gruppe beginne, ist, daß ich zunächst einmal bewußt den Raum wahrnehme. Ich schaue, ob der Kreis der Stühle stimmig ist, die Stühle nicht in zu großer Entfernung voneinander stehen. Jeder sollte jeden sehen können. Allerdings ist meine Erfahrung mit Großgruppen, daß es ab ungefähr 25 Teilnehmern besser ist, wenn fünf oder sechs Teilnehmer vor den anderen auf dem Boden sitzen. Mir ist lieber, die Gruppe sitzt nicht so weit auseinander, daß jeder schon schreien muß, um verstanden zu werden, oder nicht mehr richtig sehen kann. Ich fördere gerne das, was körperliche Nähe gewährleistet. Nicht so nah, daß man aufeinander sitzt, aber doch so nah, daß man sich gut aufeinander beziehen kann.
Neulich habe ich eine Gruppe von Pflegeschülern und -schülerinnen in Ausbildung geleitet. Wir saßen in einem großen Raum, die Akustik war schlecht. So war es anstrengend, überhaupt zu hören, was TeilnehmerInnen sagten. Für mich ist auch das eine körperliche Frage. Es ist unendlich wichtig, wie der Raum ausgefüllt wird. Es geht darum, der TZI entsprechend den Raum als Globe des Körpers zu beachten. Zum Beispiel sitze ich jetzt hier mit dem Blick nach draußen, weil es mir wichtig ist, daß ich euch mal ein oder zwei Minuten nicht ansehe. Ich will auch nicht ununterbrochen in Kontakt sein. Wenn ich gar nicht aufhöre, in Kontakt zu sein, verliere ich mich. Es ist auch eine Zeitfrage, wie lange eine visuelle Kontaktaufnahme physisch und seelisch gut ist.

Christel:

Zusätzlich zum Verhältnis von Körper und Raum geht es auch um Grundstimmungen, die sich im körperlichen Leben der Gruppe ausdrücken und als Gruppenganzes sichtbar werden.

Ruth:

Ja, ich glaube, daß sich die Stimmung eines einzelnen in der Körpersprache ausdrückt. Zur Gruppenstimmung gehört meistens schon ein „Etwas-besser-Kennen". Das wird sich dann sicher ausdrücken in der Geschwindigkeit und Art der Bewegungen. Das Ganze ist immer mehr als seine Teile, es entsteht ja immer eine andere Qualität.

Christel:

Ja, und das ist schwer, auch verbal schwer zu erfassen.

Ruth:

Ich finde das gut, daß das schwer faßbar ist. Ich finde, daß alles, was so klar ausgesagt würde darüber, wie sich Stimmungen in einem Körper oder in einer Gruppe ausdrücken, zu mehr Unklarheit beitrüge. Dann müßte ich es ja eindeutig benennen können. Zum Beispiel: Wenn einer in der Gruppe sehr vergnügt ist und fünf Leute kommen schon deprimiert herein, was passiert dann? Steckt der eine die fünf anderen an, oder wird er auch deprimiert? Ich kann es wahrnehmen: die sind jetzt deprimiert; und nach einer Stunde sind sie es weniger. Ich kann mir dann überlegen, was die Schritte in der Gruppe gewesen sind, wann sie angefangen haben, auch mal zu lachen. Oder: Was hat eigentlich stattgefunden zwischen den beiden, die haben doch was miteinander gehabt...? Oder: Der war so wütend plötzlich, und danach hat sich dann alles gelegt. Das sind Sachen, die passieren können. Ich kann aufpassen, aber mehr...? Ich weiß es nicht. Ich bleibe lieber im Konkreten, glaub nicht an ein absolutes Wissen. Wenn Du Dir in einer Gruppe Notizen machst darüber, was da jetzt sichtbar geworden ist, dann kann es bei zehn Beispielen, die Du notierst, zehn verschiedene Sichtweisen geben. Das ist doch schön, daß wir so sicher nicht sein können.

Christel:
Mich interessiert gerade der Teil, der sich nonverbal vermittelt über Körperbewegung, Gestik oder Mimik.

Ruth:
Das interessiert mich auch. Ich glaube, daß es hierfür ebenfalls keine absolute Antwort gibt. Im Augenblick habe ich das Gefühl, Christel, daß Du mir sehr intensiv zuhörst. Du hast gerade eine Haltung Deiner Hände, die ich auch von mir kenne, und die mit sehr intensivem Konzentriertsein zu tun hat. Für mich hat sie sogar eine gewisse religiöse Bedeutung, sie symbolisiert das Verbundensein mit der Ganzheit der Welt. Ich weiß nicht, wie es für Dich ist, Christel?

Christel:
Ja, es ist ähnlich für mich. Wenn ich meine Fingerspitzen so aneinanderlege, daß meine Hände eine Kugel formen, kann ich mich besser konzentrieren, mehr bei mir sein.

Ruth:
Genau das, was ich jetzt gesagt habe, würde ich auch in einer Gruppe sagen. Ich sehe eine Haltung und kann mich darauf beziehen. Ich könnte z.B. auch sagen: Du, das interessiert mich, du hast eine ungewöhnliche Haltung deiner Finger. Hast du eine Idee, was das jetzt für dich bedeutet? Das ist der Dialog: Ich kann sagen, wie mir ist und wie ich es sehe, aber nicht, daß ich weiß, was es bedeutet. Mir widerstrebt eine festlegende psychosomatische Diagnostik; ich habe eine Michael-Kohlhaas-Reaktion gegen die lineare Kausalität im Denken.

Karin:
Du sagst das jetzt auf dem Hintergrund von großem Wissen und großer Erfahrung. Aber muß ich in der Ausbildung zur Gruppenleiterin nicht zunächst einmal so etwas wie ein Grundwissen erwerben?

Ruth:
Wenn z.B. jemand einen Kurs in Psychosomatik für WILL anbietet, dann möglichst unter der Frage: „Was können wir als

Laien lernen von der Beziehung zum Körper?" Wenn ein Gruppenteilnehmer kommt und sagt: „Ich habe Magenschmerzen...", ist es gut, zunächst zu fragen: „Was meinst du, warum du sie hast?" Und er/sie wird sagen: „Ich habe gestern einen schlechten Fisch gegessen"; oder er/sie sagt: „Ich weiß nicht, ich habe immer Magenschmerzen, wenn ich mich aufrege." Wenn das Gruppenthema Persönlichkeitserfahrung ist, finden wir vielleicht etwas über die Aufregung gemeinsam heraus. Wenn das Thema aber Mathematik oder die Organisation ist, dann will ich im Moment wissen: „Wie gehen wir damit um? — Meinst du, daß du jetzt lieber gehst und siehst, was du mit dem Magen machst?" Oder: „Kannst du dir mal überlegen, was dich aufgeregt hat?"
Es kommt wirklich auf die Situation an. Ich glaube eine Schwierigkeit in der Ausbildung ist und bleibt die Unterscheidung, in welchem Thema es drinliegt, in die Tiefe der Seele einzutauchen, und in welchem nicht. Wenn es wirklich häufiger auftritt, daß jemand immer furchtbare Magenschmerzen bekommt, wenn er/sie sich aufregt, dann würde ich vielleicht sagen „Geh' zum Arzt und vielleicht in Therapie. Es ist gefährlich, wenn du nichts tust. Wir können das jetzt nicht in der Gruppe bearbeiten, das braucht mehr Diagnose und Sorgfalt, als es hier möglich ist."

Christel:
Mir ist deutlich geworden, daß es Dir auf die Art des Fragens ankommt. Ich kann entweder in die Tiefe fragen oder eben nicht.

Ruth:
Letztlich ist der Teilnehmer derjenige, der/die zu entscheiden hat. Ich entscheide nicht über ihn/sie. Ich muß Körperreaktionen auch gar nicht immer genau diagnostizieren können, aber zeigen, daß ich interessiert bin.

Christel:
Das Interesse ist wichtiger, als alles über Zusammenhänge zu wissen.

Ruth:
Als Grundlage des Vertrauens, ja.

Christel:
Jetzt möchte ich noch einmal auf die Ausbildung zum TZI-Gruppenleiter zu sprechen kommen. Da geht es um Schulung der Intuition, der Wahrnehmungsfähigkeit, um Sensibilisierung.

Ruth:
Sensibel werden — und auch Wissen haben, was bestimmte Phänomene sein könnten. Nur nicht: das bedeutet dies...

Karin:
Das ist klar. Aber dennoch fällt mir auf, wie selten Körpersignale in TZI-Gruppen wirklich beachtet werden. Ich bin mir auch nicht sicher, ob ich es immer so ganzheitlich verstanden habe. Vor kurzem habe ich eine Gruppe mit Erzieherinnen geleitet zum Thema „Erfahrungen mit Eltern behinderter Kinder". Es war ein emotional sehr tiefgehendes Thema, und da habe ich zum Beispiel eine Teilnehmerin angesprochen, weil sie so heftig atmete.

Ruth:
Also, Du hast gesagt: „Ich sehe, daß Ihr Atem schwer geht"? Und wie schwer ging er denn? Wie war der Atem? Denk mal daran, wie die Teilnehmerin ausgesehen hat.

Karin:
Ja, ich würde sagen, sie hat heftig mit dem Oberkörper reagiert. Im Gesicht hatte sie eine leichte Rötung, und ich hatte den Eindruck, sie schluckt, sie unterdrückt Tränen.

Ruth:
Ja, das hast Du wahrgenommen. Und was hast Du gesagt?

Karin:
Ich habe gesagt: „Ich sehe, daß du schwer atmest. Ich habe den Eindruck, daß du sehr betroffen bist." Und dann kamen auch Tränen — und später ihre Geschichte.

Ruth:
Das scheint mir für eine sensitive Person normal zu sein.

Jedenfalls mit solchen Wahrnehmungen irrt man sich nicht so leicht. Es kommt mir vor, daß etwas wie dieses in jedem Kurs passiert. Man kann natürlich Wahrnehmung auch üben in Wahrnehmungskursen, in die man gehen kann. Ich habe selbst relativ lange Zeit Wahrnehmungskurse gemacht — das macht schon Spaß.

Karin:
Du hast ja in den sechziger Jahren viel damit experimentiert.

Ruth:
Ja, aber das war zuerst auf der therapeutischen Ebene, und die ersten TZI-Kurse sind erst 1965-66 gewesen. Heute sind es Lehrer, Erwachsenenbildner, Geistliche, Hausfrauen usw., die vor allem solche Kurse besuchen. Natürlich ist es leichter, in einer Zweierbeziehung in emotionale Tiefe zu gehen als in einer TZI-Gruppe mit Mathematiklehrern.
Aber WILL braucht auch Therapeuten, die lehren, was es überhaupt an psychischen Phänomenen und Syndromen gibt, die zum Somato-Psychischen oder Psycho-Somatischen gehören.
Was ich persönlich in all den Jahren wirklich gelernt habe, ist, Bewußtsein zu üben. Was ich jetzt noch möchte, hat auch mit Lernen zu tun, mit Akzeptanz. Ich kann vieles nicht mehr. Man redet immerzu vom kontinuierlichen Wachstum — man redet nicht vom Verwelken. Das wird selten einfach akzeptiert. Es wird auch versucht, es einem auszureden. Aber es gehört doch zum Leben, normalerweise jedenfalls, alt zu werden und zu sterben.
„Altsein" ist ein interessantes Thema, auch körperlich. Ich finde es interessant, bewußt zu erleben, wie mein Körper älter wird, ebenso wie sich mein Gemüt und mein Intellekt oder auch Geist verändern oder auch nicht.

Christel:
Der Prozeß beginnt ja sehr früh. Als Kind habe ich zum Beispiel sehr gerne Flugrollen gemacht, und schon mit 18 oder 19 Jahren hatte ich dabei das Gefühl, daß mir der Kopf abbricht. Heute könnte ich so etwas überhaupt nicht mehr. Dieser Abbau von körperlichen Fähigkeiten war bei mir immer mit einer Änderung meiner Gefühle verbunden. Statt Freude hatte ich auf einmal

starke Angst. Altwerden ist schmerzlich, aber dadurch sind auch neue Erfahrungen möglich.

Ruth:

Es ist schmerzlich! Ich glaube, was jeder auf seine Weise tun muß, ist, sich zu fragen: Was kann ich noch am besten? Für mich entstand daraus die Aufgabe, aufzuschreiben, wie es ist, alt zu werden.

Ich monologisiere ja heute sehr, jedenfalls mehr, als ich das an sich gerne tue, aber ich merke, das ist auch wieder eine Alterssache. Ich spüre ja auch das Bedürfnis, den Samen auszustreuen. Das ist eine ganz natürliche Sache, aber von meinem Leben früher her sehe ich es als Gefahr, wenn die Leiterin oder der Leiter zuviel von sich erzählen. Natürlich geht es durch die ganze Weltgeschichte, daß es die weisen Alten gibt, denen die Jungen gerne zuhören. Es gibt aber auch die blöden Alten, die immer soviel quatschen...

Karin:
und die, die nicht mehr hören können.

Ruth:
Jeder und jede Alte haben wohl mehr oder weniger etwas von beidem. Ich höre weniger. Ich bin tatsächlich mehr am Aussagen interessiert als am Hören, das stimmt. Das heißt nicht, daß ich überhaupt nicht interessiert bin, aber es hat sich verwandelt. Das muß ich eben auch akzeptieren. Denn wenn ich jetzt höre, was mache ich noch mit dem Gehörten? Ich kann nichts mehr damit tun. Ich vergesse es auch wieder.

Es gibt ein afrikanisches Sprichwort, das mir Eindruck gemacht hat: „Wenn ein alter Mensch stirbt, ist es, als ob eine ganze Bibliothek verbrennt."

In den ersten Lebenstagen passiert sehr viel — und umgekehrt beim Weggehen auch.

Jan Tillmann

Geboren 1938. Dr.phil. Professor (FHS) für Pädagogik. Von 1960 bis 1972 Volksschullehrer in Gelsenkirchen. Seit 1972 mitbeteiligt an der Ausbildung von Sozialarbeitern/innen und Sozialpädagogen/innen an der Ev. Fachhochschule Hannover. Leiter von Rollenspielgruppen und Ausbilder beim Arbeitskreis Pädagogisches Rollenspiel Hannover e.V. Etwa 25 TZI-Kurse als Teilnehmer oder Leiter. Interesse an gesellschaftsverändernder Gruppenarbeit und konkreter bzw. ausprobierender Philosophie.

Sum — ergo cogito

Prolog eines Programms

Vorbemerkung

Warum Prolog? Warum Prolog eines Programms? Das ganze Bemühen geht doch darum, daß wir Menschen zufriedener mit uns selbst werden und das Leben glücklich, gerecht und solidarisch einrichten. Wie wir das angehen, hat mit dem Menschenbild zu tun. Leben wir aber nicht in einer Zeit der gescheiterten Menschenbilder? Das Konzept des Menschen als Maschine, als kopfgesteuerter, mechanisch funktionierender Apparat widerspricht der Alltagserfahrung. Das Konzept des

Menschen als vom Kapitalismus ausgebeuteter Entfremdeter erlebt gerade seinen Zusammenbruch. Das Konzept vom Menschen als aggressivem Triebverdränger, der nur durch Psychoanalyse geheilt werden kann, kommt nicht so recht vorwärts. Dem Konzept vom Menschen, der von Anfang an erbsündig, nur von Gott erlöst werden kann, laufen die Menschen davon. Der Traum von der Rückkehr in einen einstmals authentisch-identischen Urzustand findet zwar esoterische Anhänger, hält aber keiner exakten Recherche stand. Der in der Sonne flatternde Schmetterling ist vielleicht glücklich, aber er weiß weder, daß er glücklich noch daß er ein Schmetterling ist. Den fertigen Menschenbildern wird hier Mißtrauen entgegengebracht. Dagegen wird die Auffassung gesetzt, daß Menschen sich ihre Menschenbilder selbst schaffen sollten. Indem sie die Innenseite ihres Erlebens in geschützten Räumen nicht verbergen, sondern sie der Kommunikation aussetzen, machen sie Erfahrungen. Aufklärung ist auch der Versuch, sich seines eigenen Gefühls ohne die Hilfe anderer bedienen zu lernen. Aus diesem Grunde ist der folgende Text nichts anderes als der Versuch zu einer Ermunterung, eigene Menschenbilder zu entwickeln. Allerdings wird eine Voraussetzung behauptet: Das zentrale Problem des Menschen ist, daß er seine emotional-körperliche und seine rationale Seite nicht vermitteln kann. Die rationale Seite mußte dominant gegen die emotional-körperliche durchgesetzt werden, und die Folge dieses Sieges ist gleichzeitig das gegenwärtige Dilemma. Darum plädiert der folgende Text für den Versuch möglichst vieler Menschen, die Vermittlung der zwei Seiten auszuprobieren und ein Gespräch darüber zu führen. Vielleicht entsteht aus diesem Versuch einmal ein genaueres Programm. Augenblicklich können wir uns nur von den gewaltig-vereinnahmenden Menschenbildern verabschieden und uns gegenseitig ermuntern, den Versuch zu wagen. Also: einen Prolog als Dialog vor einem Programm zu versuchen.

Zwei Begriffe sollen noch im voraus erläutert werden.

Wenn im folgenden von „Prinzip" die Rede ist, so ist damit die inhaltliche Grundlage eines Begründungszusammenhangs gemeint, die für alle Folgerungen und Entwicklungen bestimmend bleibt. Sie gibt auch das Grundmuster ab, nach dem Handlungsorientierungen sich gestalten. Prinzip soll ein Erstes (nicht

Ausschließliches) sein, das immer durchwirkt. Ist von „Körperlichkeit" die Rede, so ist nicht ausschließlich gemeint, daß menschliche Existenz an Körper gebunden ist. Es ist damit eine psychische Instanz gemeint, die Konkretheit als Konkretheit und nicht nur als Begriff repräsentiert.

1. Körperlichkeit als ein Prinzip der Menschlichkeit

Seit Parmenides vor zweieinhalbtausend Jahren Sein und Denken zu Entsprechungen erklärte, war das Dogma des Abendlandes formuliert: das Verhältnis des Menschen zur Natur (dem natürlichen Globe) ist intellektualistisch. Das bedeutet, daß für uns traditionsgemäß der Umgang mit allem Konkreten, mit jedem Ding und Körper, abläuft wie der Umgang mit einem Begriff. Sinnlich-emotionale Erfassung wurde ausgesperrt, denunziert, war allenfalls eine Vorstufe der wahren Erkenntnis. Sie ließ sich zwar nie ganz auslöschen, blieb sehnsüchtig geahnt, wurde jedoch ins Ungebildete-Naive, ins Weibliche oder bestenfalls ins Künstlerische abgedrängt. Die gesellschaftlich anerkannte und honorierte Weise, den Globe wahrzunehmen und zu verstehen, war die intellektualistische. Die Tätigkeit des quantifizierenden, effektivierenden und linear funktionierenden Bewußtseins wurde zum Merkmal, das den Menschen vom Tier unterschied. Das denkende Bewußtsein wurde das eigentliche Organ der Menschlichkeit. Diesem Organ entsprechend wurde ein technisch-zivilisatorisch-kultureller Globe geschaffen, dessen Unverträglichkeit mit dem natürlichen wir heute als ökologische Katastrophe bezeichnen. In gleicher Unverträglichkeit steht das denkende Bewußtsein dem Körper und seinen Gefühlen gegenüber. Seine Eigentlichkeit für Menschlichkeit und seine Oberhoheit drückte Descartes zu Beginn des technischen Zeitalters noch einmal verschärft aus: Cogito ergo sum (Ich denke, also bin ich).

Es geht keineswegs darum, Rationalität oder gar aufklärerisches Denken abzuschaffen und beispielsweise durch esoterische Naturschwärmerei zu ersetzen. Es geht lediglich um die Frage, ob unsere intellektualistische Wahrnehmung des Globe nicht eine einseitige und verkürzte Realitätswahrnehmung ist, die sich allerdings selbst der Tendenz nach für richtig und einzig hält. Bejahen wir diese Frage, so muß konstatiert werden, daß unsere europäische Kultur auf einer falschen Realitätswahrnehmung beruht und somit neurotisch ist, ein Befund, der bei einer unvoreingenommenen Bestandsaufnahme keine allzu große Überraschung auslöst. Es ist zu entscheiden, ob diese Neurose dadurch heilbar ist, daß die intellektualistische Verfügbarmachung des Globe immer verfeinert und weitergetrieben wird, oder ob die intellektualistische Potenz mit sinnlich-emotionaler Erfahrung verschmolzen wird. Die folgenden Anregungen sind von der Überzeugung getragen, daß Rationalität erst dann zur Vernunft wird, wenn sie Körperlichkeit in sich aufnimmt. Dabei liegt es in der Natur der Sache, daß eine solche Verschmelzung nicht begrifflich deduziert werden kann. Sie kann nur ausprobiert werden. Sie kann nur versucht werden von Menschen, die mutig genug sind, aus der Gewohnheit der intellektualistischen Neurose auszubrechen, deren Kern die Verleugnung der Lebendigkeit ist.

Die primäre, unmittelbare und direkte Begegnung mit dem Konkreten, der Natur oder der Wirklichkeit liegt in der Erfahrung des eigenen Körpers. Das heißt nicht nur, ihn als Lust und Schmerz zu spüren oder Herzklopfen und Magendrücken intellektuell zu verarbeiten. Es kommt vielmehr darauf an, Körperlichkeit ins Bewußtsein eintreten zu lassen. Jeder lebende Körper ist ein momentaner Endpunkt der Entwicklung des Kosmos seit seinem Entstehen. Die Gesamtsumme der Erfahrungen und Erfindungen, die der Kosmos gemacht hat, ist in jedem lebendigen Körper versammelt. Bis in seine subatomaren Teile hat jeder Körper dieselbe Physik wie der absolute Globe. Er hat dieselbe Chemie und Biologie und spiegelt seine Geschichte, die gesamte Evolution. Und jeder Körper ist Spiegelbild seines besonderen Globe, seines Lebensraumes. Der Eisbär hat einen anderen Körper als die Schwalbe oder die Petersilie. Fortbewegungsglied wurde im Wasser zur Flosse, auf dem Steppenboden zum Huf und in der Luft zum Flügel. Das denkende Bewußtsein hat geforscht und versteht schon ganz viel. Aber hier soll anders gefragt werden. Die Frage geht an das Gefühl. „Was erlebst du, wenn dir das denkende Bewußtsein mitteilt, daß diese ganze Entwicklung des Kosmos, dieses experimentum mundi, nötig war, um deinen Körper hervorzubringen?" Ist die Antwort an das Bewußtsein nicht gespürte Erhabenheit, die letztlich eine tiefe Ehrfurcht vor allem konkreten Dasein begründet? Diese Ehrfurcht, Empathie für die Körperlichkeit, soll als eine psychische Instanz begriffen werden, die den Menschen bis heute fehlt. Damit kein Irrtum entsteht: Hier soll kein magisches Weltverständnis begründet werden, das den leblosen Dingen Bewußtsein und Absicht unterstellt. Hier soll lediglich angedeutet werden, daß Menschen die Welt mit ihren Dingen und Zusammenhängen nur unzureichend verstehen, wenn sie sie nur wissen.

Empathische Körperlichkeit ist die Instanz, die Wissen mit der Liebe zu allem konkreten Seienden verbindet. Die chemische Zusammensetzung eines Steines zu wissen und ihn reden zu hören und zu verstehen, ist kein Gegensatz. Empathische Körperlichkeit sorgt dafür, daß der Globe nicht nur verfügbares Material ist, mit dem alles gemacht werden kann. Sie sorgt dafür, daß der Globe nicht nur zum Stoff degradiert wird, der wie die Maschinen des Body-Building-Centers die Muskeln des denkenden Bewußtseins trainiert. Welt ist nicht nur Material des denkenden Bewußtseins, nicht nur ihm radikal nachgeordnet, sondern wird aus ihrer Begriffsartigkeit erlöst und tritt dem ganzen Menschen gegenüber: riechend, färbend, redend.

Es soll noch einmal wiederholt werden: Das intellektualistische Verhältnis zur Welt soll nicht aufgehoben, sondern es soll um eine sinnlich-emotionale Dimension erweitert werden. Dieser Weg fängt bei der Beziehung zum eigenen Körper an. Die Ehrfurcht vor dem eigenen Körper und die Ehrfurcht vor dem anderen Körper, der in der Handfläche beim Streicheln spürbar ist, ist der Ausgangspunkt einer sinnlich-emotionalen Beziehung zum konkreten Globe. Es gibt keinen Weg, die Welt zu lieben, der nicht beim Körper seinen Beginn hat. Alles andere ist intellektualistische Neurose. Die Gewohnheit der intellektualistischen Beziehung ist so stark, daß die Infragestellung ihrer Ausschließlichkeit leicht als eine animistische Regression oder gar als Anmutung einer Psychose aufgefaßt wird.

Wenn wir die anthropologische Konstruktion von Überich—Ich—Es historisch verstehen, also als Gliederungen, die von dem geschichtlich-gesellschaftlichen Globe abhängig sind, so sind neue Konstellationen denkbar. Könnte sich Überich nicht zu einer empathischen Du/Wir-Instanz wandeln und wäre Es nicht als die oben angedeutete empathische Körperlichkeit aufzufassen? Verstehen wir Unbewußtes nicht immer intellektualistisch, wie den dunklen Teil, der noch nicht von der Helle des Bewußtseins erlöst ist? Wie aber, wenn das Unbewußte, das Es, der Körper ist, das ganz Konkrete, das ich mit beiden Händen berühren kann? Dann ist das Herzklopfen nicht *Ausdruck* der Freude, sondern es *ist* die Freude. Dann ist Körper die existenziellste Erfahrung von Ganzheitlichkeit, Konkretheit und Dasein, die möglich ist. Wann und wo wird das gelernt? Wie sieht der gesellschaftliche Globe aus, in dem diese psychischen Instanzen entstehen können?

Unsere Sprache gibt uns einige Hinweise. Wir begreifen, verstehen, setzen uns auseinander, beanspruchen, haben Zugang oder umgehen, haben Geschmack und gehörig Handlungsanspruch. Alle Ausdrücke des letzten Satzes sind in ihrem Ursprung körperliche Tätigkeiten, die wir zuerst immer in ihrem übertragenen Sinne verstehen. Das liegt daran, daß wir den übertragenen Sinn höher bewerten. Streben wir im Grunde nicht eine Sprache an, die von solchen körperlichen Ursprüngen gereinigt und deren Mitteilungswert dann besser, klarer, rationaler ist? Aber ist das nicht der Weg der totalen Verdrängung des Lebens? Was hier gefordert wird, ist der entgegengesetzte Weg: am körperlichen Ausdruck festhalten, ihn in seiner konkreten, basalen Bedeutung immer erneut auszuprobieren. Körper begreifen hieße dann auch, Körper anzufassen. Ohne die sichere Rückbindung an diese konkrete Basis darf der Weg ins Abstrakte, Begriffliche und Theoretische nicht beschritten werden. Körperlichkeit läßt das digitale Bewußtsein die Erfahrung des Analogen, der Ganzheit und Unversehrtheit machen.

Menschlichkeit ist ohne Körperlichkeit ein neurotischer Begriff. Darum gilt es, sich an eine Menschlichkeit, die sich auch körperlich versteht, heranzutasten. Diese ungelöste Aufgabe kann nur ausprobiert werden. Greifen, angreifen und begreifen haben den gleichen Wortstamm.

Sum ergo cogito — ich bin, also denke ich —, so ist der berühmte philosophische Satz hier verdreht worden. Das ist als Programm gemeint, als Richtungsvorschlag. Aber in sehr freier Übersetzung läßt sich dieser Satz noch verbessern: Ich weiß, daß ich lebe. In der Tat scheint mir der Mensch das einzige Wesen zu sein, das weiß, daß es lebt. Es gibt ungeheuer viele Formen von Leben, aber nur eine, die das weiß und die das bedenken kann. „Ich weiß, daß ich lebe" faßt Wissen und Körperlichkeit zusammen, thematisiert das Programm, das vielleicht aus der Neurose führt.

2. Körperlichkeit als ein Prinzip des Gefühls

Körperlichkeit als Prinzip soll bei der Aufgabe helfen, die digitale Neurose unserer Kultur und Zivilisation auszuheilen. Eine Aufgabe, die — wie gesagt — nicht am Schreibtisch zu lösen ist — das wäre Rückfall in die Neurose —, sondern die ausprobiert werden muß. Deshalb kann hier auch keine Lösung angeboten werden, sondern es können nur Erfahrungen mitgeteilt werden.

Das denkende Bewußtsein digitalisiert das Gefühl und spricht von Freude, Trauer, Wut, Furcht und den vielen Mischlingen und Abkömmlingen. Ist Gefühl aber nicht auch analog, eben körperlich zu verstehen? Um dies zu beantworten, müssen wir eine kurze Überlegung anstellen. Menschen leben in zwei Welten: in der naturhaften, die sie vorgefunden haben, und in der zivilisatorisch-kulturellen, die sie selbst geschaffen haben. Dadurch haben sie in ihrem jeweils konkreten Globe immer eine Mischung aus beiden. Das Gefühl — lange vor dem von Menschen geschaffenen Globe vorhanden — mußte sich auf diesen neuen Globe einstellen, der die Manifestation der Beziehung des denkenden Bewußtseins zum naturhaften Globe ist. Wie — so lautet die Frage — reagiert das Gefühl des biologischen Bündels Säugling, Kleinkind, Kind auf einen Globe, für den es nicht ausgerüstet ist, der durch Zivilisation, Kultur und technische Gesellschaft geprägt ist. Nicht gefragt ist wohlgemerkt, wie das Bewußtsein sich entwickelt, sondern wie das Gefühl auf eine nichtnatürliche Welt reagiert. Wir haben oben kurz angedeutet, wie lebende Körper sich in unterschiedlichen Lebensräumen entwickelt haben: Fische haben andere Körper als Affen oder Ameisen. Bedient sich nicht das Gefühl des gleichen Anpassungsmechanismus und bildet einen emotionalen Körper entsprechend dem zivilisatorisch-kulturellen Globe, den es antrifft, der selbstverständlich wieder individuell unterschiedlich in jeder Familiengruppe eingefärbt ist? Das plastische, noch ungeformte Gefühl reagiert, wie seit Urzeiten das Leben körperlich eine Entsprechung des je spezifischen Lebensraumes wurde. Da entstehen Menschen wie Schildkröten, die gepanzert sind, jedoch unter dem Panzer sind sie zart und scheu. Da gibt es Quallen, die ohne jede Härte sind und schier unendlich verletzbar. Es gibt Maulwürfe, die fast nie sichtbar sind, aber immer stolpert man über die Haufen, die sie produzieren. Es gibt Hasen, die anschmiegbar sind und deren Waffe die schnelle Flucht ist und das Schlagen der Haken. Stiere sind leicht erregbar und nehmen alles, was sich auffällig macht, auf die Hörner. Aus der Kommunikation mit Haifischen kommt man selten unblutig heraus. Der Körper eines Schafes ist mit einem so dicken Fell umgeben, daß er trotz der Weichheit kaum zu berühren ist. Vögel sind nicht greifbar und fühlen sich in großer Höhe und auf unzugänglichen Plätzen am wohlsten. Katzen sind weich, anschmiegsam, zärtlich und gebrauchen unvorhersehbar schnell ihre Krallen, die kaum sichtbar sind. Elefanten haben ein Gewicht, dem fast kein anderes Tier gewachsen ist. Schlangen haben tödliche Giftzähne. Es gibt Schutzfarben, die unauffällig machen, entweder um versteckt zu sein oder um anzugreifen. Es gibt Tiere, die reißen und verschlingen, und solche, die sammeln und wiederkäuen. Manche leben in sehr organisierten Verbänden wie Ameisen und andere quellen über vor Farben und Formen wie Pfaue. Alle haben gemeinsam, daß sie auf ihre je spezifische Weise so am besten in ihrem Lebensraum zurechtkommen. Alle haben gemeinsam, daß sie fressen und saufen, Heimstätten bauen, Kontakt miteinander haben, sich paaren und sich vermehren. Was deutlich werden soll, ist, daß hier nicht menschliche Verhaltensformen auf tierische projiziert werden, sondern daß die Reaktion des ungeformten Gefühls auf die intellektualistische menschliche Welt sich der gleichen Muster bedient wie das sich entwickelnde körperliche Leben auf die Lebensräume. Selbstverständlich sind die Gefühlskörper, die sich bilden, nicht die exakten Abbilder tierischer Körper. Vielleicht gibt es Kreuzungen zwischen Schlangen und Hasen. Vielleicht gibt es emotionale Körper, die uns aus der Tierwelt nicht bekannt sind. Aber unzweifelhaft formt sich Gefühl in der

Analogie zu Körpern. Ist ein Stupor etwas ganz anderes als der Totstellreflex, den einige Tiere anwenden, weil sie die für sie tödliche Situation nicht anders bewältigen können? Kennen wir unser Gefühl nicht als igelhaft oder schmetterlingsmäßig? Es soll durch diesen Gedankengang nicht verhindert werden, daß Gefühl analysiert, erforscht und digitalisiert wird. Aber dies bleibt die halbe Erkenntnis, wenn die ganzheitliche, unversehrte und konkrete Erfahrung nicht dazukommt. Eine Anthropologie, die weiß, daß Gefühl mit Körperhaftigkeit auf den menschlichen Beziehungsglobe reagiert, weiß besser, daß jeder einzelne Mensch nur in seiner Weise seinen Gefühlskörper formen konnte, entsprechend so, wie er den Lebensraum vorfand. Sie weiß besser, wie schwer eine Gestalt zu verändern ist. Sie weiß, daß der Haifisch nicht nur Zähne hat, sondern auch ein geselliges Tier ist. Gefühl ist einer solchen Anthropologie nicht eine Sammlung abstrakter Stimmungen, die sie untersucht, sondern ein versehrter oder unversehrter Körper, den sie sucht. Und sie weiß, daß im tiefsten Kern alle Körper gleich sind: Sie wollen genährt und geschützt sein, sie wollen Zuwendung und Fortpflanzung, sie wollen wachsen, gedeihen und spielen.

Körperlichkeit — so die hier vertretene These — ist das Prinzip der Gestaltwerdung des Gefühls. Das heißt, Gefühl ist nur zureichend zu verstehen, wenn es auch als Körper verstanden wird, als Körper, der den Lebensraum, in dem er geformt wurde, spiegelt. Ein Bewußtsein, das auch so verstehen will, muß Körperlichkeit als Erkenntniskategorie zulassen. Die Frage, wie ein Gefühl aussähe, das einen menschlichen Körper hätte, soll offen bleiben.

Exkurs

Wie kann solches ausprobiert werden? Als ein Beispiel soll hier ein Gruppenspiel mitgeteilt werden, das meistens viel mehr Erkenntnis bringt als mitteilbar ist. Digitale Psychologen können sich oft nicht darauf einlassen, weil sie ganz schlimme Regressionsängste haben. Ein Tier zu werden, kann bei ihnen eben nur als Regression erlebt werden und nicht als die Möglichkeit, das zu integrieren, was ich schon immer bin.

Die Gruppe hat einen schweren Tag erlebt. Es ist viel zu Tage getreten, was im Alltag als Nichtzurechtkommen erlebt wird: Angst, Versagen, Neid, Trauer und alles das, was menschliches Leben belastet, scheinbar und wirklich. Alle Gruppenmitglieder sitzen im Kreis und erwarten die letzte Sitzung des Abends. Sie bekommen die Aufgabe, innen bei sich selbst nachzuspüren, welche Stimmungen sie vorfinden. Dann verwandeln sie diese Stimmungen in ein Tier. Und wenn sie Sehnsucht nach einer Stimmung haben, die nicht da ist, dann verwandeln sie diese Sehnsucht in ein Tier. Kein Gruppenmitglied weiß von dem anderen, was für ein Tier es ist. Im Anfang liegen die Tiere in ihren selbstgebauten Nestern und Lagern und Höhlen. Sie spielen einige Tage und Nächte aus dem Leben dieser Tiere. Jeder Tag und jede Nacht dauert etwa eine Viertelstunde und wird durch entsprechende Beleuchtung dargestellt. Es kommt nicht darauf an, von außen auf Brehms Tierleben zu starren, sondern von innen den emotionalen Körper zu leben. Darum sind alle Laute erlaubt, nicht jedoch Sprache. So lange das Bewußtsein noch dominant ist, wird zögerlich Theater gespielt. Doch dann wird das Spiel lebendig. Es wird geschoben, gedrückt, geschmust, gerauft, gekämpft, sich erholt, geschlafen, gebrüllt, gelacht, gequiekt. Eine Fülle von Gefühlen wird gelebt, ausgedrückt und ausgetauscht. Das Spiel dauert eineinhalb Stunden.

Das anschließende Gespräch verläuft ausschließlich nach dem Muster: Was habe ich mit mir erlebt, was habe ich mit dir erlebt, wie war es für mich? Nachdem gesagt worden ist, was für ein Tier jeder war, wird ausgetauscht, wie es gewesen ist. Vieles wird sicher auch verschwiegen. Die Stimmung ist unbeschwert, fröhlich und die dunklen Wolken haben sich erst einmal verzogen. Niemand ist psychotisch geworden und niemandem ist sein denkendes Bewußtsein abhanden gekommen. Die intellektualistische Neurose, die alle Wirklichkeit nur wie einen Begriff behandeln kann, ist für heute Abend verschwunden. Alle *wissen*, daß sie *leben*.

3. Körperlichkeit und Seele

Körper lebt, Gefühl spürt das Leben, Bewußtsein weiß das Leben. „Ich weiß, daß ich lebe", war als die menschliche Grundaussage formuliert. Aber weil das Bewußtsein sagt, „ich weiß, daß ich weiß", ist es von Körper und Gefühl getrennt. Es verdrängt die Körperlichkeit des Menschen. Damit ist die Konkretheit und Unversehrtheit aller Wirklichkeit verdrängt.

In der inneren Welt eines jeden Menschen ist seit je eine Utopie ausgebildet, die auf die Balance zwischen Körper, Gefühl und Bewußtsein abhebt. Diese Instanz soll mit dem etwas obsoleten Begriff „Seele" bezeichnet werden. Balance soll ausdrücken, daß Bewußtsein Gefühl und Körper versteht, daß Gefühl ins Bewußtsein und in den Körper einzieht, und daß Körper die Konkretheit und Unversehrtheit im Gefühl und Bewußtsein repräsentiert. Balance bezeichnet daher nicht nur das dynamische Gleichgewicht der drei Bereiche, sondern die Tatsache, daß jeder von ihnen von seiner Substanz an die anderen beiden abgibt, und daß diese Abgaben willkommen sind. Gelingt dies, so können wir von Beseelung sprechen. Die Utopie der Balance beginnt zu strahlen, sie durchdringt die Beziehungen der Menschen und Objekte. Sie setzt sich gegen die intellektualistische Neurose durch. Wir kennen ein wenig vom Zustand der Beseelung, wenn wir frisch verliebt sind. Die Welt ist auf einmal anders.

Das Bewußtsein liefert der Seele die Autonomie. Das Gefühl liefert ihr die Interdependenz. Der Körper liefert ihr die Konkretheit.

Als sich das Leben auf das Wissen einließ, ließ es sich aufs Abstrakte und Digitale ein. Es gewann damit eine ganz neue Dimension. Aber um sich zu etablieren, hat die Zentrale des Wissens, das Bewußtsein, sich völlig gegen das Konkrete abgeschirmt. Die Etablierung ist gelungen, und das Zeitalter der Beseelung kann beginnen. Mit der Körperlichkeit als Prinzip zieht die Lebendigkeit in Gefühl und Bewußtsein ein.

Das Zeitalter der Beseelung wird nicht von Genies erdacht. Es wird nicht gelehrt. Es wird nicht politisch durchgesetzt. Es wird an der Basis der Menschheit ausprobiert, immer wieder ausprobiert, steckt an und wächst langsam nach oben.

Christel Wagner

Geboren 1946. Studium der Kath. Theologie, Germanistik und Sonderpädagogik. Studium an einer Schauspielschule und mehrjährige Theaterarbeit. Später verschiedene psychotherapeutische Ausbildungen, zuletzt in Integrativer Körperpsychotherapie bei George Downing. Seit vielen Jahren TZI-Ausbildung. Arbeitet als Psychotherapeutin in eigener Praxis und leitet Gruppen in der Erwachsenenbildung.

Zur Körperwahrnehmung in der Gruppenarbeit

Als ich begann, Gruppenleiterin zu werden, lag der Focus meiner Wahrnehmung auf dem *Hören*. Ich übte vor allem, das gesprochene Wort aufzunehmen, seine Schattierungen zu erfassen, es widerzuspiegeln oder seine Botschaft zu entschlüsseln und die Entschlüsselung verbal mitzuteilen, mir selber zuhörend. Allmählich erst begann ich auch zu *sehen*, nahm manchmal Widersprüche wahr zwischen gesprochenem Wort und Ausdruck der Augen oder zwischen Wort und begleitender Bewegung im Körper.

Bei Ruth C. Cohn fand ich das ganzheitliche Verständnis in der

74

Gruppenarbeit — „der Mensch ist eine psycho-biologische Einheit"[1]. Von dort aus machte ich mich auf den Weg, meine Wahrnehmungsfähigkeit zu entwickeln und zu differenzieren. Ich lernte und übte, alle meine Sinne zu gebrauchen, mit den Zonen meiner Wahrnehmung zu spielen und ihre Grenzen zu erweitern. Wahrnehmung in der ganzheitlich verstandenen Gruppenarbeit ist ein komplexes Geschehen — den eigenen und fremden *Körper* wahrzunehmen, ist ein notwendiger Teil darin. Wie Körperwahrnehmung in der Gruppe geschehen kann, wozu sie dienen kann und welche Voraussetzungen erforderlich sind, ist Thema dieses Aufsatzes. Eine der wichtigsten Voraussetzungen für die spätere praktische Arbeit ist, darüber nachzudenken: Was ist Wahrnehmung? Wie vollzieht sie sich? Was passiert im Prozeß der Wahrnehmung zwischen mir und anderen? Damit beginne ich.

1. Überlegungen zu Wahrnehmung

1.1 Wahrnehmung und Körper

Eine allgemeingültige Definition von „Wahrnehmung" gibt es nicht, denn das, was ich damit meine, ist abhängig von dem philosophisch-anthropologischen Verständnis dessen, wie der Mensch in der Welt ist, in welcher Beziehung zur Welt er sich befindet, auf welche Weise er sich der Welt bemächtigt.[2]
Ich verstehe „Wahrnehmung" als das prozeßhafte körperliche Aufnehmen der äußeren und inneren Welt. „Prozeßhaft" deswegen, weil Wahrnehmung ein Vorgang bzw. Verlauf ist, der den Wahrnehmenden verändert. Dieser Prozeß ist offen, sein Anfang und Ende sind nicht klar bestimmbar.
„Körperliches Aufnehmen" meint nicht nur, daß der Körper das physiologische Instrument für die Wahrnehmung ist, die von einem Ich dirigiert wird, das dann doch in irgendeiner Art vom Körper getrennt ist, sondern Wahrnehmung ist ein im Körper

---

[1] Vgl. Ruth C. Cohn, Von der Psychoanalyse zur themenzentrierten Interaktion, Stuttgart 1975.
[2] Zur Geschichte des Wahrnehmungsbegriffes vgl. Dieter Hoffmann-Axthelm, Sinnesarbeit. Nachdenken über Wahrnehmung, Frankfurt 1987 (dort ausführliche Literaturangaben).

stattfindender Vorgang, in dem das Ich ganz beteiligt ist. Das Ich ist immer körperliches Ich, denn Körperlichkeit ist die Weise, wie ich jetzt in der Welt anwesend bin.

Über meine Wahrnehmung trete ich in Beziehung zu mir selbst und zur Welt.[3] Ich als Wahrnehmende stehe in ständiger wechselseitiger Beziehung zu dem von mir Wahrgenommenen, und die durch Wahrnehmung ausgelösten Veränderungen betreffen das gesamte Beziehungsgefüge von dem, was in mir und um mich herum ist.

In diesem Prozeß kann ich nichtbewußte, halbbewußte und bewußte Stationen unterscheiden, wobei die Übergänge fließend sind.[4] Je differenzierter und bewußter Wahrnehmung wird, desto mehr erweitert sich die ganzheitliche Bewußtheit des Menschen.

1.2 Wahrnehmung nach außen und nach innen

Das, was ich außen und innen wahrnehme, steht in ständiger wechselseitiger Beziehung und Abhängigkeit. Zwischen außen und innen besteht eine fließende Grenze. Und wenn ich im folgenden die Wahrnehmungsbereiche „außen" und „innen" trenne, so ist diese Trennung theoretisch und dient mehr der Übersichtlichkeit.

Die Wahrnehmung nach „innen", d.h. die Wahrnehmung meiner selbst, ist eine Vielzahl miteinander verknüpfter Empfindungen, Gefühle und Vorstellungen, zu denen auch die Gleichzeitigkeit von Körper-Haben und Körper-Sein gehört. Ich erlebe mich *als* Körper, und ich erlebe mich gleichzeitig *in* meinem Körper.

Was empfinde ich, wenn ich meine Wahrnehmung nach innen richte? Ich kann die Schwere meines Körpers spüren, auch die unterschiedliche Schwere der einzelnen Glieder. Ich habe ein Gefühl für die Größe, das Ausmaß und die Begrenzung meines

---

[3] Zur Struktur der Wahrnehmung und dem „être-au-monde" des Menschen vgl. bes. Maurice Merleau-Ponty, Phänomenologie der Wahrnehmung (Paris 1945), Berlin 1966.

[4] Aus der Physiologie ist bekannt, daß der Mensch mit den Sinnesorganen aus der Umwelt 10^9 bits (= Maß für Informationsinhalt) pro Sekunde aufnimmt, aber nur 10^1-10^2 bits pro Sekunde bewußt werden. Der Rest wird nichtbewußt verarbeitet oder gar nicht verwendet. Vgl. Stefan Silbernagel/A. Despopoulos, Taschenatlas der Physiologie, Stuttgart 1979, S. 254ff.

Körpers. Die Beziehung der einzelnen Körperteile zueinander kann ich wahrnehmen und — grundlegend — meine Lage im Raum.

Dies alles erlebe ich mit Hilfe meiner sinnlichen Wahrnehmungsfähigkeiten und meiner Fähigkeit, Bilder und Vorstellungen damit zu verknüpfen.

Ein Teil meines Körpererlebens wird bestimmt von dem inneren Bild, das ich von meinem Körper habe. Dieses Körperbild ist einerseits entstanden aus meiner Fähigkeit, wahrzunehmen, meinen eigenen Körper zu ertasten, zu begreifen, zu besehen, andererseits aus meiner Erfahrung mit anderen, wahrgenommen zu werden, betastet, begriffen, besehen zu werden, um mich dann als so wahrgenommen in den Augen meiner Umwelt wieder neu gespiegelt zu entdecken. Das Körperbild entsteht also aus dem Dialog mit meiner Umwelt, aus der wechselseitigen Wahrnehmung und Berührung.

Das was ich wahrnehme, wenn ich mich selbst in meinem Körper wahrnehme, kann mit Hilfe des Begriffs „Körperschema" beschrieben werden.[5] Körperschema ist ein umfassenderer Begriff als „Körperbild" und meint die Gesamtheit der Wahrnehmungen vom eigenen Körper. Dazu gehören die Vorstellungen, die ich von meinem Körper habe, ebenso wie das Erleben von Körperfunktionen. Entsprechend der individuellen Geschichte weist das Körperschema eine spezifische Struktur auf. Hierbei kommt den frühkindlichen Erfahrungen mit dem eigenen Körper eine besondere Bedeutung zu. Sie beeinflussen das Grundmuster des Körperschemas, gehen gewissermaßen in den festen Kern ein, um den herum sich offenere, durch neue Wahrnehmungen veränderbare Muster bilden. Zum Beispiel kann jemand, der als Säugling Defizite im zuverlässig liebevoll Gehaltenwerden erlebt hat, als Erwachsener ein Körperschema haben, das durch diesen mangelnden Halt gekennzeichnet wird. Er kann sich in seinem Körper nicht „aufgehoben" fühlen, kann das Empfinden haben, daß sein Körper seine Emotionen nicht „halten" kann oder daß seine Körperfunktionen „entgleiten".

---

[5] Der Begriff „Körperschema" stammt ursprünglich aus der Neurologie und wurde um 1920 von Paul Schilder in die Psychoanalyse eingebracht. Vgl. Paul Schilder, Das Körperschema, Berlin 1923.

Wenn ich meine Wahrnehmung nach innen richte, empfinde ich Ruhe und Wohlsein oder Anspannung, Unruhe, Unwohlsein; vielleicht nehme ich vegetative Unregelmäßigkeiten wahr, die ich z.B. als schnellen Puls, hastigen unregelmäßigen Atem oder Schwindelgefühle bemerke, bis hin zu deutlichen Schmerzempfindungen. Innere Kälte und Wärme kann ich ebenso spüren wie Hunger, Durst, Leere oder Sättigung, Vollsein. Es ist nicht immer einfach, die Wahrnehmungen sprachlich eindeutig wiederzugeben. Zum Beispiel kann der „leere Bauch" sowohl Mangel an Nahrung als auch Liebesmangel bedeuten, kann ein symbolischer Ausdruck sein für ein nicht zu füllendes Loch aus einer früh erlebten Mangelsituation.

Die Wahrnehmungsfähigkeit, die sich nach außen richtet, ist ebenso ein komplexes, miteinander verknüpftes System von Sinnesleistungen. Einige Beispiele sollen das verdeutlichen: Unser größtes Sinnesorgan ist die Haut, über deren ungeheuer große Zahl von Rezeptoren wir Druck, Berührung, Vibrationen, Temperatur und auch Schmerzen wahrnehmen.[6] Der menschliche Geruchssinn ist eng mit unserer Affektlage verknüpft — die Nervenbahnen laufen zum limbischen System, der Steuerzentrale unserer Emotionen. Wir nehmen beispielsweise auch über unser Riechorgan wahr, wer „Freund oder Feind" ist. Geschmacksempfindungen, die wir über die Zunge erleben, sind ebenfalls vom Geruch beeinflußt.[7] Unsere Wahrnehmungsfähigkeit des Hörens ist die Aufnahme, Weiterleitung und Verarbeitung von Schallwellen — in einem höchst komplizierten System. Dominierend in unserer Sinnestätigkeit ist, physiologisch gesehen, das Sehen: schätzungsweise 40% aller ins Gehirn eintretenden Impulse sind visuelle.

Alle einzeln aufgeführten Sinnesleistungen arbeiten nicht isoliert, sondern aufeinander bezogen, ergänzen und korrigieren sich gegenseitig. (Was nicht appetitlich aussieht, schmeckt mir nicht...)

Bei der Wahrnehmung nach außen spielen aber nicht nur unsere

---

[6] Z.B. verfügt die Körperoberfläche über etwa eine halbe Million Meissner-Körperchen, mit deren Hilfe Berührungen empfunden werden.

[7] Beim Schmecken unterscheiden wir nur vier Grundqualitäten: süß, salzig, sauer, bitter. Differenziertere Unterscheidungen gehen über den Geruch.

„fünf Sinne" eine Rolle; Wahrnehmung als ein körperliches Aufnehmen von Welt umfaßt eine viel weitergehende Sensibilität für Außenreize. So kann ich z.B. „einen Blick im Rücken" spüren. Oder ich nehme eine Atmosphäre im Raum oder Absichten anderer Menschen wahr, noch ehe ich sie deuten kann. Es handelt sich eher um ein diffuses Wahrnehmen von „da ist etwas", ohne es schon benennen zu können.

1.3 Bedingungen für Wahrnehmung

Wahrnehmung, verstanden als prozeßhaftes körperliches Aufnehmen von Außenwelt und Innenwelt, ist dynamisch, veränderlich und bedeutet immer Auswahl. Aus der unermeßlichen Fülle von Reizen wähle ich einen kleinen Teil zur Annahme, einen kleineren zur Weiterverarbeitung und den kleinsten Teil zur Bewußtmachung aus. Die Bedingungen, die meine Auswahl bestimmen, bilden ein dichtes, miteinander verwobenes Gefüge aus sehr unterschiedlichen Faktoren: historische, kulturelle, soziale Gegebenheiten spielen ebenso eine Rolle wie biologisch-physische und individuell-psychische.

Nicht alles, was in der Welt vorhanden ist, „darf" in einem bestimmten historischen Moment auch wahrgenommen werden, vor allem nicht von jedem. Gesellschaftliche Systeme machen in der Regel ihre Machtansprüche an den Menschen so geltend, daß der Spielraum für freie Wahrnehmungsentfaltung eingeschränkt wird.[8] Bestimmte Realitäten „dürfen" dann nur noch von einem festgelegten Stand- oder Blickpunkt aus wahrgenommen werden. Alexander Mitscherlich beschreibt dieses Phänomen als Grundlegung von Vorurteilen, insofern sie den Menschen lähmen, Blickwinkel für Wahrnehmung kritisch zu reflektieren und Veränderungen zu erlauben. Vorurteile sind „stabil gewordene Wahrnehmungstäuschungen"[9], die dazu dienen, Unangenehmes oder Ängstigendes abzuwehren.

Die individuell-psychischen Wahrnehmungsbedingungen sind mit den sozio-kulturellen oder historisch-gesellschaftlichen eng

---

[8] Vgl. zur Frage der Abhängigkeit der Wahrnehmung von ihren gesellschaftlichen Bedingungen D. Hoffmann-Axthelm, aaO.
[9] Alexander Mitscherlich, Die Unfähigkeit zu trauern, München 1967, 141.

verknüpft — in mancher Hinsicht handelt es sich um getreue Spiegelungen. Bei der Erforschung der individuellen Lerngeschichte mit Wahrnehmung, beim Versuch, herauszufinden, was mich in die Leugnung oder Verzerrung von Realitätswahrnehmung treibt, werde ich in mir auf ähnliche Einschränkungen stoßen, wie sie die Gesellschaft vorgibt: es kann nicht sein, was nicht sein darf und dergleichen mehr.

Diese Wahrnehmungstäuschungen haben die Qualität von Abwehrmechanismen[10], deren Ziel es ist, Gefühle wie Angst, Schuld oder Schmerz vom Bewußtsein fernzuhalten. Zum Teil sind sie ein notwendiger Schutz- und Bewältigungsversuch, vor allem dann, wenn es sich um vorübergehende Täuschungen und Einschränkungen unserer Wahrnehmung handelt, ihre (behutsame) Bewußtmachung erträglich bleibt. Erst dann, wenn diese Bewußtmachung das Aufrichten neuer Abwehrmauern auslöst, heilende kritische Reflexion also unmöglich wird, können wir von pathologischer Abwehr sprechen.[11]

So wie sich historische, soziokulturelle oder individuell psychische Bedingungen für Wahrnehmung im günstigen Fall verändern können, so können sich ebenfalls biologisch-physische Gegebenheiten wandeln (wenn auch vielleicht in noch längeren Zeiträumen). Beispielsweise können durch gezieltes Training nicht genutzte Hirnzellen aktiviert oder Seh- und Hörleistungen intensiviert werden.

Die im Wahrnehmungsprozeß geschehende Auswahl, Annahme und Verarbeitung von Reizen ist eingebunden in ein System von Deutungen, d.h. Verknüpfung der Wahrnehmung mit Erinnerungen, Erfahrungen und Übersetzung in ein verbales oder körpersprachliches Symbol. Zum Beispiel nehme ich in einem Raum einen bestimmten Geruch wahr (nachdem ich ihn aus einer Fülle von Geruchsreizen ausgewählt habe) und verknüpfe ihn mit bestimmten, meist affektiv getönten Erinnerungen. D.h. der Geruch wird von mir symbolisiert, ich gebe ihm eine Be-deutung im Rahmen meiner Erfahrungen. Dies kann nicht-

---

[10] Vgl. die systematische Beschreibung der Abwehrmechanismen bei Anna Freud, Das Ich und die Abwehrmechanismen, München 1964.
[11] Vgl. dazu Stavros Mentzos, Neurotische Konfliktverarbeitung, Frankfurt 1984, 60f.

bewußt geschehen: meine Reaktion wird möglicherweise nur in einem abwehrenden Naserümpfen bestehen, d.h. in einem körpersprachlichen Symbol. Oder es wird mir bewußt, und ich deute die Wahrnehmung sprachlich mit „es stinkt" oder interpretiere weitergehend: „es stinkt, weil...".

Bewußte Wahrnehmungen werden mit Hilfe des begrifflichen Denkens verarbeitet und ergänzt. Sie sind sprachlich faßbar, dadurch also immer verbunden mit einem distanzierenden Deutungsprozeß.

2. Körperwahrnehmung in der Gruppenarbeit

2.1 Wahrnehmung von „Körper" in der themenzentrierten interaktionellen Gruppenarbeit

In der Gruppenarbeit, in der sich Menschen in allen Dimensionen ihrer Existenz, der physischen, psychischen und geistigen, begegnen, ist notwendigerweise auch der Wahrnehmungsprozeß ganzheitlich. Der Körperaspekt kann nicht vernachlässigt oder gar ausgeklammert werden.

Dennoch habe ich themenzentrierte interaktionelle Gruppenarbeit häufig so erlebt, als seien kognitive oder seelische Vorgänge etwas vom körperlichen Prozeß Getrenntes, so als müsse man den Körper der GruppenteilnehmerInnen in einer additiven Weise in speziellen, meist am Abend angebotenen „Übungen" auch noch berücksichtigen.

Demgegenüber halte ich es für sinnvoll, daß sich durch den gesamten Gruppenprozeß wie ein roter Faden die Frage zieht: wie nehme ich als GruppenleiterIn mich in meinem eigenen Körper wahr und in dialogischer Beziehung dazu die Körper der TeilnehmerInnen bzw. den Gesamtkörper der Gruppe?

Die Beantwortung dieser Frage erfordert die Exploration der eigenen Körpergeschichte, des eigenen Körperschemas und die bewußte Erfahrung seiner individuellen Struktur.[12] Erst dann, wenn ich eine grundsätzlich mögliche Bewußtheit über die eigene Körpergeschichte erworben habe, kann ich in spezifischen sozia-

---

[12] Vgl. 1.2 und 2.3.

len Situationen, wie „Leiten einer Gruppe", auf diese Basiserfahrung zurückgreifen und meine speziellen Körperwahrnehmungen „einordnen".

Dazu ein Beispiel: Ich befinde mich als Leiterin in einer Gruppensituation, in der ein Teilnehmer ständig zu spät kommt. Jedesmal versucht er, mit vielen Sätzen sein Verhalten zu entschuldigen. Ich höre zunächst abwartend zu, merke aber gleichzeitig, daß ich meine Schultern so hochgezogen halte, daß mein Rücken zu schmerzen beginnt. Außerdem fühle ich, wie ich meine Lippen nach innen ziehe und die Kiefer fest aufeinander presse. Diese Wahrnehmung verbinde ich mit der (mittlerweile) bewußten Erfahrung, daß ich in dieser Weise als Kind gelernt habe, Ärger nicht zu spüren. Die bewußte Wahrnehmung meiner Körpersignale und ihre Verbindung mit meiner Geschichte sind die Basis für die weiterführende Frage, warum ich diesem Teilnehmer meinen Ärger nicht zeigen darf.

Wahrnehmung ist von ihrer Struktur her dialogisch[13], d.h. es findet eine Wechselbeziehung zwischen dem Wahrnehmenden und dem Wahrgenommenen statt. Das bedeutet in unserem Zusammenhang: in der Wahrnehmung des anderen reagiere ich mit meinem Körperschema auf das Körperschema des anderen und umgekehrt.

Die gesamte Erscheinung von TeilnehmerInnen, die Bewegungsabläufe und individuellen körperlichen Reaktionsmuster nehme ich bewußt oder nichtbewußt wahr und verknüpfe sie ebenso bewußt oder nichtbewußt mit der eigenen Körpergeschichte, mit Bildern, Phantasien, Erinnerungen. Und ich antworte darauf mit spezifischen Körperreaktionen, die mir ebenfalls nichtbewußt bleiben oder bewußt werden.

Wieder ein Beispiel aus einer Gruppensituation: Eine Teilnehmerin hatte die Angewohnheit, bei der Begrüßung sehr dicht an mich heranzutreten und mich dabei stets an der Hand, am Arm oder an der Schulter zu berühren. Während der Gruppensitzung versuchte sie, einen Platz neben mir zu belegen, und es gelang ihr auch fast immer. Jedesmal, wenn sie zu mir sprach, rückte sie einige Zentimeter näher. Im gesamten Erscheinungsbild war mir die Teilnehmerin zu Beginn der Gruppe als hübsch, offen

[13] Vgl. 1.1.

und freundlich erschienen. Ich hatte mich ihr selbstverständlich genähert und mich auch offen und freundlich gefühlt. Mein körperliches Verhalten ihr gegenüber hatte wahrscheinlich soviel Aufforderungscharakter, daß in ihr Nähewünsche stimuliert wurden, die sich dann im Näherrücken und dauerndem Anfassen oder Anfassen-Wollen artikulierten.

In meinem ganzen Körper spürte ich zunehmend mein Zurückweichen vor dieser Teilnehmerin, ich ging ihr „aus dem Weg", saß nicht mehr entspannt, wenn ich sie neben mir wußte, sondern machte mich eher steif und unbeweglich. Ich nahm ein deutliches Unbehagen in mir wahr, daß sich noch steigerte, als ich auf einmal bemerkte, daß mir auch ihr Körpergeruch unangenehm war, der mir zu Beginn überhaupt nicht aufgefallen war. Ich achtete darauf, welche inneren Bilder und Phantasien ich entwickelte, wenn ich sie sah, und hatte auf einmal die beklemmende Vorstellung, sie sei wie ein Polyp mit Fangarmen ausgestattet, die mich fangen und erdrücken könnten. Nachdem ich diese für mich gefährliche Körperphantasie in mir zugelassen hatte, konnte ich leichter einen Zugang zu der Angst der Teilnehmerin finden, in der Gruppe unterzugehen, wenn sie sich nicht an die Leiterin wie ein Kind anklammerte.

In der Gruppenarbeit nehme ich als LeiterIn nicht nur den Körper von einzelnen TeilnehmerInnen, sondern auch den Körper der Gesamtgruppe wahr. Auch die Gruppe als Ganze verfügt über ein Körperschema. Es wird aus den Körperschemata der einzelnen Gruppenmitglieder gebildet, ist aber — wie jedes Ganze — immer mehr als die einfache Summe seiner Teile. Dieser Aspekt ist in der entsprechenden Literatur leider wenig zu finden, hier liegen sicher noch interessante Forschungsmöglichkeiten.[14]

Das Körperschema der Gesamtgruppe wird sichtbar in der Sitzordnung und Sitzhaltung der Gruppenmitglieder, im Muster des körperlichen Umgangs miteinander. Die Stimmung in der Gruppe, die Art und Weise, wie mit Gruppenregeln oder -normen umgegangen wird, all das läßt sich unter dem Aspekt wahrnehmen, welches körperliche Gesamtbild die Gruppe vermittelt.

---

[14] Erwähnung z.B. bei Werner W. Kemper (Hg.), Psychoanalytische Gruppentherapie, Frankfurt 1984, 131f.

Dieser Körperausdruck der Gruppe ist natürlich nicht statisch, sondern veränderlich, dynamisch, eben ein Prozeß mit seiner eigenen Körpergeschichte.

2.2 Körperwahrnehmung als Instrument, diagnostische Vermutungen zu entwickeln

In dem oben beschriebenen Beispiel von der Teilnehmerin mit dem Nähewunsch ist schon enthalten, auf welchem Wege die Wahrnehmung des eigenen und des anderen Körpers helfen kann, Vermutungen über das zu entwickeln, was in einzelnen TeilnehmerInnen „los" ist bzw. welches innere Thema sie leitet, sich in einer bestimmten Art und Weise zu verhalten und/oder zu äußern.

Dieser Weg soll nun systematischer beschrieben werden im Hinblick auf den Prozeß von einzelnen TeilnehmerInnen und der Gesamtgruppe. Ich schlage vor, den Weg in drei Schritten zu gehen:
— Beschreibung und Reflexion der Wahrnehmung
— Formulierung von Vermutungen
— Überprüfung der Vermutungen
Für jeden dieser Schritte folgen Fragen bzw. Anregungen, die im Sinne einer Selbstsupervision möglichst schriftlich bearbeitet werden.[15]
Natürlich bereitet dieses schriftliche Vorgehen eine erhebliche Mühe, ist aber sehr hilfreich, Wahrnehmungen bewußt werden zu lassen und sie dann auch bewußt einzusetzen.[16]
Praktisch gehe ich so vor: ich entscheide mich für eine bestimmte Gruppensituation oder für eine ganze Gruppensitzung. Auf einem Blatt Papier notiere ich Thema, Ort, Zeit, Arbeitsstruktur(en), die Namen der TeilnehmerInnen und andere mir wichtig

---

[15] Als Grundlage für eine solche Arbeit kann natürlich auch eines der bekannten und bewährten Modelle der TZI-Supervision oder Selbstsupervision benutzt werden, sofern die Bereitschaft besteht, ein solches Modell um den Aspekt „Wahrnehmung von Körperprozessen" zu erweitern. Besonders: Matthias Kroeger, Modell der Selbstsupervision, in: Themenzentrierte Interaktion 3 (1989), H. 2, 61ff; Hartmut Raguse/Betty Raguse-Stauffer, Ein TZI-Modell der Supervision, in: Gruppenpsychotherapie und Gruppendynamik 15 (1980).
[16] Vgl. auch Kroeger, aaO. 64.

erscheinende Angaben zur ausgewählten Gruppensituation. Für den ersten Teil der Arbeit, die sich auf ein einzelnes Gruppenmitglied bezieht, wähle ich eine Person aus, über die ich mir klarer werden möchte, wobei nicht immer nur „schwierige" TeilnehmerInnen den Vorzug haben sollten.

2.2.1 Vermutungen über den Prozeß eines einzelnen Gruppenmitglieds

Beschreibung und Reflexion der Wahrnehmung

✳ Wie erlebe ich die gesamte körperliche Erscheinung und das Bewegungsmuster des Gruppenmitglieds?[17]
Wie erlebe ich das körperliche Interaktionsmuster mit mir und den anderen TeilnehmerInnen?
Nehme ich körperliche Starre oder Beweglichkeit wahr?
Erlebe ich einen Wechsel von Nähe und Distanz zu anderen, und wie findet dieser Wechsel statt?
Steht sie/er fest auf dem Boden, kann Hände und Arme gebrauchen usw.?
Wie geht sie/er mit eigenen Körpergrenzen um, wie mit Müdigkeit, mit oralen Bedürfnissen usw.?

✳ Auf welcher Ebene erlebe ich das Gruppenmitglied?
— auf der verbal-kognitiven Ebene
— auf der Ebene von Bildern, Phantasien, Erinnerungen
— auf der Ebene von Gefühlen
— auf der Ebene von Körperempfindungen
— auf der Ebene von Körperbewegungen?[18]
Erlebe ich, daß sie/er sich auf allen Ebenen mitteilt und daß es ihr/ihm gelingt, die verschiedenen Ebenen miteinander zu verbinden? Oder habe ich ein starkes Ungleichgewicht wahrgenommen — z.B. daß sie/er sich fast immer nur verbal-

---

[17] Hilfreich sind dazu die Anregungen aus der Methode des „Body-Readings" der Bioenergetischen Analyse und ähnlicher Richtungen. Sie sollten aber wirklich nur als Anregungen benutzt werden und kein Schubladen-Denken auslösen! Vgl. z.B. Alexander Lowen, Bio-Energetik, Reinbek 1979, oder Ron Kurtz/Hector Prestera, Botschaften des Körpers, München 1979.
[18] Das Modell der verschiedenen Ebenen stammt aus der körperorientierten Psychotherapie George Downings. Auch in die weiteren Ausführungen sind Anregungen und Gedanken von G. Downing eingeflossen.

kognitiv mitteilt und die Gefühlsebene nicht sichtbar wird? Oder daß sie/er Körperbewegungsübungen machen will, ohne sie in den gesamten Prozeß einzubinden?

∗ Wie nehme ich die Körperhaltung des Gruppenmitglieds bei den unterschiedlichen Themen wahr? Sehe ich, daß sie/er bei bestimmten Themen „abtaucht", sich zurücklehnt oder vorbeugt?

∗ Was erlebe ich in meinem eigenen Körper, wenn ich mit dem Gruppenmitglied in Kontakt trete oder wenn ich jetzt an diesen Kontakt denke?
Entdecke ich in mir bestimmte wiederkehrende Reaktionsmuster?
Welche körperlichen Wünsche (z.B. nach Nähe oder Distanz) werden in mir ausgelöst?
Welche Bilder, Phantasien, Erinnerungen steigen in mir hoch, wenn ich an diesen Menschen denke oder wenn ich in Kontakt mit ihm bin?

∗ Der Übergang von der reinen Beschreibung zur Reflexion der Wahrnehmung ist fließend. Ich setze voraus, daß ein Teil meiner Wahrnehmungen aus meiner eigenen Vergangenheit stammt, d.h. von meiner Gegenübertragung bestimmt ist. Ein anderer Teil ist eine realistische Wahrnehmung dessen, was tatsächlich von dem Gruppenmitglied kommt. In der Reflexion verknüpfe ich die Wahrnehmungen mit meinen Erfahrungen. Ich gebe ihnen eine Be-deutung, vielleicht komme ich gar zu vorläufigen Interpretationen.
Selbstverständlich muß ich in der Reflexionsphase auch entscheiden, welche Schlüsse ich aus dem gesammelten Wahrnehmungsmaterial ziehen will, d.h. auf welches Ziel sich meine Vermutungen richten sollen.[19]

Formulierung von Vermutungen
∗ Ist mein Ziel, durch die Körperwahrnehmungsarbeit herauszufinden, wie der Prozeß des Gruppenmitglieds in dieser

---

[19] Vgl. dazu Hartmut Raguse, Die Analyse von Prozessen in themenzentriert-interaktionellen Gruppen, in: WILL-Europa, Euro-Info 23 / März 1981, 20ff.

Gruppensituation bzw. -sitzung gewesen ist, beziehen sich meine Vermutungen zum einen auf die Grundbefindlichkeit dieses Menschen — also auf das, was er in die Situation mitbringt — und zum anderen auf die Veränderung in der speziellen Gruppensituation.

* Ich vermute, das Gruppenmitglied fühlt sich zu Beginn der Situation in der Gruppe ....
  (z.B. sicher — unsicher; beachtet — übersehen; lebhaft, erwartungsvoll — starr, gelangweilt usw.)

* Ich vermute, sie/er fühlt sich zu Beginn von mir ....
  (z.B. akzeptiert — abgelehnt; angezogen — abgestoßen; verstanden — unverstanden usw.)

* Ich vermute, das Thema und die Art der Bearbeitung (Formulierung, Einleitung, Strukturvorschlag usw.) haben in ihr/ihm folgendes ausgelöst ....
  (z.B. Zustimmung — Freude — Ermutigung — Ärger — Trauer — Langeweile — Kritik — Ablehnung usw.)

* Ich vermute, das Verhalten oder die Äußerungen von anderen TeilnehmerInnen haben folgendes ausgelöst ....

* Ich vermute, sie/er würde das vorgeschlagene Thema für sich folgendermaßen ändern ....

* Ich vermute, das Thema, das sie/ihn am Ende der Gruppensituation innerlich wirklich beschäftigt (nicht bewußt?), lautet: ....

Überprüfung der Vermutungen

Meine Vermutungen bedürfen der weiteren Überprüfung in der Gruppensituation, damit der interaktionelle Prozeß nicht stagniert. Sie kann geschehen durch:
— Rückfragen an das Gruppenmitglied
— bewußter Vergleich mit anderen Situationen
— bewußte Beachtung der Interaktionen des Gruppenmitglieds mit anderen
— Feedback-Methoden[20].

20 Zur Kritik am „Leiterfeedback" vgl. Raguse, ebd.

2.2.2 Vermutungen über den Prozeß in der Gesamtgruppe

Grundsätzlich lassen sich die Fragen, die ich mir über einzelne TeilnehmerInnen stelle, abgewandelt auf die Gesamtgruppe übertragen.

Wieder wähle ich eine einzelne Gruppensituation oder eine Sitzung aus und notiere mir wichtige Angaben (Thema, Struktur, Methode, TeilnehmerInnen usw.).

Beschreibung und Reflexion der Wahrnehmung

* Wie erlebe ich das körperliche Gesamtbild der Gruppe?
   Wie ist das Bewegungsmuster der Gesamtgruppe? Gibt es überhaupt deutliche Bewegungen während der Gruppensituation, oder ist alles wie eingefroren?

* Wie ist die Sitzordnung? Ist sie immer gleich, oder verändert sie sich — und wie? — im Vergleich zu anderen Situationen? Wie ist die Sitzhaltung der Gesamtgruppe?

* Wie geht die Gruppe mit körperlichen Bedürfnissen um (nach Pause, nach frischer Luft, nach Wärme usw.), und wie bringt sie diese zum Ausdruck?

* Auf welcher Ebene erlebe ich die Gesamtgruppe?
   — auf der verbal-kognitiven Ebene
   — auf der Ebene von Gefühlen
   — auf der Ebene von Körperempfindungen
   — auf der Ebene von Körperbewegungen?
   Auch hier stelle ich mir die Frage nach der Verbindung der Ebenen und dem Gleichgewicht bzw. Ungleichgewicht: will die Gruppe z.B. immer nur „Körperübungen" machen, oder ist Schweigen und Innehalten kaum möglich usw.?

* Was passiert in der körperlichen Interaktion der TeilnehmerInnen bei bestimmten Themen? Rückt die Gruppe näher zusammen oder mehr auseinander? Finden kleine oder große Bewegungen statt? Ändert sich die Sitzhaltung bzw. -ordnung bei einem bestimmten Thema?

* Wie erlebe ich mich in meinem Körper, wenn ich in der Gruppe bin oder an die Gruppe denke?

Welche Bedürfnisse, Wünsche werden in mir in dieser Gruppensituation geweckt? Welche körperbezogenen Angebote fallen mir spontan ein, wenn ich an die Situation denke?

* In der Reflexionsphase denke ich darüber nach, welche Absichten mich in dieser Gruppensituation oder -sitzung geleitet haben oder geleitet haben könnten — z.B. bei der Themenformulierung und Strukturvorgabe —, und setze sie in Beziehung zu dem, was ich im körperlichen Ausdruck der Gruppe und im eigenen Körper wahrgenommen habe.

Bevor ich beginne, meine Vermutungen zu formulieren, sollte mir wieder das Ziel klar sein. Hartmut Raguse nennt als leitende Frage für eine TZI-Prozeßanalyse: „Wie ist die Abfolge der Unterthemen als Reaktion auf die bewußten und unbewußten Intentionen des Themas zu verstehen?"[21] In den Unterthemen — ich nenne sie „innere Themen" — reagiert die Gruppe mit all dem, was sie in die Situation „mitgebracht" hat, auf das Gesamte, was sie vorfindet: Klima, Raum, Thema, wie es formuliert und ausgesprochen wird usw.

Formulierung von Vermutungen

* Ich vermute, das Klima in der Gruppe ist zu Beginn der Sitzung ....
(z.B. vertrauensvoll, offen — mißtrauisch, verschlossen; steif, förmlich — locker, unkonventionell; heiter — bedrückt ...)

* Ich vermute, mein Erscheinen in der Gruppe löst in der Gesamtgruppe aus ....
(z.B. Wärme — Zuneigung — Ablehnung — Angst — Vorsicht — Heiterkeit — Mitleid ...)

* Ich vermute, das Thema und die Art der Formulierung haben in der Gruppe folgendes bewirkt ....

* Ich vermute, meine Strukturvorgabe hat in der Gruppe ausgelöst ....

* Ich vermute, die Themen, die die Gruppe innerlich beschäftigen, lauten ....

---

[21] Raguse, aaO. 25.

Überprüfung der Vermutungen

Auch in bezug auf die Gesamtgruppe geschieht die Überprüfung durch bewußte Interventionen, wie Nachfragen, Verbalisierung der eigenen Befindlichkeit oder Vorschlagen von Feedback-Runden usw.

Wahrnehmung, Reflexion und daraus abgeleitete Vermutungen führen in der Überprüfungsphase zu neuen (wahrscheinlich genaueren) Wahrnehmungen. So schließt sich der Kreis.

Es ist sehr aufschlußreich, Wahrnehmungsprotokolle mehrmals im Verlauf einer Gruppe für verschiedene Gruppensituationen oder -sitzungen zu schreiben. Vergleicht man sie dann miteinander bzw. setzt sie in Beziehung, werden oft erst wichtige Stationen im Gruppenprozeß sichtbar.

2.3 Körperlernen — pädagogische Anregungen, Körperprozesse in Gang zu setzen

In der TZI soll Lernen lebendiges Lernen sein. Die gesamte Persönlichkeit mit allen ihren Dimensionen ist in einen ganzheitlichen Lernprozeß miteinbezogen. Lernen ist immer auch „Körper-Lernen", Lernprozesse sind immer auch Körperprozesse, geht man davon aus, daß der Mensch wirklich eine psycho-biologische Einheit ist.

In meinem langjährigen Unterwegssein zur TZI-Gruppenleiterin habe ich mir vor allem zwei Fragen immer wieder gestellt und ihre Beantwortung praktisch ausprobiert: Wie kann ich meine Wahrnehmungsfähigkeit in bezug auf meinen eigenen Körperprozeß entwickeln? Welche Hilfen kann ich GruppenteilnehmerInnen anbieten, ihre eigene Wahrnehmungsfähigkeit in bezug auf ihren eigenen Körperprozeß zu entfalten?

Diese Fragen und ihre Antworten sind für mich vorläufige, sie sind Anregungen, die der je persönlichen Überprüfung bedürfen.

2.3.1 Wie kann ich als GruppenleiterIn meine Wahrnehmungsfähigkeit in bezug auf meinen eigenen Körperprozeß entwickeln?

Erforschen der eigenen Körpergeschichte

Wie bin ich in meinem Körper so geworden, wie ich bin?

Wie ist Mutter/Vater mit meinem Körper umgegangen?
Habe ich gelernt, meinen Körper zu schützen, und wie habe ich das gelernt?
Was sind die blinden Flecken in meinem Körperbewußtsein?
Diese und ähnliche Fragen können helfen, mehr Selbst-Bewußtheit und damit mehr Selbst-Bewußtsein zu entwickeln. Vielleicht bringen sie mich auch zu dem Entschluß, in einem therapeutischen Prozeß noch mehr zu entdecken.

Üben von bewußter Wahrnehmung des eigenen Körpers
Welche Teile meines Körpers kann ich spüren, welche nicht?
Wie erlebe ich meine Körpergrenzen?
Ist die Beziehung zu mir selber in meinem Körper wirklich meine „intimste Beziehung"?
Wie ernst nehme ich die Wünsche und Bedürfnisse meines Körpers?
Eine gute (nicht-therapeutische) Hilfe bieten alle Körperarbeitsmethoden, die übenden Charakter haben, z.B. Yoga, Eutonie, Feldenkrais usw.

2.3.2 Welche Hilfen kann ich GruppenteilnehmerInnen anbieten, die Wahrnehmungsfähigkeit in bezug auf ihre eigenen Körperprozesse zu entwickeln?

Meine grundsätzliche Haltung in der Gruppenarbeit, die TeilnehmerInnen in ihrem körperlichen In-der-Welt-Sein zu respektieren, ist die wichtigste Hilfe.
Durch die Vorgabe von Strukturen (Raum, Zeit, Arbeitsformen), durch Themensetzung und -einführung und andere Interventionen in der Gruppenarbeit mache ich dem Gruppenmitglied als ganzem Menschen — in seinem Körper, so wie er jetzt ist — ein Angebot, anzukommen, dazusein, sich zu zeigen, Verantwortung für sich zu übernehmen usw.
Ich bin mir bewußt, daß ich durch meine Wahrnehmung des anderen, die ja ein Beziehungsangebot bedeutet, eine Art holding-function übernehme. Ich höre den anderen Menschen, ich schaue ihn an, und in diesem Wahrnehmen spiegle ich ihn und bestätige seine Existenz. Wenn ich darin respektvoll sein kann, biete ich gleichzeitig einen angstreduzierten Freiraum für Begegnung.

Eine weitere Hilfe ist das Verbalisieren von Körperwahrnehmungen.

Ich bin bereit, in der Gruppe über meine eigenen Körperwahrnehmungen zu sprechen. Wie immer, wenn ich von mir selber spreche, versuche ich mich dabei an das Prinzip der „selektiven Authentizität" (Ruth C. Cohn) zu halten. Ich frage mich, welchem Zweck meine Mitteilung dient, für wen oder was sie förderlich oder hinderlich ist.

Die Art und Weise, wie ich eigene Körperwahrnehmungen verbalisiere, kann einzelnen TeilnehmerInnen als Modell dienen oder Anregung sein, selber etwas auszuprobieren.

Eine gezielte Leiterintervention kann auch darin bestehen, eine Rückmeldung darüber anzubieten, was vom Körperprozeß der TeilnehmerInnen für mich sichtbar geworden ist. Dieses Aussprechen kann natürlich unangenehme oder peinliche Gefühle hervorrufen. Wir haben ja oft gelernt, die körperlichen Dimensionen unseres Erlebens zu verdrängen oder gar abzuspalten. Dann schämen wir uns für unsere Körperlichkeit, vor allem für Reaktionen unseres Körpers, die wir nicht kontrollieren können. Als GruppenleiterIn brauche ich viel Takt, um mit dieser Scham und den Tabus des Körperlichen so umzugehen, daß ihre Bewußtwerdung nicht zum Aufrichten neuer Schambarrieren führt, sondern zu mehr Integration.

Auf der Basis meiner Leiterentscheidung, was im Moment dem Prozeß in der Gruppe dienlich sein könnte, kann ich besondere angeleitete Körpererfahrungen anbieten.

Sind solche Erfahrungen im Prozeß wirklich integriert, können sie in verschiedener Hinsicht hilfreich sein. TeilnehmerInnen werden angeregt, überhaupt einmal auf den eigenen Körper, seine Haltungen und Bewegungen zu achten. Die Bereitschaft von TeilnehmerInnen, genauer wahrzunehmen und nonverbale Signale auch im verbalen Ausdruck zu bemerken, wird gefördert.

Es ist oft eine neue Erfahrung für TeilnehmerInnen, daß unser Körper entsprechend unserer inneren seelischen Reaktion reagieren kann, ja, daß über den erlebten Körperprozeß manches von dem, was vorher nicht bewußt war, auf einmal einen anderen Raum bekommt, sich entfaltet, dem Bewußtsein zugänglich wird und auch in Wörtersprache ausgedrückt werden kann.

In richtiger Weise eingesetzt, können die Erfahrungen wichtige Schritte auf dem Weg sein, Denken, Gefühle und Körperempfindungen zu integrieren.[22]

[22] Vgl. dazu Christel Wagner, Körper erfahren. Praxisbericht aus der Gruppenarbeit in der Erwachsenenbildung, in: Praxis Spiel + Gruppe. Zeitschrift für Gruppenarbeit 2 (1989), H. 1, 8-15.

Michael E. Frickel

Geboren 1921. Dr.theol. Ich war lange Jahre Mitglied einer Benediktinerabtei. Seit 1977 bin ich im Oratorium von Heidelberg und freiberuflich in der TZI-Gruppenarbeit tätig. Den ersten Kurs machte ich 1970 bei Ruth Cohn und wurde von ihr 1975 graduiert. Mein anderer Schwerpunkt liegt bei der Meditation, die ich als „themenzentrierte" auf naturaler und christlicher Basis zu vermitteln suche.

Die Grundstrukturen des Daseins in Beziehung zur Leibgestalt und zu den Grundelementen der TZI

Die Grundstrukturen unserer Welt und Daseinserfahrung sind als Senkrechte, Waagrechte, als Schnittpunkt der beiden Linien und schließlich als Kreis und Spirale der menschlichen Wahrnehmung und Erkenntnis vorgegeben. Ob und wieweit sie erst durch Begriff und Wort des Menschen ihre Realität erhalten, ist eine erkenntnistheoretische Frage, die für das konkrete Erleben wenig hergibt. Der unmittelbare Zugang durch das sinnliche Erfassen bewirkt eine allgemeine Einsicht unter den Menschen, die nicht zu beweisen und nicht zu bestreiten ist. Schwieriger ist es, diese Strukturen bewußt zu machen und sie über das bloße Faktum hinaus in ihrer zeichen- und sinnhaften Bedeutung zu verstehen.

In zwanzigjähriger Gruppenarbeit mit TZI habe ich in einer Teilanpassung an dieses System eine themenzentrierte Meditation entwickelt, die schwerpunktmäßig an der Leibgestalt des Menschen, jedem direkt zugänglich, diese Grunddimensionen des Daseins erfahrbar macht. Wie und wodurch das möglich wird und wie sich dabei die Grundhaltungen der TZI in leibhaftes Erkennen übertragen, im Leibhaften begründen, kurz „verleiblichen" lassen, soll nachfolgend dargestellt werden. Bestärkt wurde dieser Versuch, als sich bei immer neuen meditativen Ansätzen zeigte, daß eine erstaunliche Reihe von Grundwörtern unserer Sprache der leibhaften Struktur unseres menschlichen Soseins entwachsen ist. Was sich im kosmischen Bereich zu erkennen gibt, ist in der menschlichen Leibgestalt nach- oder auch, wenn Realität erst als Vorstellung durch das Wort des Menschen „geschaffen" wird, vorgebildet. Ich meine daher, daß sich aus solchen Zusammenhängen dem geistigen Verstehen ein Sinngehalt erschließt, der die Gegensätze zur Ganzheit integriert.

Die Idee der Ganzheit, das ganzheitliche Denken und Handeln sind für viele Menschen heute Faszination und Forderung zugleich. Alles hängt mit allem zusammen, ohne daß der/die/das Einzelne dabei vernachlässigt werden oder gar untergehen dürfte. Denn auch die kleinen Einzelheiten bilden ein Ganzes, das, vernetzt und eingegliedert in die je größere Ganzheit, darin zwar auf-, jedoch in ihr nicht untergeht. Die Idee der Ganzheit ist auch im Konzept der TZI eines der tragenden Elemente und bestimmt nachhaltig deren Haltung und Methode, wie sich zeigen wird. Die Aufgliederung in die verschiedenen Grundaspekte unserer Daseinserfahrung ist dabei, wie mir scheint, der notwendige Weg, die im Leibhaften gestaltete Ganzheit zu erfassen und sie dann ins Geistige zu erweitern und zu deuten.

1. Die Senkrechte

Ich werde mit der Dimension beginnen, die ein Unten mit einem Oben verbindet, ob als gedachte Linie oder, wie etwa beim Baum, als reale greif- und meßbare Verbundenheit, sei dahingestellt. Wenngleich als Ersterfahrung — und meist auch als letzte — das Liegen in der waagrechten Form zu nennen ist, so ist die aufgerichtete Daseinsweise doch bestimmender für das menschliche Selbstverständnis. Die aufrechte Gestalt verkörpert zeichenhaft das jeweilige Eigensein und seine Möglichkeit.

1.1 Der je eigene Selbstand

Das, was den Menschen von den übrigen Lebewesen unterscheidet, ist die aufrechte Gestalt seiner leibhaften Konstitution und Erscheinung. Die Senkrechte, die von unten nach oben und umgekehrt von oben nach unten weist, befreit den Menschen von der Verhaftung an den Boden, so sehr dieser in seiner horizontalen Dimension der tragende Grund für alles Stehen bleibt. Die leibliche Aufrichtung zeigt dem Menschen jedoch sinnenhaft und sinnträchtig zugleich einen Selbst-stand, der über das körperliche Erscheinungsbild hinaus Selbständigkeit und Autonomie anzeigt. Die Sprache verrät, was eine erste Übung erfahrbar macht.

Übung: Das Stehen — der Selbstand

Mit beiden Füßen auf dem Boden — festen Boden unter den Füßen — den Widerstand spüren, die Tragkraft — die Festigkeit hereinwirken lassen von den Füßen zu den Beinen — Knie locker — weiter bis zum Beckenraum — die Leibmitte mit Bauch und Gesäß zulassen und spüren — aus dem Beckenraum heraus, dem Rückgrad entlang bis zum Schulterkreuz — weiter bis zur Scheitelhöhe:
Ich stehe — selbständig — an meiner Stelle — auf meinen Füßen — mit meiner Gestalt — meinem Innen/Außen — meinen Gedanken, Gefühlen, Empfindungen.
Stehe ich in mir — zu mir (selbst wenn ich nicht mehr stehen will)? — Kann ich für mich einstehen — kann ich mich ausstehen? — Stehe ich durch — bestehe, gestehe ich — widerstehe ich — standhaft, stand-fest (oder auch nicht)?
Nur ich weiß, was in mir los ist — was ich denke — fühle — empfinde. Bin auf mich gestellt — mit und neben anderen — auf dem gleichen Boden, im gleichen Raum. Bin getrennt — eingegrenzt in mein Ich — und eben so nur ich — von der Sohle bis zum Scheitel. — Der/die neben mir ebenso — auf eigene, daher andere Weise. Ich bin eigen heißt zugleich: ich bin anders. Nur die Senkrechte ist allen gemeinsam...

Die Worte, die die Stehübung begleiten, sind mehr als nur eine Beschreibung, so sehr auch die physische Realität des Stehens genannt wird. Aber schon der erste Hinweis „mit beiden Füßen auf dem Boden" tönt hin auf einen Aussageinhalt, der über den bloß äußeren Tatsachenbestand hinausweist. Das einfache Stehen gewinnt als Ausdrucksform des Selbstandes sehr schnell den „hinter-sinnigen" Gehalt der Selbständigkeit, was Autonomie und Verantwortung einschließt. Die Verwiesenheit auf einen Boden, der trägt, sein Widerstand als Bedingung des Stehenkönnens, macht zugleich die grundlegende Abhängigkeit deutlich, die Ruth Cohn im 1. Axiom der TZI als Interdependenz bezeichnet. „Der Mensch ist eine psycho-biologische Einheit. Er ist auch Teil des Universums. Er ist daher autonom und interdependent. Autonomie (Eigenständigkeit) wächst mit dem Bewußtsein der Interdependenz (Allverbundenheit)" (R. Cohn, 1975, S. 120). Die schlichte Realität der menschlichen Existenz — und nicht nur dieser —, etwas nötig zu haben, was sie trägt oder hält, mindert nicht die Größe der Aufgabe, selbständig zu werden und zu handeln, begrenzt sie aber auch.

Das Stehen ist für den Menschen kein naturgegebener Zustand wie etwa für einen Baum; es war und ist für ein kleines Menschenkind recht mühsam, auf die eigenen Beine zu kommen. Auch später ist zuweilen das Aufstehen in den Selbstand — körperlich und, noch öfter, wenn es um existentielle Belange geht — voller Anstrengung und Mühe. Schließlich sind alle Geschehnisse im persönlichen wie im universellen Bereich „keine isolierten Begebenheiten, sondern bedingen einander in Vergangenheit und Zukunft" (ebd.).

1.2 Die einverleibte Geschichte

Das Stehen im Hier und Jetzt hat seine je eigene Geschichte. Gewiß hat auch ein Baum als urbildhafte Gestalt des Stehens seine Vergangenheit, die wir wenigstens teilweise in den Jahresringen lesen können, doch das Werden und Gewordensein des Menschen ist vielschichtiger. Es umfaßt alle Ebenen, d.h. nicht nur den körperlichen, sondern auch den seelischen und geistigen Werdeprozeß, der in gegenseitiger Abhängigkeit und Durchdringung nur ganzheitlich zu verstehen ist. Im Gegensatz zur zyklischen, wie sie etwa beim Baumwachstum geschieht, ist die Entfaltung des Menschen vor allem linear geprägt, was zyklische Vorgänge im Organismus nicht ausschließt. Kennzeichnend für den Menschen ist jedoch die sagittale Dimension, d.h. die Pfeilrichtung, die von einem Ausgangspunkt auf ein zeitlich noch nicht gegebenes Ziel wegführt. Wieder kann eine Leiberfahrung samt der dazu gehörigen Sprache das Gemeinte deutlich machen.

Übung: Die Rückseite

Sich neu auf den Boden — auf den Selbstand einlassen — die aufrechte Gestalt spüren — von der Sohle bis zum Scheitel. Von der Scheitelhöhe nach rückwärts fühlen — die geschwungene Rückseite wahrnehmen — über Hinterkopf — Hals — Nacken — Rücken — Kreuz — Gesäß — über die Oberschenkel zur Kniekehle — über die Waden bis zur Ferse.
Wie fühlt sich die ganze Hinterseite meines Körpers an? — wo und wie melden sich Schmerzen — Verkrampfungen? — was hängt mir im Hinterkopf — was sitzt mir im Nacken — hockt mir auf dem Buckel — drückt mir aufs Kreuz? — Kann ich es benennen — es abschütteln? — Kann ich rutschen lassen, was da hinter mir ist? Aber die Rückseite ist angewachsen, gehört zu mir — ohne sie kein Selbstand.
Was da im Rücken ist, was hinter mir liegt — im Raum kann ich mich umdrehen und was eben noch räumlich hinter mir war, liegt vor mir.
Was hinter mir liegt in der Zeit, das reicht weit hinein in meine Vergangenheit und Geschichte. Wie jede/jeder ihren/seinen Rücken hat, nicht auswechselbar, so auch jeweils die je eigene, einmalige, unverwechselbare Geschichte, aus der Schicksal, Schickung und Freiheit ein Ganzes gewoben haben, das ich hier und jetzt bin in meinem Selbstand und mit meiner Eigengestalt, mit meiner Erfahrung und vielfachen Prägung. Was gewesen und geschehen ist, ist vorbei und nicht mehr zu ändern; es gehört zu mir und ist mit dabei, wo und wie immer ich jetzt stehe. Kein Jammern und kein Protest kann rückwirkend etwas ändern, so notwendig auch Auflehnung und Anklage für eine Zeit sein mögen. Wenn ich wirklich zu mir stehen will und soll, so auch zu dieser meiner Vergangenheit. Nur wenn ich sie annehme, kann ich sie sein-lassen.

Der Werdeprozeß des Menschen bis zu dem jeweiligen Hier und Heute, wie er durch die Übung bewußtgemacht wurde, zeigt die Vergangenheit als einen bestimmenden Faktor des jeweiligen Eigenseins, der sich stark auf die persönliche Selbständigkeit auswirkt. Die Annahme seiner selbst und der inneren wie äußeren Befindlichkeit, was eine offene und kritische Selbstwahrnehmung voraussetzt, ist Bedingung für ein verantwortliches Handeln, wie es die TZI anstrebt und fordert. Zu erkennen, was meist unbewußt an früheren Normen und Gewohnheiten das gegenwärtige Verhalten beeinflußt, ist ein wichtiger Schritt zu einer Autonomie, bei der die eigene Lebensgeschichte nicht verleugnet, sondern korrigiert und integriert wird. Wie bei allen

Rückenverletzungen kann das Verarbeiten der Vergangenheit je nach Grad und Alter der Schädigung mitunter sehr lange dauern, aber ohne Versöhnung mit der je eigenen Geschichte und allen beteiligten Akteuren wird der Mensch nicht so frei für seine eigene Zukunft, wie das wünschenswert und nötig erscheint.

1.3 Die Offenheit für Zukunft und Kommunikation

Der aufgerichtete, aufrechte Mensch steht gemäß der Pfeilrichtung seiner leibhaften Existenz je neu vor dem, was vor ihm liegt. Wie sehr jeder Mensch auf Zukunft angelegt ist, zeigt das bewußte Innewerden der eigenen Vorderseite und das Wahrnehmen der vorgegebenen Wirklichkeit.

Übung: Die Vorderseite

Aus dem schon bekannten Selbstand, in wacher Fühlung der ganzen Leibgestalt, von der Scheitelhöhe nach vorne hineinspüren in das Gesicht. — Wahrnehmen, wie es anders geformt ist als der Hinterkopf — breite, flächige Stirn — der Vorsprung der Nase — Öffnungen: die Augen — die Nasenlöcher — der Mund — seitwärts die Ohren, dem Gesicht zugezählt. Sieben Öffnungen nach vorne gerichtet — allein am Kopf. — Die Hände langen nach vorn — die Füße weisen in die gleiche Richtung — Brust und Geschlecht ebenso. — Der Mensch total ausgerichtet auf das, was vor ihm liegt — was von vorne auf ihn zukommt — auf Zukunft hin. — (Rückwärts nur eine Öffnung, um etwas hinter sich zu lassen).

Alle Öffnungen dienen der Kommunikation — mit der Luft und dem Duft — mit Ton und Klang — mit dem Licht — mit dem Stoff der Erde als Speise und Trank — im Wort mit anderen Menschen. — Offenheit also: für das Empfangen und Geben — für fremde Energien in allen Bereichen — das Umsetzen ins Wort — das Ergreifen und Begreifen — für die Bewegung — die Begegnung — für die Umarmung.

Ich sehe alle Gesichter — nur das meine nicht. — Mein Gesicht, das mich kenntlich macht. — Ich sehe es nur im Spiegel. — Und doch gilt auch hier: wie es wirklich im Innern aussieht, weiß jede/jeder nur selbst — oder, wenn die Achtsamkeit fehlt, auch nicht.

Vielleicht sind durch die Überlegungen und Übungen die Grundaspekte des Stehens deutlich geworden. Aber gerade die Ausformung der Vorderseite zeigt überzeugend, daß der Mensch kein statisches Wesen ist, sondern sich zu bewegen hat, und zwar auf Zukunft hin. Bewegung aber zeigt im Wortstamm bereits den „Weg" an, also die horizontale Dimension, und auf ihr die vielfachen Möglichkeiten der Begegnung. Die Entscheidung dafür oder dagegen ist jeweils konkret zu fällen, und dies hängt, wie gesehen, auch von den Bestimmungen und der Gestimmtheit ab, die aus der Vergangenheit in den je gegenwärtigen Augenblick hineinwirken. Hingestellt zwischen dem, was hinter und was vor mir liegt, ist jede einseitige Fixierung eine gefährliche Vereinfachung, wenngleich nicht immer zu vermeiden. Im Stehen zwischen oben und unten, hinten und vorn gilt es, eine lebendige und angemessene Balance zu finden, wobei die Innen- und Außenwahrnehmung, also mein Selbst und die Situation, mit in die Entscheidung einfließen.

Der dynamische Ausgleich, wie er zum Grundkonzept der TZI gehört, gelingt dort, wo ich bei aller Autonomie nicht nur die Möglichkeiten, sondern auch die Grenzen beachte, die durch meine allseitige Abhängigkeit gegeben sind. Denn jede Selbständigkeit, so haben wir gesehen und erlebt, braucht einen Boden, der sie trägt. All unser Sein und Tun lebt von fremder, uns geschenkter Energie. Sie will und wird durch uns weiterwirken, so oder so.

2. Die Waagrechte

Der tragende Grund unserer Existenz ist also in vollem Sinn der Erdboden und dann alles, was von ihm getragen selber tragfähig ist: Bett und Stuhl, der Boden eines Hauses oder eines Autos. Auch ein Flugzeug, das uns weitab über dem Erdboden dahinträgt, ist vom Stoff dieser Erde gemacht und ihre Anziehungskraft bringt es mit sich, daß wir, wenn die Kräfte des Antriebs, die uns in die Höhe und Weite treiben, nachlassen, wieder auf der Erde landen, ob wir wollen oder nicht, wenn nicht freiwillig, dann eben im Absturz. Wir bleiben mit unserer ganzen leibhaften Existenz total an die Kraft der Waagrechten ausgeliefert, an die Horizonte, die, auch wenn sie sich krümmt, weitgehend als Ebene erscheint.

2.1 Der tragende Grund

Es bleibt ein Grundbedürfnis des Menschen, immer wieder diese Ebene als bergende Kraft zu erfahren, die durch ihren Widerstand das Fallen auffängt und dem Sturz ins Bodenlose wehrt. Der Urzustand menschlicher Existenz ist es, getragen zu sein. Zeitlebens bleibt daher die Verbindung mit der Waagrechten nicht nur eine Notwendigkeit, sie schenkt vielmehr die immer neue Erfahrung von Ruhe, Geborgenheit, von Sicherheit und Glück. Das hat zu tun mit dem vorgeburtlichen Lebensgefühl im Mutterleib, das sich in verschiedenen Phasen wiederholen möchte und es dort tut, wo Anstrengung und Angst zur Ruhe kommen, sei es in den Armen eines gesunden Schlafes oder in den vielen Umarmungen, welche die Liebe schenkt und empfängt. Anderseits zeigt das Liegen auch jenen Zustand weitgehender Ohnmacht an, der sich als Schwachheit und in Krankheit und Zusammenbruch äußert und der im Sterben, letztlich im Tod die äußerste ‚Niederlage' hinnehmen muß.

Das Sitzen in all diesen Situationen ist, wenn auch nach Form und Intensität verschieden, eine abgehobene Weise des Getragen- und Gehaltenseins. Nur im aufrechten Sitzen ohne Anlehnung wird ein Stück eigentätiger Autonomie erreicht, die jedoch gerade beim thronenden Christus und Buddha die Verbindung zu den tragenden Grundlagen nicht verleugnet. Die Selbstherrlichkeit, die meint sich selbst zu tragen, ist hier gar nicht erst versucht. Eingelassen in die Gegebenheiten und von ihnen gehalten, kann der Mensch erst ganz sich selbst erfahren und leben, mag er nun stehen, sitzen oder liegen. „Autonomie wächst mit dem Bewußtsein der Interdependenz" (R. Cohn).

Übung: Das Lassen

Die Bodenlage einnehmen — die Auflage spüren — die dichten Berührungen: am Hinterkopf — Schulterbereich — Becken — Oberschenkel — an den Waden — an der Ferse. Sich dem Boden anvertrauen — mit jedem Ausatmen mehr. Die Spannungen loslassen: im Gesicht — im Nacken — Rücken — Lendenbereich. Sich tragen lassen — im Kontakt mit der Erde, durch alles Dazwischen hindurch — verbunden mit dem tragenden Grund. Ich kann mich darauf verlassen — kann loslassen — mich überlassen. Ich lasse mich — lasse mich sein — eins mit dem Boden — lasse sein. Ich lasse — bin gelassen...

Ob diese Übung, verstärkt und vertieft durch die Achtsamkeit auf den Atem zur Gelassenheit führt, hängt nicht nur von einem langen und getreuen Üben ab, sondern auch von der Bereitschaft, die passive Grunddimension unseres Daseins, wie wir sie im Liegen erfahren, ebenso wahr- und ernstzunehmen wie die Aktive, die sich im Stehen und Gehen darstellt und ereignet. Auch hier gilt das Prinzip der Balance, und die Natur selbst zwingt unser leibseelisches Leben zu einem dynamischen Ausgleich. Wenn wir uns wach und achtsam ihm ergeben, werden die

Gegensätze aufgehoben und zu ganzheitlichem Wohlbefinden integriert. Vor allem aber vermittelt die horizontale Festigkeit der Erde, wie wir sie am stärksten im Liegen erfahren, ein Grundvertrauen zum Dasein, das vor allem Tun die Hingabe an das Sein ermöglicht.

Die Erde ist dann gewiß auch Weg und Wirkungsfeld des Menschen. Die Tragkraft und der Reichtum des irdischen Bodens erlaubt ihm große, himmelstürmende Taten. Aber die Macht ihrer Anziehung holt alle hohen Türme, wie Geist und Technik sie bauen, wieder ein in die plane Weite und Breite ihrer selbst.

2.2 Der Weg und die Weite

Zuweilen sage ich in das Liegen und Ruhen einer Gruppe den Satz hinein, der einmal einem sterbensmüden Propheten zugesprochen wurde: „Steh auf, du hast einen weiten Weg!" (1 Kön. 19,7). Ich ändere die scheinbar genaue Anweisung in die Aussage: ‚Dein Weg ist weit'. Auch dieser Satz ist doppeldeutig. Der weite Weg ist meist belastend; der Weg ist weit, öffnet dagegen viele Möglichkeiten. Beides stimmt je nach der Betroffenheit des einzelnen. Beidemal wird ein Aufbruch gefordert, um sich auf den Weg zu machen. Jeder Weg aber, sei er kurz oder lang, beginnt mit dem ersten Schritt. Wenn ich als Leiter den Beginn nicht kommandiere, sondern den ersten Schritt dem je eigenen Impuls der Teilnehmer einer Gruppe überlasse, ist die Auswirkung, also der Vollzug dieses Schrittes, zeitlich meist sehr verschieden. Was so selbstverständlich scheint wie: einfach loszugehen, wird plötzlich in seiner Gewichtigkeit wahrgenommen und oft wie ein Wagnis erlebt — was wir bei den ersten Schritten eines Kindes ja immer wieder sehen und mitfühlen können.

Der Weg, der ins Weite führen kann und soll, ist auf der Kartographie unserer Erde einigermaßen vorgezeichnet, wenigstens was Richtung und Entfernung betrifft. Doch die Straßen und Wege auf unserem Planeten haben nur teilweise mit dem WEG zu tun, den jeder/jede auf seine/ihre Weise zu gehen hat. Bei der Rückschau auf die je eigene Geschichte wurde schon deutlich, wie eigen und einmalig der je persönliche Weg in Wirklichkeit ist. Auf Zukunft hin ist das nicht anders, denn Weg ist wesenhaft Prozeß, ein ‚pro-cedere' = Vorangehen, das sich Schritt für Schritt, Kilometer für Kilometer ereignet. Selbst unsere ausgebauten Straßen sind voller Unwägbarkeiten. „Weg wird Weg im Gehen", heißt die programmatische Wirklichkeit, die erst im Nachhinein mit allen Kehren, Umwegen, Sackgassen und mit manchen Zwischenfällen zu erkennen ist. Das „Woher des Weges" ist auf manchen Ebenen gut bekannt; das Woher des Lebensweges ist es oft nur in Umrissen. Über so manchen Vermutungen hebt sich der Schleier nie. Unser Wohin hat vielfach klare Ziele — für den Alltag fast unverzichtbar; aber wer hat noch nicht erlebt, daß er Wege gehen oder fahren mußte, die er weder erträumt noch befürchtet hatte. Schließlich sind wir immer auf dem Weg, sind unterwegs, selbst wenn wir festsitzen. Alles geht weiter und vorüber, auch wenn wir den Schritt und den Weg verweigern. Unterwegs zu sein, ist der Auftrag und der WEG das Ziel.

2.3 Die Vielfalt der Begegnungen

Sich-Bewegen, Auf-dem-Weg-Sein führt bei der Fülle der Möglichkeiten notwendig zur Begegnung. Zunächst und einfach mit der eines geänderten Standpunktes, einer veränderten Perspektive. Wenn ich einen Berg erstiegen habe, sieht das Land unter mir ganz anders aus. Fahre ich im Tal um einen Hügel herum, öffnet sich mir oft eine neue, ungeahnte Landschaft. Ob mir das, was mir entgegenkommt, ob das, worauf ich zugehe, wirklich zu einer Begegnung wird, ist eine andere Frage. Das meiste geht vorüber, weil ich vorbeigehe, ohne genau oder gar interessiert hinzuschauen. Das Auge erblickt einen ganzen Wegrain voller Blumen und stellt fest: Margariten. Ein bezaubernder Eindruck vielleicht, aber Begegnung? Da müßte ich wohl innehalten, mich den Blumen und wohl auch einer einzigen zuwenden und dann den weißen Strahlenglanz um die gelbe Mitte in mein Schauen aufnehmen bis hinein in ein inneres Staunen und Freuen ob so viel und solcher Schönheit — und ein andermal: bis in das Erschrecken darüber, daß es soviel Leid gibt und die Freude darob vergeht.

Bei der Erfahrung mit unserem Gesicht habe ich hingewiesen, daß die Öffnungen der Vorderseite, also im Gesicht und erst recht die im Geschlecht auf Kommunikation angelegt, für sie bestimmt und dafür fähig sind. Was uns daran und damit an wirklicher Begegnung hindert, hat viele Gründe. Wir sehen vor lauter Ferne das Nahe nicht oder legen es allzu schnell in Kategorien fest. Wir spüren kaum die Luft, die wir ständig atmen, haben keine Zeit, einem Vogelsang zu lauschen, weil wir schnell weiter hasten, überhören einen Anruf oder Gruß, weil wir müde sind oder lustlos. Wie kann und wird eine wahre Begegnung bei soviel Überfülle und zugleich Übersättigung herauskommen, wenn wir weder für die Natur noch für Menschen Zeit haben zu verweilen, aufmerksam, achtsam zu sein, offen, bereit mit einem Sinn oder gar mit allen einer fremden Existenz innezuwerden? Und nur so könnte es zu einer Berührung in der Tiefe kommen, die andererseits ich und auch der/die andere nicht immer haben kann und will. Bei einem Museumsbesuch mühen wir uns evtl. um Zeit und Stille, oder wenn ein Mensch erscheint, der fasziniert. Gewiß, wir müssen auswählen, weil der Angebote und der Reize so viele sind. Eine Begegnung mit der Vielheit ist nur selten möglich, also muß ich mich entscheiden und manches, was auch kostbar und reizvoll wäre, lassen. Ich bestimme also, wer oder was mir begegnen darf — oder soll. Aus einem Sollen wird indes selten eine Begegnung. Aber vielleicht aus dem, was zu-fällt, was mich aus der Fülle der Möglichkeiten anspricht, kaum hör-, kaum verstehbar, doch ich bin getroffen, betroffen — wie jener Teilnehmer, der bei einer offenen Begegnungsübung im Freien über einen Stein stolperte, zuerst ärgerlich war und dann ein Gedicht in die Gruppe zurückbrachte. Was zufällt, ist fällig — das ist sicher kein Dogma; was mich anruft, muß nicht unbedingt von mir eine Antwort haben; was mich trifft, macht mich nicht jedesmal betroffen. Wenn aber Begegnung nicht einfach machbar, sondern auch die besondere Gabe, das Geschenk einer Stunde ist, dann ist nicht so sehr die eigene Absicht, sondern das Offensein für das Unerwartete bedeutsam. „Ich ging im Walde So für mich hin, Und nichts zu suchen, Das war mein Sinn", schrieb Goethe in seinem bekannten Gedicht „Gefunden". Ob nun gesucht oder gefunden, letztlich setzt jedes Sich-finden die Achtsamkeit voraus, den Mut, auch ‚ein-zu-lassen': sich selbst und/oder ein anderes, gar ein Du in die je eigene, in die gegenseitige Offenheit.

Und nicht zuletzt ist Ehrfurcht nötig, „die allem Lebendigen und seinem Wachstum" gebührt (R. Cohn, 2. Axiom) und, so füge ich hinzu, jeglichem Sein. Ehrfurcht ist kein methodischer Trick und so auch nicht in Hilfsregeln einzufangen; nur weil die bei der TZI so benannten die Ehrfurcht als Wurzel haben, dienen sie dem Leben und der möglichen Begegnung.

3. Der Schnittpunkt

Mein kleines Dasein braucht inmitten der kosmischen Vielfalt und Weite, die mich nah und fern umgibt, mich trägt und übersteigt, Orientierung und Ordnung, um nicht verloren zu gehen. So sucht und schafft der Mensch ein ihm gemäßes System der Wahrnehmung, darin er sich zurechtfinden und das er mit anderen aufgrund der gleichen Erfahrung teilen kann. System wie Erfahrung sind grundgelegt und eingeformt in die aufgerichtete Gestalt des Menschen, die bei so vielen sonstigen Unterschieden allen vorgegeben und allen gemeinsam ist. Das ist wahrscheinlich auch die körperliche Vorgabe jener seelischen Urbilder, die als Jungsche Archetypen in die psychologische Begriffswelt unseres Jahrhunderts eingegangen sind. Die Bild-, aber auch die Wortsprache des Menschen zeigt eine raumzeitliche Grundstruktur, die unlösbar mit der oft genannten Leibgestalt verbunden ist.

3.1 Das Koordinatenkreuz der Welterfahrung

In einem Meditationstext habe ich das hier Gemeinte wie folgt verdichtet:

> Liegend
> hingebreitet
> bin ich ein Wegkreuz.
> Es zwingt mich
> und andere
> zum Entscheid
> und zur Scheidung.
> Aufrecht gestellt
> bin ich Richtkreuz meiner Welt.

Ich erkenne
das Oben und Unten,
teile ein
in rechts und links,
in hinten und vorn —
je neu
angeheftet vom Pfeil
der Zeit
an ungekannte Zukunft.

Das ‚Richtkreuz‘ wird unmittelbar deutlich in der nachstehenden *Übung:*

Aufrecht stehen — in sich, bei sich — die Senkrechte spüren von der Sohle bis zum Scheitel — und umgekehrt. — Die Arme seitwärts heben — sehr langsam — bis zur Schulterhöhe — Handflächen nach unten. — Innewerden der Kreuzung von senkrecht und waagrecht. — Handflächen nach vorne — hineinspüren in die Räume: vorwärts — seitwärts — nach hinten. Unten begrenzt und trägt der Boden — oben ist Freiraum bis zur Decke — bis zum Zenit. — Handflächen nach oben — Einstrom der Energien — Weite — Höhe — Tiefe — verspanntes Ineins...

Der Ordnungsfaktor, der von unserer gerichteten Leibwirklichkeit ausgeht, ist nicht zu bestreiten, auch wenn er fast zwangsläufig zum Streit führt. Je nachdem, wie und wo jemand steht, ändern sich die Aspekte und Perspektiven. Nur, die menschliche Senkrechte, mit den Füßen auf der Erde, ist allen gemeinsam. Dazu kommt, daß der Mensch, immer wieder an Wegkreuze gestellt, eine Richtung wählen muß, will er nicht stehend verkümmern.

3.2 Konflikte, innen wie außen

Die Vielfalt der Gesichtspunkte wie auch der eigenen Wünsche und der gegebenen Möglichkeiten bringt immer neu Konflikte. Wer möchte nicht dieses oder jenes, möglichst beides zugleich. Da überlegt jemand, ob er sich ein Auto kauft oder lieber doch den neuen Fernseher. In der Gruppe möchte einer etwas sagen, will aber nicht auffallen; noch unerheblicher die Frage an einem Samstag: Gehe ich zum Fußball oder ins Kino. Schwerwiegender lasten Konflikte, die den Beruf, evtl. meine Berufung betreffen. Zweifel am Bisherigen, Angebote mit neuen Perspektiven führen auf vielen Ebenen in die zunächst innere Zerreißprobe.

Sie wird verstärkt, wenn, wie schon oben erwähnt, andere mit in den Konflikt geraten — als Partner, Kinder, Freunde. Es sind vom Ursprung her meist persönliche Konflikte, die nach außen getragen werden und in Gruppen und Gemeinden nachhaltige Spannungen hervorrufen. Es gilt dann nur noch das Für und Wider, was rückwirkend wiederum den eigenen Zwiespalt verstärkt. Er beginnt meist unbewußt und daher um so gefährlicher damit, daß einige zu viel guten Willen haben oder von ihrer Position her meinen, allein richtig zu sehen und daher recht zu haben. Die familiäre wie jede öffentliche Situation ist voll davon. Wie unangebracht das ist, zeigt der Hinweis auf die schlichte Tatsache: Was ich sehe, sieht mein Gegenüber nicht. Wer von uns beiden hat recht? Wir können immer nur vom eigenen Standpunkt aus sehen und beurteilen. Wenn jeder unbedingt auf dem seinen beharrt, gibt es nur Streit — bestenfalls um die gleiche Sache. Der erwähnte Tatbestand aber zeigt klar: Jede Einzelsicht ist relativ, jede Einseitigkeit „unerlaubte Vereinfachung" (R. Guardini). Was als Gegensatz erscheint, kann sich schnell als Ergänzung erweisen. Eine einfache Übung kann auch hier wieder unmittelbare Einsicht geben. Ich stelle mich von meinem Platz weg auf den Standort des Gegenüber und in seine Perspektive hinein. In der Tat, dann sieht die Welt ganz anders aus — und ist doch die eine und gleiche, nur von der anderen Seite her geschaut. Gewiß, das hebt die Auseinandersetzung zwischen den verschiedenen Gesichtspunkten nicht auf. Ich darf, ja soll meine Sicht, meine Ansicht einbringen und vertreten, sonst setzt sich nur die eine Sicht eines einzelnen durch. Die Kultur des Streitens aber hängt davon ab, daß wir die Pluralität der Aspekte und Perspektiven anerkennen und für diese Vielfalt das eigene, absolute Rechthaben aufgeben, das ja meist ohnedies mehr dem hohen Selbstanspruch als der eigentlichen Wahrheit dient. Die Summe der vielen Einzelsichten garantiert zwar nicht die bessere Einsicht, aber nur wenn wir den anderen so zur Geltung kommen lassen wie uns selbst, wird sich ein Kompromiß finden, der nicht faul, sondern fruchtbar ist.

3.3 Die Entscheidung: Chance und Risiko

Die Wegstruktur unseres Daseins bringt uns, wie gesehen, an viele Scheidewege und in Konflikte, die unsere Entscheidung verlangen. Mögen auf vielen Straßen Wegweiser nützliche Hilfe leisten, oft gar unentbehrlich sein, für den je eigenen Lebensweg behält selbst auf vertrautem Gelände jede Entscheidung ein Restrisiko. Es scheint ziemlich belanglos, ob ich erst rechts zum Bäcker oder links herum zum Metzger gehe. Links aber gerate ich in einen Unfall, dem ich rechts entgangen wäre (für diese bestimmte Stunde durchaus festzustellen). Einmal entschied ich mich bei einer Sachlotterie bewußt für den Loskauf bei der Verkäuferin links — und gewann das große Los der Serie. In sich kleine Entschlüsse, die kaum Kopfzerbrechen machen; die Folgen waren nicht vorauszusehen — und doch welche Folgen! Kein Wunder, daß angstbesessene Menschen vor jeder Entscheidung schrecken. Chance und Risiko sind mitgegeben, wann und wie immer ich mich entschließe. Die Folgen vergangener Entscheide, eigener wie fremder, wirken, so sagte ich bei der Rückschau, bis in unser jeweiliges Heute nach. Daher sieht, hört jedes Auge und Ohr anders, auch wenn die gleiche Sicht, der gleiche Standort gegeben sind. So spricht ein gemeinsames Thema je anders an, und dasselbe Wort, dieselbe Melodie kommt oft so gegensätzlich über, daß es aufs erste nicht zu begreifen ist.

Mit anderen Worten: Die Entscheidungen erwachsen aus vielen Schichten des Menschseins und sind rational allein nicht zu verstehen. Sicher sollen wir nachdenken, die Gründe für und dagegen abwägen, sollen auf unsere Gefühle achtgeben. Viele weisen heute darauf hin, die unbewußte Weisheit des Körpers zu befragen gemäß dem bekannten Wort: Der Körper lügt nicht. So hat die Technik des ‚Focusing‘ (E.T. Gendlin) aufgezeigt, wie über körperliches Spüren und Reagieren ein Entschluß positive Impulse erhalten und gleichsam von der Basis her abgesichert werden kann. Ich selbst habe eigene Erlebnisse zu einer Art Konfliktmeditation entwickelt, die folgendermaßen angeleitet wird:

Den schon lang gekannten Konfliktstoff auf eine Kurzformel bringen: ja/nein — gehen/bleiben — annehmen/ausschlagen (je nach der Situation).
1. Die Kurzformel an die Stirne „heften" — durch langsames Wiederholen dort

festhalten — die Konfliktargumente hin und her toben lassen — dem Wirrwarr keine Beachtung schenken — beim „Koan" der Kurzform bleiben — das Ende des Streitens abwarten — eine Zeitlang weiter schweigen...

2. Den Konflikt mit der Kurzformel auf der Herzebene festmachen — durch Wiederholung und Achtsamkeit festhalten — die Emotionen mit ihrer Gegendynamik zulassen — nicht darauf eingehen — den Widerstreit der Gefühle durchhalten — die Erschöpfung abwarten — in Ruhe nachklingen lassen...

3. Sich ganz in die Leibmitte einfühlen — den Konflikt in der Kurzform als Mantra nehmen — mit dem Atem verbinden — alle Absichten, Wünsche loslassen — Erwartungen seinlassen — mit wachsender Ruhe auch die Formel lassen — nur da-sein — gelassen... (vielleicht diesmal noch nicht).

Diese konfliktzentrierte Übung hat drei wichtige Voraussetzungen:
— die Entscheidung ist noch nicht gefällt,
— die Bereitschaft für jeden der beiden Wege entsprechend dem inneren Impuls (evtl. für einen dritten Weg) ist vorhanden,
— eine rasche Lösung ist erwünscht, aber noch nicht gefordert.

Wann immer eine Entscheidung existentiell das eigene Leben, meist auch das anderer Menschen berührt, scheint es mir wichtig, aus der inneren Tiefenmitte heraus den oder die nötigen Schritte zu tun. Fast immer verlangt und bringt der schließliche Entschluß auch Scheidung und weitere Folgen, die noch nicht abzusehen sind. Daher glaube ich, daß neben der rationalen und emotionalen Selbstprüfung die eigentliche Entscheidungskraft in dem Augenblick gewonnen wird, wenn von innen her — vielleicht ganz unvermutet — eine Gewißheit überkommt, die einen klaren Entschluß zuläßt, verbunden mit der Kraft, ihn auch durchzustehen. Die Argumente für und wider bestehen weiter, der Schmerz einer evtl. Trennung bleibt, aber die nötigen Schritte werden ohne Panik und ohne falsche Schuldzuweisung möglich.

Ob die aufgezeigte Übung dafür eine Hilfe ist, sei dahingestellt. Sicher ist nur, daß zumindest bei größeren Entscheidungen des Lebens immer der ganze Mensch angefragt und betroffen ist. Und zumeist viele andere dazu. Aber auch dort, wo Wege anscheinend treu und ungestört nebeneinander herlaufen, sind Konflikte unvermeidlich. Das Kreuz der Entscheidung liegt dabei nicht so sehr in einem Gegeneinander, sondern im Ineins von Ja und Nein, oft schmerzlich auch dies und zuweilen voller Seligkeit.

4. Die Innenmitte und der Kreis

Der Mensch erlebt sich, falls er darauf achtet, als ein Zwischenwesen: Er ist hingestellt zwischen unten und oben, hinten und vorn, rechts und links. Ich erkenne an mir selbst und spüre die geformte Außenseite und weiß um eine Innenseite mit Empfindungen, Gefühlen, mit einer Vielfalt von Bildern und mit der Kraft eines Denkens, das Einzelheiten und Zusammenhänge benennen und ordnen und in die Bewußtheit integrieren kann. Wie gezeigt, kommt dabei der Leibgestalt eine besondere Formkraft zu, während die Öffnungen der Sinne Tore für die Kommunikation sind, die innen und außen verbinden. Die Mittlerrolle der Haut ist am ganzen Körper spürbar; sie schafft und schenkt die Berührung von Außen- und Innenwelt, freilich viel tiefer in das Körperinnere hinein, als es den meisten bewußt ist. Haut ist nicht nur außen, sondern auch dort, wo Speise und Trank, Duft und Luft die Innenwände berühren. Wort und Klang erreichen wie auch das Licht unmittelbar nur die Außenantennen hochspezialisierter Organe, rühren aber heran bis zum inneren Kern von Seele und Geist, wie auf ihre Weise auch die anderen Sinne — gemäß einer erkenntnistheoretischen Maxime (bei Thomas von Aquin): „Nichts ist im Geist, was nicht zuvor in den Sinnen war."

4.1 Die kleine Mitte in der großen Welt

Der Mensch wird so in seiner leibgeistigen Beschaffenheit zum Mittler in dieser uns zugänglichen Welt. Ein anderer Aspekt kommt hinzu. Stehe ich in freiem Feld unter einem klaren Himmel, erlebe ich mich, den Zenit über mir, unmittelbar als in der Mitte dieser großen Welt. Ich weiß, daß ich den großen Raum, der mich wie eine Kugel umgibt, nicht geschaffen habe. Auch sonst ist mein Dasein etwa unter einem ungeheuer weiten und leuchtenden Sternenhimmel, aber auch im Gesamt der Erdenwirklichkeit nicht sehr wirkmächtig. Im Gegenteil, es können mich Gefühle der Kleinheit und Ohnmacht überkommen. Und selbst wenn ich mich in einem großen Augenblick als globale Mitte empfinden sollte — ein anderer neben mir oder sonstwo auf der Erdkugel erlebt, falls er darauf achtet, die gleiche

Situation. Was dann? Nun, das ungeheure Rund dreht sich nicht einen Augenblick lang um irgendeine Menschenmitte.

Und dennoch, die subjektive Erfahrung ist von großer Sinnhaftigkeit und daher nicht einfach falsch oder nur Einbildung oder Täuschung. Denn jeder Mensch, gleich wo er steht, ist in der Einmaligkeit seiner Existenz und seiner je eigenen Werdegeschichte leiblich wie geistig eine Welt für sich. Eine kleine Welt gewiß, eine winzige angesichts der Milliarden von Sonnensystemen. Des Menschen Geheimnistiefe ist jedoch so wenig zu ergründen wie die Weiten draußen im All. „Ein großer Abgrund", sagt Augustinus, „ist der Mensch." Manchmal erfahren wir das staunend oder erschüttert an anderen und zuweilen in uns selbst.

Das Gleichnisbild vom Stehen unter dem Zenit, darin ich mich in der Mitte der Welt erlebe, hat tatsächlich Wirkungen bis in den Alltag hinein. Die Versuchung ist groß, mich und meine kleine Mitte zum Maß, mich selbst zum Mittelpunkt zu machen mit dem meist heimlichen Anspruch, alle und alles habe sich um mich zu drehen. Das wird nicht geschehen. Aber da auch andere mit dem gleichen Anspruch agieren, ja, weil wir alle einmal mehr, einmal weniger als Egozentriker denken und handeln, ist der Widerstreit eine tägliche Wirklichkeit mit oft schrecklichen Folgen, wie die „Herrgötter" unseres Jahrhunderts gezeigt haben. Dennoch, der Symbolgehalt der „kleinen Mitte" im Leibkreuz der je eigenen Welterfahrung ist nicht falsch. Wir müssen nur sehen, daß es letztlich um eine Tiefenmitte geht, die nicht außen, sondern tief innen liegt. Es ist vielleicht jene geistige Dichte und Innerlichkeit, wo der Mensch und mit ihm die Schöpfung an die Abgründe Gottes heranreicht. ER aber ist „innerlicher als unser Innerstes" (Augustinus). Alle Energien und Dimensionen des Kosmos haben dort und bei dem ihren Ursprung, den die Bibel den „Gott alles in allem" nennt. Was sich von da in die Vielfalt der Dinge und Menschen, der Wesen und Welten entfaltet hat, soll und kann — nicht als Anmaßung, sondern kraft Auftrag — durch die offene Innerlichkeit des Menschen zurückgeholt werden in seinen verborgenen Anfang, der die Mitte aller Mitten ist.

4.2 Der Kreis und seine Wirkung

Die Symbolkraft des Kreises ist vor allem in seiner abstrakten Form von einer tödlichen Ausschließlichkeit. Der Kreis schließt ein oder aus. Und wenn ich auf einer Kreislinie immer um die gleiche Mitte kreise, bin ich ein Gefangener ihrer Schwerkraft, die nur durch eine gleich große Gegenkraft verhindert, daß ich nicht in die Mitte hinein abstürze, oder die bewirkt, daß ich, wenn die Zentralkraft schwächer wird, weggeschleudert werde, wer weiß wohin.

Andererseits hat der Kreis, wie er fast überall in Gruppen und an Konferenztischen der Großen üblich geworden ist, eine befreiende Bedeutung. Im Kreis gibt es keinen Vorsitzenden. Im Kreis sitzen alle auf einer Ebene, kann jeder mit jedem von Gesicht zu Gesicht kommunizieren — feindlich oder freundschaftlich, je nach Situation. Im Kreis ist jeder wichtig für das Ganze; entsteht eine Lücke, ist es kein Kreis mehr oder nicht mehr der gleiche. Die Symbolkraft des kreisförmigen Sitzens ist eindeutig und, wie mir scheint, auch wirksam. Sie stützt und verstärkt den Eigenwert eines jeden Mitglieds der Runde und macht die gegenseitige Bezogenheit erfahrbar ohne zu zwingen. Die Grundideen der TZI finden in der Kreisstruktur ihren Niederschlag. Nicht zuletzt fördert und fordert der Kreis die Interaktion. Da sich niemand verstecken kann, ist diese Kreisordnung zugleich eine dauernde Provokation. Wo sie nicht nur äußerlich gesetzt ist, schafft sie aber auch wie von selbst Lebendigkeit und in der wachsenden Kommunikation eine Vertrautheit, die am Beginn einer Gruppe undenkbar schien. Ich weiß, es gibt zuweilen auch die Gegenerfahrung. Wenn Störungen, die den Kreisverkehr aufhalten, nicht beseitigt werden, gibt es Verstopfung und nichts läuft mehr. Hier zeigt sich die Wichtigkeit des bekannten Postulates: Störungen haben Vorrang. Dies zu beachten, hilft, die Stagnation und den Kollaps zu vermeiden oder wieder zu beseitigen.

Noch ein letzter Gedanke. Alle Kreisläufe, sei es im Körper oder im All, bei einer Maschine oder im Jahrkreis der Natur, leben zum Großteil von der Wiederholung des Gleichen. Und doch ist jeder Atemzug, jede Erdumdrehung und wahrscheinlich auch jeder Tanz der Atome und der Sternmassen in den Galaxien von je neuer Qualität. Sich im scheinbar Gleichen oder Ähnlichen immer wieder der geheimen Neuheit auszuliefern, kann mithelfen, daß wir nicht so rasch dem tödlichen Kreisen von Wiederholungen, die nur noch eine einzige Rille abspulen, erliegen. Und ganz gewiß wird es zuweilen nötig sein, die gewohnten Kreise und das übliche Kreisen aufzubrechen, weil ohne Quantensprünge wohl nicht nur der Stoff und das Leben, sondern auch der Geist an sich selber erstickt.

4.3 Die Sprengkraft der Spirale

Von Rilke stammen die Verse:

„Ich lebe mein Leben in wachsenden Ringen,
die sich über die Dinge ziehn.
Ich werde den letzten vielleicht nicht vollbringen,
aber versuchen will ich ihn" (Das Stunden-Buch).

Das Leben hat den Stoff und das Kreisen der Materie aufgesprengt. Es wächst und reift in der Struktur der Spirale, die bis in die Helix der Zellen hinabreicht. Ich widerrufe allerdings diese Behauptung angesichts der faszinierenden Spiralformationen, wie sie inzwischen oftmals bei einem ausführlichen Wetterbericht auf den Bildschirmen erscheinen und noch gewaltiger in Filmen und auf Postern von Galaxien, die in ihrer ungemeinen Schönheit das grandiose Ausmaß fast verniedlichen. Können doch die Sternenräume nur mit Millionen von Lichtjahren gemessen werden. Aber vielleicht sind diese Spiralnebel die Glutöfen der Natur, daraus in kreisenden Prozessen schließlich das Leben gezeugt und geboren wurde. Auch die Spirale kreist um eine Mitte, deren Dichte und Schwere noch sehr geheimnisvoll und kaum zu messen ist. Aber sie hebt die Wiederholung des Kreislaufes in wachsende Ringe hinauf, so daß sich Gleiches auf einer anderen Stufe wiederfindet — in den großen, so ist anzunehmen, nicht anders als in den kleinen Formationen bis hinab in die Winzigkeit der Gene und Moleküle.

Was besagt das für die Überlegungen, die ich hier am Strukturmodel des Daseins versucht habe? Was bedeuten sie nicht zuletzt für das Verständnis von Gruppenarbeit insgesamt und im besonderen.

Folgende Gedanken stellen sich ein, erheben aber keinen Anspruch auf Gültigkeit.

Wir sahen, der Kreis hat eine starke, aber auch eine starre Form und Wirkkraft. Er läuft sich tot, wenn er nicht gelegentlich aufgebrochen wird. Ähnlich verhält es sich mit Gruppen und Gruppierungen jeglicher Art. Sie haben eine Laufzeit, die, wenn allzu lang überschritten, tödlich wird für alle, die sich an einer Scheinmitte oder auf dem Kreisrand festhalten. Die Lebezeit einer Gruppe ist begrenzt, außer sie sprengt immer wieder das alte Gefüge, indem sie Weggang und Neuzugang von Mitgliedern zuläßt und sich neuen Kräften und Impulsen öffnet.

Nicht nur die Gruppe und das Wir sind Prozeß, jeder einzelne ist ebenso ein wachsender Ring, der sich selbst wagen muß, auch wenn er, wie Rilke sagt, die letzten Möglichkeiten nicht vollbringen kann und wird. Der Schwung der Spirale muß allerdings nicht notwendig in die immer größere Weite führen. In der Gegenrichtung wird der Weg, der nach innen und in die Tiefe zieht, immer enger. So formulierte denn ein Kursteilnehmer die Gegenerfahrung: „Ich lebe in stets engeren Kreisen. Ein Ja sind fünf Nein, ein Weg sind fünf Tode...", und das deshalb, weil mit jeder Möglichkeit, die ich ergreife, meist nicht nur fünf andere wegfallen und daher der Wirkraum meines Lebens immer eingeschränkter und karger wird. Bis ich, so fährt der Text weiter, auf der Suche nach der Tiefe durchstoße in eine neue Weite, die nicht außen, die vielmehr innen ist und vielleicht jene unerschöpfliche Fülle und Kraft gibt, wie sie dem totalen Innen eigen ist.

Was das ist, habe ich schon einmal angedeutet als das „Alles in Allem". Viele nennen es Gott oder mit Namen, die auch ein Letztes oder Erstes aussagen wollen. Es ist unnennbar, sagten die großen Theologen. Die Juden sprachen daher den Heiligsten der Namen nicht aus; der Islam zählt für Allah 99 weitere Namen auf. In dem Wissen, daß keiner zutrifft, sind sich die christlichen Väter mit ihnen eins. Denn „Gott ist unsagbar", bekennt Augustinus, und nicht einmal das dürfe man sagen, weil ER „unsagbar" ist.

Rilke führt an der zitierten Stelle auf der ersten Seite des „Stunden-Buch" die Verse wie folgt weiter:

„Ich kreise um Gott, um den uralten Turm,
und ich kreise jahrtausendelang;
und ich weiß noch nicht: bin ich ein Falke, ein Sturm
oder ein großer Gesang."

Ich finde das Bildwort vom „uralten Turm" sehr geglückt. Gott,
sein Name und seine Wirklichkeit stehen wie ein uraltes Relikt
in der Landschaft des Geistes. Er hütet nach wie vor sein
Geheimnis: niemand weiß, was es mit dem Turm auf sich oder in
sich hat. Ist es die Leere, das Nichts, die Finsternis oder eine
verborgene Fülle und Herrlichkeit? Kein spähendes Auge ist je
durch das Gemäuer des Absoluten gedrungen, aber auch kein
Sturm der Ablehnung oder Leugnung hat ihn aufbrechen oder
gar zerstören können. Ob wir im Gesang des OM oder des
AMEN, im Tönen von SHALOM, ALLAH, von DU und TA
PANTA mehr von IHM begreifen?
Oder vielleicht durch den Tanz? Etwa unter dem Leitgedanken:
Um wen kreise ich — wer kreist um mich? Um irgend etwas
kreisen wir alle — je nach dem Bedürfnis: nach Brot, nach Liebe,
nach Wahrheit und viel anderes mehr. Mit der Erde und ihrem
Mond als Mittänzer kreisen wir um die Sonne und in der
Schwerkraft des Seins kreist alles und jedes um die ungekannte
Mitte mit den vielen Namen. Der kostbarste Name, von der Liebe
gestammelt, ist vielleicht doch das DU, das sich in jedem
geliebten Du widerspiegelt. Oder auch nicht.

Der letzte kleine Satz ist mir wichtig, auch im Alltag und in der
Gruppenarbeit. Ich sage damit erstens, daß meine Überlegungen
ihre Vorläufigkeit und damit für niemand eine Verbindlichkeit
haben. Das versteht sich im Grunde von selbst. Ich will zweitens
mein eigenes Bekenntnis sowohl aussprechen als auch bekunden,
daß ich mein persönliches Glauben der Frage und dem Zweifel
nicht entziehe. Und schließlich stelle ich mich drittens der
Tatsache, daß ich in mehr kritischer Sicht keinen wissenschaft-
lichen Artikel mit den zugehörigen Beweisen aus Literatur und
Reflexion geschrieben habe. Er ist aus einer langen Erfahrung
mit Gruppen und mit der Meditation entstanden und kann und
will den meditativen Charakter der Darstellung nicht verleug-
nen.

Wer sich in der betreffenden Literatur und bei verschiedenen Meistern auskennt, wird die Herkunft vieler Gedanken erkennen. Ich will die empfangenen Anstöße nicht verheimlichen. Ich habe nur wenige Namen genannt, bin aber allen dankbar, von denen ich Weisung erhalten oder genommen habe. Es geht ja m.E. nicht darum, Erbhöfe für Gedanken und Ideen festzuschreiben, die vielfach schon gemeinsames Erbe für viele geworden sind. Ich habe eigene Erkenntnisse von einer bestimmten Perspektive her hinzugetan, insbesondere was unsere Leibwirklichkeit betrifft. Die Betonung der Leibgestalt des Menschen als die ihm vorgegebene Struktur kann, so scheint mir, die so vielfältige therapeutische Körperarbeit durch eine unerwartet spirituelle Seite ergänzen.

Helga Hausmann und Andreas Hofmann

Helga Hausmann, Dr.phil., geboren 1938 in Hamburg; Studium der Psychologie in Hamburg, Basel und St. Gallen; Promotion 1967; seit 1977 Psychotherapeutin in eigener Praxis; Zusatzausbildung in bioenergetischer Analyse und Therapie; Graduierung in TZI 1983; Dozentin an der Universität Basel und an der Hochschule St. Gallen; spezialisiert tätig in Teamsupervision, Prozeßberatung und -begleitung, Krisenintervention, Führungs- und Persönlichkeitsentwicklung als externe Beraterin in Organisationen.

Andreas Hofmann, Evangelischer Theologe, geboren 1942; aufgewachsen in Fribourg und Basel; Studium der Theologie in Basel und Göttingen; seit 1969 als Gemeindepfarrer tätig; nebenberufliche Weiterbildung in Psychologie und TZI; befaßt mit Fragen in den Bereichen Kommunikation, Führung und Systemtheorie.

Körpersprache und interaktionelle Ausbildung
Der körperliche Weg zur Ganzheit

A. Sprache des Körpers

Die Sprache, die wir in unserem Leben zuerst beherrschten, war die *Sprache unseres Körpers*. Wir kommunizierten mit unserer Mutter nicht mit Worten, sondern durch unser Minenspiel, unsere Gesten und unsere Stimme, und umgekehrt konnten wir unsere Umgebung auch nur über Laute, Berührungen und Bewegungen wahrnehmen. Im Erwachsenenalter fällt diese körpersprachliche Kommunikation nicht etwa weg, sondern sie wird selbst-verständlich, d.h. wir nehmen sie an uns selber und an anderen kaum mehr bewußt wahr, weil wir die Symbole dieser non-verbalen Sprache verinnerlicht haben. Mit zunehmender Beherrschung der verbalen Sprache und mit der Ausbildung unseres abstrakten Denkvermögens, d.h. mit der Ausbildung der Ausdrucksmittel, die uns bewußt sind, „vergessen" wir die Körpersprache. Dennoch drücken wir uns nie ohne Körpersprache aus, gleichgültig, ob wir sie bewußt entschlüsseln oder nicht. Die Körpersprache ist und bleibt die erste Sprache, die der Mensch beherrscht. Sie ist sein ursprünglichstes und darum auch direktestes Kommunikationsmittel. Wenn wir die Körperbotschaften an uns selber und an anderen bewußt wahrnehmen, durchbrechen wir den Bann des Selbst-verständlichen und entdecken, daß ihre Aussagen nuancenreicher sind, als es die verbale Sprache je sein kann.

An diesem Punkt setzen wir mit unserem Artikel an. *Andreas Hofmann* und ich haben in den Gesprächen, die seine Entstehung begleiteten, sozusagen am eigenen Leibe erfahren, wieviel Sorgfalt und innere Aufmerksamkeit es braucht, um Selbstverständliches wahrzunehmen, d.h. die Mauern des Banalen zu durchbrechen. Manchmal vergaßen wir über unserem intensiven Nachdenken, Pausen einzulegen. Denkblockaden waren die Folge, und wir entdeckten, daß unser Körper uns schon lange vorher Signale gegeben hatte — wir aber hatten sie nicht beachtet! Mit der Zeit aber entwickelten wir den Rhythmus, der uns gemäß ist. So wurde uns auch bewußt, wie wichtig es für uns ist, solche Arbeit *gemeinsam statt einsam* zu leisten, denn das Ergebnis eines Gesprächs ist immer mehr als die Summe der darin enthaltenen Gedanken. Andreas Hofmann war für mich einerseits ein Gesprächspartner mit viel Intuition und großem Allgemeinwissen, andererseits hat er sich wesentlich damit beschäftigt, unsere Gedanken in eine sprachliche Form zu bringen.

Um miteinander kommunizieren zu können, bedienen wir uns grundsätzlich zweier Elemente: der verbalen und der non-verbalen Sprache. Unter verbaler Sprache verstehe ich das gesprochene und geschriebene Wort. Der non-verbale Anteil der Kommunikation fällt der Körpersprache zu. Obschon oder gerade weil ihr Ausdruck verschlüsselt ist, geben wir durch sie viel mehr zu erkennen als durch die verbale Sprache. Durch unsere Mimik, Gestik, Stimmlage, Körperhaltung, durch den Tonfall, durch unseren Blick und den Fluß unserer Sprache betonen oder entkräften wir das, was wir in Worten ausdrücken.

Oft sprechen wir durch unseren Körper anders als durch unser Wort. Der Satz „Geh nur, es macht mir nichts aus!" drückt an sich nichts anderes als Einverständnis aus. Verbunden aber mit einem aggressiven Tonfall kann er den Appell enthalten „Bleib hier!". Durch den Widerspruch zwischen dem, was in diesem Fall in Worten gesagt wird, und dem körpersprachlichen Ausdruck entsteht für den Empfänger der Doppelbotschaft eine unmögliche Situation: Gehen soll er nicht und bleiben kann er nicht, weil das Klima vergiftet ist. Wenn sich verbale und non-verbale Sprache nicht decken, drückt die Körpersprache das Gemeinte viel deutlicher aus als die Wortsprache. Und weil das stille Wissen, die Weisheit des Körpers die innere Wahrheit des Senders besser wiedergibt, orientiert sich der Empfänger mehr an ihr.

Nur wenn wir uns bewußt machen, wie wir durch den Ausdruck unserer Körpersprache auf andere Eindruck machen, können wir lernen, unsere *Authentizität* zu entwickeln. Wir können nämlich nur dann unmißverständlich kommunizieren, d.h. das ausdrücken, was wir *eigentlich* meinen, wenn unsere verbalen Botschaften mit den non-verbalen übereinstimmen. Wir werden dann glaubwürdiger, und es entstehen weniger Pannen in der gegenseitigen Verständigung.

Darum ist das Wahr- und Für-wahr-Nehmen (Ernstnehmen) der eigenen Körpersprache und der Körpersignale, die die anderen aussenden, für mich *Grundvoraussetzung* für effizientes, interaktionelles Lernen. Interaktionelles Lernen ist ein soziales Geschehen, durch das der einzelne seine sozialen Fähigkeiten, seine soziale Kompetenz entwickeln und ausbauen kann. Dadurch erreichen wir einerseits, daß wir uns besser in die menschliche Gemeinschaft integrieren und uns in ihr auch behaupten können, und andererseits können wir in einer offenen sozialen Lernsituation neue Wissensinhalte besser aufnehmen und verarbeiten.

In meiner Arbeit mit Aus- und Weiterbildungsgruppen lege ich Wert darauf, bewußt zu machen, daß in jedem Interaktionsgeschehen die Botschaften des Körpers ehrlicher und direkter sind als unsere Worte und die Macht der Wörter. Der Pantomime *Samy Molcho* sagt in seinem Buch *„Körpersprache"*: „Der Körper ist der Handschuh der Seele", und der Bioenergetiker *Alexander Lowen* spricht vom Körper als dem „Retter der Seele". Unser Körper bringt sowohl Lebenslust als auch Lebensunlust unmittelbar durch fließende, gelöste oder aber durch verkrampfte, blockierte Bewegungen zum Ausdruck. Unsere äußere Haltung und Bewegung ist deutliches Spiegelbild unserer inneren Haltung.

Indem ich nun von meiner Erfahrung berichte, verwende ich die geschriebene Sprache. Körpersprache läßt sich aber nur im direkten Kontakt mit Menschen *erleben*. Das geschriebene Wort ist ein unzulängliches Ausdrucksmittel für Erfahrungen, die vorwiegend im emotionalen, körperlichen oder zwischenmenschlichen Bereich gemacht werden. Diese Einschränkung vorausgesetzt, ist es mein Wunsch, Mut zu machen, sich auf die Sprache des Körpers einzulassen.

B. Bilden und Ausbilden in Gruppen

Trotz der angedeuteten Unzulänglichkeit der Wort-Sprache ist es unsere Aufgabe, immer wieder und immer neu unsere Körpersprache zu reflektieren und in die verbale Sprache umzusetzen, denn nur so können wir wahrnehmen und bewußtmachen, was in uns und durch uns auf non-verbale Weise geschieht und in Bewegung gesetzt wird.

In meinem *Ausbildungskonzept* verfolge ich daher das **Leitbild** von aufgeschlossener Interaktion, Kommunikation und Kooperation aufgrund offener Wahrnehmung dessen, was im jeweiligen Hier und Jetzt real ist und geschieht.

Mein **Ziel** ist es, die Fähigkeiten der Lernenden in diesen Bereichen zu verbessern und zu stärken, d.h. zu optimieren. Dies kann nur gelingen, wenn der Lernende auf allen drei Ebenen seiner Existenz angesprochen wird. Die Ein-heit von Körper, Geist und Seele macht die Ganzheit, das Ganz-Sein der Person aus.

Um mein **Ziel zu erreichen,** leite ich, unabhängig vom jeweiligen Themenbereich, an
— wie wir Realität bewußt **wahrnehmen und für-wahrnehmen** können;
— wie wir zwischenmenschliche Wechselwirkung in ihrer Dynamik **erleben** können;
— wie wir lernen können, systemisch und prozeßorientiert zu **denken;**
— wie wir wahrnehmungsorientiert zu Entscheidungen kommen können, um in eigener Verantwortung sinn-voll zu **handeln;**
— wie wir Bewußtseinsschritte, erworbene Erfahrungen und gewonnene Erkenntnisse in den persönlichen und beruflichen Alltag **umsetzen** können.

1. Wahrnehmen und Für-wahr-Nehmen

Offene, ungefilterte, an der gegebenen Realität orientierte Wahrnehmung ist das A und O jeder Kommunikation und Interaktion. Sie ist das Rüstzeug, das wir benötigen, um uns lebendig miteinander zu verständigen und uns auseinanderzusetzen. Unter Wahrnehmung verstehe ich nicht eine technische Fertigkeit, sondern eine innere *Haltung,* die Haltung nämlich, sich auf gegebene Realität einzulassen und das Wahrgenommene zuzulassen.

Nun wird die Art, wie wir wahrnehmen, wesentlich durch unsere Lebensgeschichte geprägt, und oft wird unsere Wahrnehmungsfähigkeit dadurch eingeengt. Es geht mir deshalb in meiner Arbeit mit einzelnen und Gruppen vor allem einmal darum, gegebene *innere und äußere Realität* wahrzunehmen. Als nächster Schritt ist mir wichtig, daß das Wahrgenommene auch ernst genommen wird, d.h., daß wir unserer Wahrnehmung vertrauen. Ich nenne diesen Schritt das „Für-wahr-Nehmen".

Die Erfahrung zeigt, daß viele Entwicklungen und Entscheidungen schief laufen, weil wir uns nicht an unserer Wahrnehmung orientieren, sondern unser Verhalten auf Vor-stellungen, Vor-urteile und Bilder „gründen", die wir uns im Laufe des Lebens von der Wirklichkeit zurecht-gemacht haben. Damit stehen wir in Gefahr, uns in einer „Wirklichkeit" zu bewegen, die wenig oder keinen Realitätsbezug hat. Solche selbst gemachten

Konzepte mögen für die Orientierung im Leben des einzelnen manchmal notwendig sein, schränken aber die offene Wahrnehmung der realen Gegebenheiten stark ein. Je festgelegter unsere Vorstellungsbilder sind, desto eingeengter wird unser Verhalten. Wir verlieren unsere Spontaneität und verpassen die lebendige Gegenwart. Nur wenn wir wahrnehmen und für-wahr-nehmen, „es ist, was ist", kommen wir weiter.

Die Wirklichkeit ist so wirklich, wie wir sie uns schaffen. Wir registrieren, was wir wahrnehmen *wollen* oder was wir brauchen, um uns in unserer Umwelt zurechtzufinden. Das bedeutet: Wir sehen andere Menschen nicht so, wie sie sind, sondern gefärbt durch unsere verschiedenen Wahrnehmungsfilter (selektive Wahrnehmung). Wenn wir z.B. erfahren, daß jemand ein Chirurg, ein Politiker oder eine Frau ist, weckt dies in uns sofort eine Vielzahl von Vorstellungen und Bildern. Wir stellen dann oft ganz verwundert fest: „Für einen Chirurgen ist er aber recht unordentlich!" oder „Für einen Politiker ist er noch ziemlich menschlich!" oder „Für eine Frau steht sie aber ihren Mann!"

Wenn sich jemand nicht innerhalb unseres vorgefertigten Vorstellungsrahmens, d.h. unserer Erwartung gemäß benimmt, sozusagen „aus seiner Rolle fällt" (d.h. aus der Rolle, die wir ihm zugedacht hatten), wenn die Wirklichkeit unserem Wahrnehmungsfilter widerspricht, können Bemerkungen fallen wie: „Für einen Achtzigjährigen ist er noch sehr unternehmungslustig!" oder „Das ist aber gar nicht fraulich!"

Im Hinblick auf die Arbeit in Gruppen und Seminaren können sich diese Wahrnehmungsfilter als Lernblockaden auswirken. Es kann sich beispielsweise folgendes abspielen: Der Mitarbeiter, der von seiner Firma in ein Seminar geschickt wird, bringt möglicherweise eine ganze Reihe von Befürchtungen und Vorurteilen mit. Sie lauten etwa so: Ein Seminar kann nur dann „etwas bringen", wenn es anstrengend ist; im Seminar hat „man" sich ausschließlich auf das Seminarthema zu konzentrieren, persönliche Probleme sind in der Freizeit zu behandeln; am Schluß muß „man" möglichst viel Wissen und Können mit nach Hause nehmen usw. Unter dem Druck dieser Vor-urteile wird er mit großer Wahrscheinlichkeit seine mitgebrachten Probleme und Anliegen unter-drücken, denn sie haben in seinem Bild keinen Platz. Und gerade darin besteht dann seine Lernblockade.

Es sind diese *mitgebrachten Themen,* die den lebendigen Lernprozeß erheblich und nachhaltig stören, wenn sie nicht *eingebracht* werden. Zunächst ist in einem Seminar oder sonst einer
Gruppe die möglichst genaue Wahrnehmung der persönlichen
inneren und äußeren Realität von größter Bedeutung. Dazu
gehören nicht nur die persönliche Zielsetzung, sondern auch die
mitgebrachten Probleme, Wünsche und Bedürfnisse, die hier und
jetzt, d.h. im gegenwärtigen Augenblick gerade wirksam sind.
Denn diese *innere* Realität ist auch dann wirksam, wenn sie
beiseite geschoben und nicht bewußt wahrgenommen wird. Sie
wird sich dann nicht nur auf den persönlichen Lernprozeß,
sondern *auch* auf den laufenden Gruppenprozeß destruktiv
auswirken. Andererseits schafft ihre bewußte Wahrnehmung den
Boden, auf dem sich effizientes, lebendiges Lernen aufbaut.
Wer sich aber mit seinen selber gezimmerten Weltbildern
konfrontiert, wird immer wieder die Erfahrung machen, daß sie
äußerst zählebig sind und sich einer Revision hartnäckig
widersetzen. Schließlich haben wir sie ja ein Leben lang
aufgebaut und gepflegt; es sollte uns daher nicht wundern, daß
sie allmählich ein Eigenleben entwickelt haben und uns nun
ziemlich zentral beherrschen. So kann es geschehen, daß wir
persönliche Anliegen, Wünsche und Bedürfnisse zwar als solche
durchaus wahrnehmen, sie aber als „unpassend" gleich wieder
abtun. Die Wahrnehmung als solche *muß* nicht zwangsläufig
auch für-wahr-genommen werden. Das Wahrgenommene kann
auch jetzt noch verdrängt werden, weil es mit unseren verinner-
lichten Vorstellungen kollidiert. Die inneren Kommentare können dann lauten: „Das ist jetzt unwichtig!", „Das gehört jetzt
nicht zur Sache!" ... Und damit wird die eigene Wahrnehmung
nicht ernst, nicht für-wahr-genommen. Aber erst aufgrund des
Für-wahr-Nehmens können wir unser Verhalten realitätsbezogen
orientieren.
„Es ist, was ist": ich selber, meine *ganze* Person, mit meinen
persönlichen Sorgen und Anliegen, meinen individuellen Möglichkeiten und Grenzen, bin ebenso real wie das Seminarthema, die
Gruppe und die aktuelle Umweltsituation, in der ich mich jetzt
befinde. Es geht darum, der eigenen inneren Wahrnehmung zu
trauen und zu vertrauen.
Wir haben die Aufgabe, anzuerkennen und zuzulassen, daß wir

mit unserer ganzen persönlichen Vergangenheit gegenwärtig sind und sein dürfen. Nur so können wir Lernprozesse offen und konstruktiv angehen und durchgehen.

In diesem Abschnitt ging es mir vorwiegend um die Wahrnehmung der eigenen Person, d.h. der *inneren Realität*. Die alte Weisheit des *Sokrates* „Erkenne dich selbst!" gilt uneingeschränkt. Wenn wir lernen, uns selber wahr- und für-wahr-zunehmen, erwerben wir uns den Schlüssel für eine realitätsbezogene Wahrnehmung nach außen. Wir können unsere Mitmenschen nur in dem Maße mit ihren Licht- und Schattenseiten wahr- und für-wahr-nehmen, als wir unsere eigenen Licht- und Schattenseiten in unser Bewußtsein integriert haben.

2. Beziehungsdynamik erleben

Die *äußere Realität* der Lerngruppe und der weiteren Umwelt wahr- und für-wahr-zunehmen ist genau gleich wichtig wie die Wahrnehmung der inneren Realität.

Wir orientieren uns im interaktionellen Geschehen mehr an der Art, dem „Wie", als am Inhalt, dem „Was" der Kommunikation. Wenn wir also in der Gruppe zu einer konstruktiven Verständigung kommen wollen, müssen wir uns Klarheit darüber verschaffen, wie die einzelnen Gruppenmitglieder zueinander in Beziehung stehen und wie wir selber mit den anderen kommunizieren.

Es gilt, bewußt wahrzunehmen, wer die anderen in der Gruppe sind, wie sie auf mich wirken und wie ich auf sie wirke. Non-verbal, d.h. unbewußt stellen wir uns schon in den ersten Sekunden eines anlaufenden Gruppenprozesses aufeinander ein: Manche stehen mir gefühlsmäßig nahe, andere eher fern; die anderen erwecken in mir Wünsche und Ängste, wenn ich mich auf sie beziehe. Dies gilt es wahrzunehmen, bewußtzumachen und anzuerkennen.

Gerade die erste Begegnung mit den anderen in der Gruppe geschieht zur Hauptsache affektiv. Der Ausdruck unserer Körpersprache macht unmittelbar Eindruck auf die anderen. Diese vielfältigen gegenseitigen Eindrücke werden eigendynamisch, wenn sie nicht offen in der Gruppe ausgesprochen werden. Sie können dann bei irgendeiner Gelegenheit im laufenden Gruppenprozeß plötzlich in den Vordergrund treten und den Prozeß stören. Darum ist es mir wichtig, diese ersten Eindrücke ernstzunehmen und klarzulegen, d.h. transparent, durchsichtig zu machen. Sie treten dadurch aus einem dunklen, verschlossenen in den hellen, offenen Bereich, der allein einer konstruktiven Bearbeitung zugänglich ist.

Nur in der ausgewogenen Spannung zwischen *Nähe und Distanz* ist offene Kommunikation möglich. Wenn wir uns zu nahe stehen, können wir uns gegenseitig nicht mehr als ganze Person wahrnehmen, ist anderseits die Distanz zwischen uns zu groß, verlieren wir uns aus den Augen. Es geht also darum, herauszufinden, wieviel Nähe zum andern ich zulassen kann und wieviel Distanz ich brauche, um noch frei atmen zu können. Konfrontation wird zu gegenseitiger Zerfleischung, wenn wir einander „zu nahe stehen" oder sitzen. Man kann sich schlichtweg mit jemandem nicht auseinander-setzen, wenn man neben ihm sitzt.

Auf unserer Suche nach richtiger Nähe und Distanz ist uns unser Körper ein wichtiger Indikator. Er zeigt uns z.B. durch spontane Verspannung oder Beklemmungsgefühle (Atem!) sehr deutlich an, wenn uns jemand zu nahe kommt. Anderseits können wir durch das Gefühl der freien körperlichen Beweglichkeit wahrnehmen, wieviel Raum, und das bedeutet auch wieviel Distanz zu den andern wir benötigen, um uns entfalten zu können. Eines und das andere, Nähe und Distanz gehören zusammen, und erst wenn wir für uns selber die richtige Mischung, die *fließende Balance* herausgefunden haben, sind wir im eigentlichen Sinn Mit-glied, Teil-nehmer der Gruppe.

Indem wir unseren Platz in der Gruppe wahr- und einnehmen, schaffen wir uns die Basis, von der aus wir auf die anderen zugehen und auf die wir uns auch zurückziehen können. Wir zeigen damit auch an, wo und in welcher Weise wir von den andern wahrgenommen werden möchten. *Standort* beziehen heißt Klarheit und Sicherheit für sich und die andern schaffen.

3. Systemisch und prozeßorientiert denken

Im Interesse eines positiv verlaufenden Lernprozesses ist es ferner wesentlich, daß die Teilnehmer die Prozesse, die in der Gruppe laufen, als ein *organisches System* erfahren und erkennen. Der anfänglich „zufällig" zusammengekommene Haufen von

Individuen wird gerade durch das dynamische Zusammenwirken der einzelnen zu einem System, einem Gesamtorganismus, der in dieser Konstellation einmalig und unaustauschbar ist.

Wir alle sind in systemische Institutionen eingebunden, und jedes dieser Systeme hat seine eigenen, *vorgegebenen Strukturen*. Die Ehe, die Familie, aber auch das Unternehmen, in dem wir arbeiten, der Staat, in dem wir leben, sind in diesem Sinne Systeme, die durch innewohnende Strukturen ihren Bestand sichern. Diese Strukturen können zwar von der einzelnen Person beeinflußt, aber nur insoweit verändert werden, als das System als ganzes dadurch nicht beschädigt wird.

Das System ist einem Biotop vergleichbar: Verändert man ein Systemelement, so wird dadurch das *gesamte* System verändert. Systeme sind im Interesse ihres Fortbestandes auf kontinuierliche Anpassung an die Umweltbedingungen, d.h. auf Veränderung angewiesen. Zu häufige und unorganische oder systemfremde Veränderungen aber führen zum Kollaps des Systems. *Zu wenig* Bewegung führt zur Erstarrung, *zu viel* zum Chaos und zum Zusammenbruch des Systems.

Auch eine Gruppe ist ein System, das den geschilderten Gesetzmäßigkeiten folgt. Das einzelne Mitglied ist nur insofern autonom, als es sich den gegebenen Strukturen der Gruppe einordnet. Diese sind im Falle einer Lerngruppe festgelegt durch das Dasein anderer Teilnehmer, durch das Ziel, die Aufgabe oder das Thema der Gruppe und durch das direkte und indirekte Umfeld, in dem sich die Gruppe als Ganzes befindet und bewegt.

Der Konflikt zwischen personaler Freiheit und struktureller Eingrenzung bewirkt bei einigen Menschen eine mehr oder weniger starke Opposition gegen alles, was nach Struktur aussieht. Dennoch oder gerade deswegen ist es für die Arbeit in und mit Gruppen wesentlich, bewußt zu machen, daß die Gruppe ein überpersonales, organisches System ist, an dessen impliziten Gesetzmäßigkeiten sich der einzelne zu orientieren hat.

Das System der Gruppe ist das Gefäß, der Rahmen, innerhalb dessen sich *Prozesse* erst richtig entwickeln und entfalten können. Wie jeder Bach eines Bettes bedarf, um fließen zu können, bedarf auch der Prozeß der Struktur, um Bewegung und Veränderung erzeugen zu können. Ein Prozeß kann nur fruchtbar sein, wenn er innerhalb von Strukturen die dynamische

Balance zwischen Erstarrung und Chaos findet. Die potentielle Energie von neuen Ideen kann ihr Ziel nur dann erreichen, wenn sie in strukturelle Bahnen gelenkt wird.

In der dialektischen Entwicklung des Systems ist der *Prozeß* das Gegenüber der Struktur. Er stellt die Struktur in Frage und zerstört sie, wenn sie nicht mehr den Erfordernissen der Realität entspricht. Dabei verliert aber der Prozeß an Kraft. Er „ufert aus" und verlangt nach neuer Struktur, damit er sich *zielgerichtet* entwickeln kann. Struktur und Prozeß bedingen einander. Es gehört daher zu den Grundlagen jeder Arbeit in und mit Gruppen, dieses Prinzip bewußtzumachen. Aufgabe jedes Mitgliedes ist es, den Zusammenhang von Struktur und Prozeß in Systemen wahrzunehmen und anzuerkennen.

In Gruppen, die es sich zum Ziel gesetzt haben, das Wissen und Verhalten ihrer Mitglieder zu erweitern, spielt der Prozeß die zentrale Rolle. Es soll ja in diesen Gruppen etwas verändert werden! Entsprechend groß ist hier aber auch die Gefahr der „Ausuferung". Manche Strukturen, die die Teilnehmer für selbstverständlich gehalten hatten, werden durch den Prozeß als überlebt entlarvt. Das anfängliche Erschrecken über den Zusammenbruch überholter Strukturen weicht mit der Zeit der Freude über die neu gewonnene Freiheit. Daraus kann sich in der Gruppe geradezu eine Sucht nach neuen Prozessen entwickeln. Ohne Struktur muß diese Sucht allerdings zwangsläufig zum Katzenjammer führen: Der Bach hat sein Bett ausgespült und die Landschaft unter Wasser gesetzt. Was daraus resultiert, ist ein Sumpf, in dem sich nichts mehr bewegt.

Wer eine Gruppe leitet und zu zielorientiertem Lernen anleiten möchte, hat deshalb die heil-ige Pflicht, der Gruppe neue Struktur zu geben. Dieser Aufgabe wird er gerecht, wenn er den laufenden Prozeß für die Gruppe transparent macht (Transparenz der Prozeßanalyse). Er kann der Gruppe damit die Wirkungsweise des Prozesses und seine Ergebnisse bewußt machen und zugleich mögliche neue Struktur vorschlagen.

Der *Gruppenprozeß* ist in jeder Phase ein *Wahrnehmungsprozeß*, ein *Dreischritt*, der aus den oben beschriebenen Einzelschritten besteht: *Wahrnehmen und Für-wahr-Nehmen, Beziehungsdynamik erleben, systemisch und prozeßorientiert denken.* Er wird gleich *zu Beginn* jedes Seminars eingeleitet. Da sich aber der einzelne und die Gruppe im Verlauf des Seminars verändern, muß der laufende Prozeß der Gruppe wie des einzelnen *periodisch überprüft*, d.h. von neuem wahrgenommen, vergegenwärtigt und bewußt gemacht werden.

4. Selbstverantwortlich handeln

Neu gewonnene Erfahrungen können schon während des laufenden Gruppenprozesses zu Neuentscheidungen führen und konkrete Verhaltensänderungen bewirken. Durch eine wachere, achtsamere Selbst- und Fremdwahrnehmung und deren Einbringung in das Gruppengeschehen lernen die Gruppenteilnehmer, für sich selber Verantwortung zu übernehmen. Sie halten ihre Einfälle, Fragen und Blockierungen nicht mehr für „störende Nebengeräusche, die hier niemand interessieren", sondern sind nun in der Lage, ihren Beitrag als wichtiges Element in den Gruppenprozeß einzubringen. Sie lernen durch das eigene Verhalten, das dynamische Beziehungsgefüge der Gruppe aktiv mitzugestalten.

Das einzelne Gruppenmitglied wird sein eigener Chairman. Es leitet sich selber, indem es seine eigenen Prozesse selbständig wahrnimmt und in die Gruppe einbringt, d.h. es wartet nicht darauf, daß es angesprochen wird, sondern sucht aus eigenem Antrieb die Konfrontation. Weil es seinen Standort kennen und einzunehmen gelernt hat, kann es nun frei und unverkrampft Stellung beziehen. Es übernimmt die Verantwortung für eigene Wahrnehmung und eigene Störungen. Damit wächst die soziale Kompetenz des einzelnen, seine Teamfähigkeit und seine Kooperationsfähigkeit.

5. In den Alltag umsetzen

Die Rückkehr aus der relativ geschützten Atmosphäre der Lerngruppe in den persönlichen und beruflichen Alltag schafft für viele Gruppenteilnehmer Probleme. Die Familie zuhause, der Chef am Arbeitsplatz haben am Seminar nicht teilgenommen. Sie stehen den Entwicklungsschritten, die man im Seminar gemacht hat, vielleicht skeptisch oder gar ablehnend gegenüber. Aus diesen Gründen muß gegen Ende eines Seminars genügend Zeit eingeplant werden, um den Teilnehmern Gelegenheit zu geben, sich konkrete Schritte in die Alltagssituation vorzunehmen. Diese können z.B. in Rollenspielen ausprobiert und eingeübt werden. So bekommen die einzelnen Teilnehmer das nötige Vertrauen, sich selber auch im Alltag als ganze Person wahr- und ernstzunehmen und für sich selber Verantwortung zu übernehmen.

Der Transfer des Gelernten in den Alltag kann aber nur gelingen, wenn in der einzelnen Person durch den Prozeß etwas in Gang, in Fluß gekommen ist, wenn sie das Erfahrene in Bewußtseinsschritte verwandelt hat. Wer nur Techniken übernimmt, nur Verhaltensweisen kopiert oder imitiert, hat zwar wohl eine kognitive Leistung vollbracht, ist aber als ganze Person unberührt geblieben. Wenn wir uns nicht als ganze Person, d.h. körperlich, geistig und seelisch berühren lassen, dürfen wir nicht erwarten, daß wir unsere Erfahrungen in den Alltag transferieren können. Es geht also nicht darum, nach Tricks und Kniffen zu suchen, wie ich die anderen von einer neuen Technik überzeugen kann, sondern darum, den Weg zu suchen, wie ich mich selber als ganze Person im Alltag vertreten kann.

Dieses Ausbildungskonzept ist die Grundstruktur, die ich setze, damit lebendige Lernprozesse anlaufen und sich organisch entwickeln können.

C. Lernen ist nicht gleich „Lernen"

Grundsätzlich umfaßt Lernen: Wahrnehmen und Speichern, Erkennen und Wiedererkennen, Einordnen, Verarbeiten, Vergleichen, Abrufen, Suchen und Finden, Behalten und Verstehen — ein höchst komplexes Geschehen, über das umfangreiches theoretisches Wissen vorhanden ist. Lernen ist dennoch nicht gleich „Lernen".

Bei genauer Schau hinter die Kulissen von *Körper, Geist* und *Seele* ist eines gewiß: Lernen ist immer ein Prozeß, in dem *geistige, körperliche und seelische Vorgänge untrennbar miteinander verbunden* sind. Zum andern ist Lernen ein Prozeß, der sich immer in *Beziehungsgefügen* abspielt, d.h. wir stehen in der Beziehung zu uns selber, zu anderen und zum Lernziel oder Thema.

Die *traditionellen Formen* des Lehrens und Lernens aber ignorieren die Einheit von Körper, Geist und Seele. Sie übergehen auch die Bedeutsamkeit von Beziehungsgefügen, in denen Lehrende und Lernende sich bewegen. Die Voraussetzungen, unter denen in diesen Formen gelehrt und gelernt wird, schaffen lernfeindliche, undynamische und unbezogene Konstellationen. Weil sie so lebensfeindlich sind, sind die traditionellen Formen des Lehrens und Lernens auch so ineffizient.

— Anstatt *mit* dem Körper zu arbeiten, arbeiten traditionelle Formen *gegen* ihn.
— Anstatt die natürlichen Voraussetzungen unseres Gehirnpotentials voll zu nutzen, wird oft „reiner Intellekt" einseitig und isoliert angesprochen.
— Anstatt die Wurzeln des Geistes, die tief ins Körperliche greifen, zu pflegen, läßt man sie verdorren.

Ein Lernen, das nicht den Körper und über ihn wiederum die Wechselwirkungen mit der Umwelt berücksichtigt, ist *widernatürlich* und *unökonomisch*. Daraus entspringendes Handeln verpaßt zwangsläufig die systemischen Zusammenhänge unserer Realität.

Demgegenüber enthält mein
Ausbildungskonzept
„Ganzheitlich lernen",
auf dem ich meine Aus- und Weiterbildungsarbeit aufbaue, einen *Wertewandel*. Dieser läßt sich unter den folgenden *sieben Aspekten* darstellen.

1. Ganz-Sein der Person

Um überhaupt effizient lehren und lernen zu können, ist es mir zuerst und vor allem wichtig, den lernwilligen Menschen als *ganze* Person in seiner Individualität (Unteilbarkeit) und seinem Ein-malig-Sein wahr- und für-wahr-zunehmen. Die Person wird auf allen drei Ebenen ihrer Existenz angesprochen: körperlich, geistig *und* seelisch. Körper, Geist und Seele werden aufeinander abgestimmt, in Einklang gebracht. Im Einklang mit sich und der Welt ist die Person durchlässig, klingend (lat. per-sonare = durch-klingen), bewegt, durchströmt von Energie. So kann sie ihr Energiepotential und ihren Lebensschwung voll entfalten. Nur in dieser dynamischen Verfassung ist sie in der Lage, sich Neuem zuzuwenden.

Diese dynamische Gesamtverfassung ermöglicht Lernenden und Lehrenden eine unverkrampfte und gelassene körperlich-geistig-seelische Haltung. Durch sie entsteht

— die *innere Bereitschaft*, sich für Neues zu öffnen;
— die *Neugier*, Ungewohntes zu entdecken;
— die *Motivation* (lat. movere = bewegen), sich auf persönliche Lernschritte einzulassen;
— eine *positive Ein-stellung* gegenüber Erfolgserlebnissen.

2. Lebensenergie fließen lassen

Leben ist Bewegung und Erregung — Bewegung und Erregung sind Leben. Davon haben wir auszugehen, wenn wir lebendig lernen und lehren wollen. Lernen ist ein dynamisches Geschehen, das Energie braucht und erzeugt. Als potentielle Energie ist sie gespeichert, zurückgehalten, (noch) nicht freigesetzt, (noch) blockiert. Erst als kinetische Energie ist sie die Kraft, die wirkt und etwas bewirkt.

Innerhalb eines Systems, z.B. unserer Kultur, werden Bewegung und Erregung nur geduldet, wenn sie sich noch im festgelegten Normenfeld bewegen. Viele dieser Normen haben sich im Laufe unseres Lebens in uns verinnerlicht, sind ein Teil von uns geworden. Wenn wir nun durch unsere Entwicklung in Bewegung kommen, ist es unausbleiblich, daß wir auch mit unseren Normen in Konflikt geraten. Das kann bedeuten, daß wir auch direkt mit Normen unseres Systems kollidieren. Wer sich aber an die Grenzen des Systems begibt, in dem er lebt, wird repressiven Mechanismen begegnen, die immer massiver werden, je näher er der Grenze kommt. Dabei ist nicht der von außen kommende Druck besonders bedrängend, sondern der von innen, aus der eigenen Seele kommende. Wir haben ja die Normen unseres Systems so sehr internalisiert, „einver-leibt", daß wir oft gar nicht merken, wie sehr wir darin eingebunden sind. Eingefleischte „*Giftsätze*" wie „*Das schaffst du sowieso nicht!*" oder „*Streng dich immer an, nur dann bist du liebenswert!*" oder „*Sei perfekt, bzw. mach's immer allen recht, nur dann bist du anerkennenswert!*" deuten an, welcher Art das Normenfeld ist, und blockieren jede Entwicklung, die die Systemgrenze zu sprengen droht. Sie treiben uns in die Enge und machen uns Angst (= Enge!). Nicht nur emotional, sondern auch geistig und körperlich wirken sie sich blockierend aus — *geistig* in Form von Denkblockaden, „Brett vorm Kopf", engem Horizont, Mangel an Kreativität, *körperlich* in Form von muskulären Verspannungen und angehaltenem Atem. Im Lernprozeß sind sie *Lernbarrieren — Lernkiller.*

Diese Blockaden absorbieren einen großen Teil unserer Lebensenergie. Einerseits verbrauchen wir Energie, um die Blockaden aufrechtzuerhalten, anderseits verhindern wir gerade dadurch den freien Fluß unserer potentiellen Energie. Wir gleichen einem Stausee, in dem große Mengen Wasser als potentielle Energie gelagert sind. *Potentielle Energie* bedeutet aber immer auch *potentielle Gefahr.* Solange der Staudamm hält, passiert nichts; wehe aber, wenn er bricht: Ganze Landstriche können dann unter den herunterflutenden Wassermassen begraben werden. Wenn wir nicht beizeiten dafür sorgen, daß unsere potentielle Energie in einen geordneten, d.h. strukturierten Fluß kommt, kann es sein, daß wir die Kraft nicht mehr aufbringen, die Blockaden zu erhalten. Dann wird unsere eigene potentielle Energie uns selber und unsere Umwelt überschwemmen und ganz oder teilweise zerstören.

Wenn wir aber unsere potentielle Energie in strukturierte Bahnen lenken, verwandeln wir sie in kinetische. Das Wasser des Stausees wird zum Elektrizitätswerk geleitet, wo Strom erzeugt wird. Kinetische Energie ist Energie in Bewegung (griech. kinesis = Bewegung), und weil sie selber in Bewegung ist, kann sie auch Bewegung bewirken. Dadurch wird sie zwar nicht harmlos, aber sie verliert ihre zerstörerische Gefährlichkeit.

Wie ich schon weiter oben gezeigt habe, ist Bewegung der „Feind" der Struktur. Darum setzen Systeme der Lebensenergie des einzelnen mächtige Widerstände entgegen. Im Idealfall sorgen sie selber für einen geordneten Abfluß der potentiellen Energie und nutzen die so gewonnenen konstruktiven Impulse zur eigenen Weiterentwicklung. Oft aber wird in Systemen der Widerstand gegen Bewegung zum Selbstzweck. Dann wird der Widerstand für das System selber lebensgefährlich.

Wenn wir also in Lerngruppen anleiten, wie innerer und äußerer Widerstand gelöst und Energie in Fluß gebracht werden kann, sorgen wir dafür, daß sowohl der einzelne als auch die Systeme, in die wir eingebunden sind, ihre Lebendigkeit erhalten oder zurückgewinnen.

Angst macht krumm, Streß verschließt und macht starr, Erwartungsdruck drückt herab und macht bedrückt, Leistungsdruck macht hektisch, Frustration nimmt jeglichen Schwung. Unter solchen Umständen kann nicht wirksam gelernt oder gelehrt werden. Aufgeschlossen-sein, Da-sein, Präsent-sein, Wach-sein, *Bewegt-sein* dagegen sind Grundlage für jeden lebendigen Lernvorgang. Nur wenn wir entspannt, wach und bewegt und auf dem Boden der Realität sind, können wir ganzheitliche Lernschritte vollziehen, Bewußtseinsschritte, die unsere *ganze* Person betreffen, denn nur dann steht uns unser ganzes Energiepotential uneingeschränkt zur Verfügung.

3. Erleben *und* Denken

Ganzheitliches Lernen umfaßt Erleben *und* Erkennen, Spüren *und* Denken, Integrieren *und* Transferieren. Beide Prozesse — das persönliche Erleben *und* die gedankliche Auseinandersetzung mit dem Erfahrenen — gehören eng zusammen, um Bewußtsein und Wissen zu erweitern. Erleben und Erfahren, das „Wie", ist der erste Schritt, der sich mit dem zweiten, dem kognitiven Durchdringen und Einordnen des Erfahrenen, dem „Warum", zu einem Ganzen fügt.

4. Aktivieren der rechten Gehirnhälfte

Lernen nach traditionellen Mustern spricht vorwiegend die für logisches, abstraktes und integratives Denken zuständige linke Gehirnhälfte an. Ganzheitliches Lernen dagegen bezieht zusätzlich die für Sprachbilder, Bildsprache, Phantasie und Kreativität zuständige rechte Gehirnhälfte in den Lernprozeß ein. Für Aufnahme, Speicherung und Integration der jeweiligen Lerninhalte steht größere Kapazität und entsprechend größeres Lernpotential zur Verfügung.

Durch die Einbeziehung der rechten Gehirnhälfte wird aber nicht nur die Kapazität, d.h. die Quantität des Gehirnpotentials vergrößert, sondern eben auch die Qualität des Lernprozesses verbessert. Die natürlichen kreativen, sinnlichen, mentalen und meditativen Möglichkeiten des Lernenden werden mobilisiert. Unser Körper, in dem unsere Kreativität und Sinnlichkeit gespeichert sind, erhält dabei eine besondere Bedeutung, d.h. wir haben zu deuten, was er uns in seiner Sprache sagt.

Die Sprache unseres Körpers können wir aber nur mit Hilfe der rechten Gehirnhälfte wahrnehmen und deuten, weil überhaupt nur sie in der Lage ist, die Symbolsprache von Bildern zu erkennen. Mit der rechten Gehirnhälfte können wir also einerseits unsere Körpersprache wahrnehmen und deuten, anderseits aber auch unsere Körperreaktionen beeinflussen.

Durch Phantasiereisen, Meditation, durch Übungen des rechten Sitzens, Stehens und Gehens können wir lernen, unseren Körper, unsere ganze Person neu zu spüren, können wahrnehmen, was uns unser Person-Sein bedeutet. In der Begegnung mit den anderen in der Gruppe können wir dann auch die Wirkung unserer personalen Ausstrahlung, die Bedeutung unseres Körpers für die anderen erfahren.

Durch die Aktivierung der rechten Gehirnhälfte wird Lernen zu einem körperlich erfahrbaren Prozeß. Unsere verbale Sprache kennt dafür Sprachbilder, die der Bildsprache des Körpers entnommen sind: *Be-greifen* und *Ver-stehen*. Wir können einen Lerninhalt im Grunde nur dann ver-stehen, wenn wir ihn be-griffen haben, d.h. wenn wir ihn angefaßt und ihm standgehalten haben. Dann wird er zu einem Teil unseres „Körperwissens" und findet Ein-gang in die Weisheit unserer Person.

5. Erlebtes in Sprache fassen

Im ganzheitlichen Prozeß ist es unumgänglich, Erlebtes — Körpererleben wie Gefühle — in *Worte* zu fassen, in sprachliche *Form* zu bringen, zu *formulieren*. Es geht ja im ganzheitlichen Prozeß immer um die Schaffung einer dynamischen Balance. Deshalb müssen auch das Emotionale und das Rationale dauernd in gegenseitigem Austausch sein. Das Erfahrene, Erlebte darf nicht im nonverbalen Bereich bleiben, sondern muß verbal faßbar sein und in mündliche oder schriftliche Form gebracht werden, um ins Bewußtsein integriert werden zu können. Nur so können wir unser Bewußtsein erweitern und ganzheitlich lernen.

6. In Kontakt und Austausch sein

Menschen leben nicht für sich allein, sondern in Beziehung, im *Kontakt* zu anderen. Kontakt (von lat. tangere = berühren) heißt für mich im gleichen Takt sein mit anderen und einander berühren. Die Gruppe ist dafür ein sichtbares und erlebbares Beispiel. Darum ist für ganzheitliches Lernen der *Austausch* im Interaktionsgeschehen unerläßlich. Es ist wichtig, sich selber und die eigene Erfahrung mit-zu-teilen, an der Person und an der Erfahrung der anderen An-teil zu nehmen, am Lernprozeß der ganzen Gruppe teil-zu-nehmen und teil-zu-haben.

In dieser Art des gegenseitigen Teil-nehmens und Teil-habens geschieht etwas existentiell Bedeutsames. Wenn wir das Mit-geteilte nicht nur zur Kenntnis nehmen, nicht nur registrieren, sondern uns berühren, innerlich betreffen lassen, ereignet sich zwischen dir und mir echte, offene Begegnung. Dieses Ereignis geht über dich und mich hinaus und ist einmalig, d.h. es kann nicht in gleicher Weise wiederholt oder ausgetauscht werden. So wachsen wir und entfalten uns im lebendigen interaktionellen Austausch — miteinander. Das und nur das kann in meinem Verständnis als *Kommunikation* bezeichnet werden. Auf dieser Grundlage inspirieren wir uns gegenseitig und akkumulieren damit den Lernprozeß.

7. Freudvoll lernen

Ganzheitliche Lernvorgänge sind nur in einer Atmosphäre der Vertrautheit, der Entspannung, des Sich-wohl-Fühlens möglich. Ein *Lernklima*, das von Freude, Neugier, lustvoller Anregung und positiven Erlebnissen geprägt ist, lädt ein, Neues auszuprobieren und Ungewohntes mutig zu wagen. In diesem Rahmen lassen sich Streß und Angst abbauen. Der einzelne findet hier Vertrauen zu sich selber und zu den anderen — wesentliche Voraussetzung, um sich unverkrampft neuen Lerninhalten und dem Lernprozeß in der Gruppe zuzuwenden.

D. Der Weg vom einzelnen zur Gruppe

Die Gruppe ist ein Organismus, der sich aus einer Vielzahl von (Mit-)Gliedern zusammensetzt. Das einzelne Mitglied wiederum ist als Person in seiner Ganzheit von Körper, Geist und Seele Teil der Gruppe. Diese personale Ganzheit tritt durch den Körper des einzelnen in Erscheinung.

1. Die Person ist ihr Körper

Daß wir einen Körper *haben*, ist eine in unserer Kultur allgemein verbreitete Vorstellung. Wie allem, was wir haben, be-sitzen, so stehen wir auch unserem Körper distanziert oder besitzergreifend gegenüber. Die Schmerzen, die er uns mitunter bereitet, bekämpfen wir, damit wir so rasch wie möglich wieder Ruhe vor ihm haben. Wir be-hand-eln ihn wie eine Maschine, die den Befehlen unseres Gehirns bedingungslos gehorchen soll. Wir regen uns zuweilen auf, wenn er nicht erwartungsgemäß funktioniert, und wir können seine Funktionstüchtigkeit erhöhen, indem wir ihn auf bestimmte Leistungsziele hin trainieren.

Das ist aber nur die eine Seite unsere körperlichen Daseins in der Welt. Das *ganzheitliche* Menschenbild, an dem ich mich orientiere, geht davon aus, daß der Mensch noch eine andere Dimension in seinem Körper ausdrückt — „ver-körpert". Ich verstehe den Menschen in seinem Eins-sein von Körper, Geist und Seele und seiner existentiellen Vernetzung mit seiner Umwelt. Keiner dieser Aspekte kann isoliert betrachtet werden. Im ganzheitlichen Denken sind sie alle gleichwertig. Alle seelischen, geistigen und körperlichen Vorgänge sind Ausdrucksformen *eines und desselben* Lebensprozesses. Sie sind untrennbar verbunden und spiegeln die gesamte Person. Mit dieser Haltung folge ich den bioenergetischen Erkenntnissen von *Wilhelm Reich, Alexander Lowen, Stanley Keleman* und dem initiatischen Gedankengut von *Karlfried Graf Dürckheim*.

Die *Gesamtheit* unserer Person offenbart sich in unserem Körper — Körper aufgefaßt als Körper, der wir *sind*, als „beseelter Leib". Durch ihn werden unser Geist und unsere Seele in dieser Welt manifest. Unser Körper ist die Weise, wie wir als Person *da* sind, uns ausdrücken, uns darstellen, uns verwirklichen. Unsere Person klingt durch unseren Körper hindurch (per-sonare!). Durch unseren Körper sind wir in Er-scheinung tretende Person. Wir können uns als Person nur *in* unserem und *durch* unseren Körper ausdrücken und können auch nur *durch* ihn und *in* ihm wahrgenommen werden.

(Ich verweise an dieser Stelle auf meine Publikationen zur Schmerzproblematik.)

Kein Mensch kann losgelöst von seinem Körper existieren. Er drückt sich in seinem Verhalten unmittelbar über seinen Körper aus, noch unmittelbarer als über seine Worte. Der Ausdruck des Körpers vermittelt die Art und Weise, wie die Person mit sich selbst und ihrer Umwelt in Verbindung steht, in Beziehung tritt und ihren Umgang gestaltet. *Über ihren Körper stellt die Person ihr Verhältnis zu sich, zu anderen, zur Welt dar.* Je lebendiger wir in unserem Körper sind, desto intensiver ist unser Verhältnis zur Umwelt. Wenn unser Körper an Lebendigkeit einbüßt, z.B. wenn wir müde, gestreßt oder erschöpft sind, neigen wir natürlicherweise dazu, uns aus der Umwelt zurückzuziehen. Anderseits kennen wir auch Zeiten, in denen wir uns so lebendig fühlen, unser Lebensgefühl so gesteigert ist, daß wir die Welt um uns strahlender, näher, bezogener erleben. Wir selber strömen dann Lebensenergie aus.

Unser Körper ist ein Spiegel unserer gesamten Lebensgeschichte. Er nimmt alle unsere Sehnsüchte und Enttäuschungen, unsere Höhe- und Tiefpunkte, unsere ganze Lebenserfahrung in sich auf und bildet sie im Lauf der Jahre immer deutlicher sichtbar ab. Er drückt und spricht die Art und Weise aus, wie wir uns mit unserem Leben auseinandergesetzt und uns „eingerichtet" haben. Wenn Angst und Unsicherheit in unserem Leben vorherrschen, verkrampft sich unser Körper und bildet mit der Zeit bleibende Blockierungen und Verspannungen. Anderseits zeigt er sich schlaff und ungeformt, wenn Trauer die Grundstimmung unseres Lebens ist. Körperliche Verspannungen, aber auch Spannungslosigkeit sind als Dauerzustände Ausdruck von zuviel oder zuwenig Spannung (Dystonus).

Unsere Lebensenergie kann aber in unserem Körper ungehindert fließen, wenn wir in freier Selbstentfaltung und vitaler Aufgeschlossenheit spontan leben und erleben. Wir fühlen uns dann im Fluß, durchlässig, klingend, im Einklang mit uns und der Welt — als ein Klangkörper voll Lebendigkeit. Diese Lebendigkeit stellt sich in unserem Körper als kraftvolle Gesamtspannung (Eutonus) dar und äußert sich in fließenden, harmonischen Bewegungen.

Unsere Kultur betont die Fremdbestimmung und schränkt die Befriedigung persönlicher Bedürfnisse, die freie Selbstentfaltung, die Autonomie des einzelnen erheblich ein. Viele Menschen lernen bei uns schon in ihrer Kindheit, ihre Spontaneität mehr oder weniger zu unterdrücken. Wir gewöhnen uns z.B. ab, zu weinen, wenn wir traurig sind, zu stampfen, wenn wir wütend sind, zu schreien, wenn wir Schmerzen haben; wir beißen die Zähne zusammen — wir reißen uns im wahrsten Sinne des Wortes zusammen. Es gehört zu unseren kulturellen Prägungen, sich mehr nach anderen als nach sich selber zu richten, Aufgaben eher auf die uns von anderen zugedachte Weise zu erfüllen, sich mehr auf Forderungen, Wünsche, Zwänge und Ängste anderer einzurichten, als dem eigenen inneren Kompaß und der Wahrnehmung eigener Gefühle und Bedürfnisse zu folgen.

Jedes Gefühl, jede Emotion (lat. emovere = herausbewegen) versetzt unseren Körper natürlicherweise in Spannung, um sich spontan nach außen wenden zu können, d.h. jedes Gefühl verlangt unmittelbaren Ausdruck. Wenn wir aber daran gewöhnt sind, Gefühle zurückzuhalten, muß unser Körper eine Gegenreaktion erzeugen und sich gegen spontane Gefühlsäußerungen zur Wehr setzen. Und dies tut er, indem er sich verspannt. Mit der Zeit wird diese Verspannung zur anhaltenden Verkrampfung, zum Dauerkrampf, der je nach Ausmaß in den betroffenen Körperregionen auch Schmerzen hervorrufen kann.

Körperlicher Dauerkrampf wird zur Panzerung, die nicht nur spontanen Gefühls*ausdruck* einschränkt, sondern auch die Fähigkeit, *Eindrücke* von außen aufzunehmen. Das bedeutet: nicht nur unsere *Ausdrucksfähigkeit*, sondern auch unsere *Eindrucksfähigkeit* und damit unsere gesamte Erlebnisfähigkeit engt sich ein. Beschränkte *Erlebnisfähigkeit* aber erzeugt Angst, die ihrerseits neue Verspannung bewirkt. Wir spüren dann nicht einmal mehr, wenn wir gekränkt oder geliebt werden. Wir bleiben unberührt. Unsere Sinne stumpfen ab, wir werden stumpf-sinnig, dumpf (= dumm). Unsere Augen werden matt und unsere Ohren bei voll erhaltener Hörfähigkeit taub. Durch muskuläre Verspannung sind wir in uns selber gefangen und kommen nicht mehr aus uns heraus, lassen aber auch nichts mehr in uns hinein. Kurz: Wir sitzen fest.

Leiter von Lerngruppen und Ausbildner haben sich diesen zum Teil kulturell bedingten *circulus vitiosus* von Verspannung—Unsicherheit—Angst—neue Verspannung bewußt zu machen. Die meisten Gruppenteilnehmer tragen nämlich seine Spuren an und in ihrem Körper. Es kann zwar nicht die Aufgabe nichttherapeutischer Gruppen sein, diese Panzerungen zum Verschwinden zu bringen. Aber der Leiter muß darum wissen, damit er sie im Interesse eines lebendigen Lernprozesses mildern kann. Außerdem gibt es Teilnehmer, deren Panzerungen so stark sind, daß sie nicht einmal gemildert werden können. Der Leiter hat auch sie da abzuholen, wo sie sind, und das heißt, sie mit ihren Beschränkungen wahr- und für-wahr-zunehmen.

2. Zugang zur Person über den Körper

Verspannungen und Panzerungen, aber auch Spannungslosigkeit einzelner Personen bleiben also in nicht-therapeutischen Gruppen immer bis zu einem gewissen Grad erhalten. Sie können aber durch gezielte Meditations- und Entspannungsübungen bewußt werden und gelockert werden. So verlieren sie an Intensität und wirken sich deshalb nicht mehr so störend auf den laufenden Lernprozeß aus. Der einzelne Teilnehmer lernt durch aktiviertes Körperbewußtsein, sich bewußter wahrzunehmen und bewußter mit sich umzugehen.

Aus dieser Sicht können dann körperliche Störungen geradezu als Kreativ-Faktoren betrachtet werden, indem der Leiter und die Gruppe sie ernst nehmen. Situative Körperbotschaften wie Sich-Verschließen, Verspannen oder Abschlaffen signalisieren meistens, daß im Gruppenprozeß etwas nicht mehr stimmt. Der Leiter hat in solchen Fällen die Aufgabe, zu überprüfen, ob die aktuelle Gruppenstruktur, die Zeitstruktur und das aktuelle Thema noch der Situation der einzelnen und der Gruppe entsprechen. Er hat methodisch die Möglichkeit, durch angemessene Struktur und entsprechendes Thema den Prozeß zu balancieren.

Damit aber der Teilnehmer den Mut findet, der Gruppe seine körperliche Verfassung mit-zu-teilen, ist es wichtig, die geeigneten Voraussetzungen dafür zu schaffen. Der Boden für ganzheitliches, lebendiges Lernen, wie ich es verstehe, ist eine *Atmosphäre*, die von *Vertrauen* und *Entspannt-Sein* geprägt ist. Nur in solcher Atmosphäre können die Gruppenmitglieder mit offenen Sinnen, bewegt und engagiert „da sein" und miteinander kommunizieren. Ich lege Wert darauf, daß sich jedes einzelne Mitglied in der Gruppe geborgen fühlt, damit es sich uneingeschränkt auf den Gruppenprozeß einlassen und energievoll an persönlichen Lernzielen und gemeinsamen Aufgaben arbeiten kann. Unabhängig von dem jeweiligen Themenbereich geht es mir darum, daß jeder einzelne zu sich selber findet, zu sich selber kommt, seine Mitte findet, sich wahr-nimmt und für-wahr-nimmt.

Den *unmittelbaren Zugang zu uns selber*, zu unserem Geist und unserer Seele finden wir am besten *über unseren Körper*. Die bioenergetische Methode des „Erdens" *(Grounding)* soll dem Menschen festen Grund unter den Füßen verschaffen. Wer gut geerdet ist, hat auch guten Kontakt zum Fundament der Realität. Dieses Fundament ist für die einzelne Person ihr Körper. Indem wir uns erden, finden wir also den Zugang zu unserem Körper. Das klingt ziemlich einfach, und die meisten von uns haben ohnehin den Eindruck, sie ständen mit beiden Füßen auf dem Boden. In einem mechanischen Sinn stimmt das auch. Wir benutzen unsere Füße und Beine, um uns *auf* ihnen fortzubewegen. Wir bedienen uns ihrer als Mittel, haben aber keinen gefühlsmäßigen oder energetischen Kontakt mit ihnen. Wir bewegen uns nicht in ihnen.

In der griechischen Sage ist der Riese *Antäus* unbesiegbar, solange er mit seiner Mutter *Gäa*, der Erde, in Berührung ist. In die Höhe gehoben, verliert er alle Kraft (Energie!) und kann von *Herakles* erwürgt werden. Der Mythos illustriert treffend, was ich hier meine. Solange wir energetisch mit unserem Urgrund verbunden sind, können wir uns souverän behaupten und autonom entscheiden. Wenn uns dies aber nicht gelingt, heißt das, daß wir nicht mehr mit unserem Urgrund verbunden sind. *In* unseren Beinen und Füßen, und nicht nur *auf* ihnen zu sein, ist für unser Dasein als *ganze* Person von grund-legender

Bedeutung. Nur wenn wir in uns und unter uns Grund spüren, haben wir im wahrsten Sinne des Wortes Grund da-zu-sein. Das Wahrnehmen des eigenen Körpers und seiner Sprache auf diesem Hintergrund ist weit mehr als ein kognitives, selbstreflektorisches Registrieren der eigenen An-wesen-heit! Wenn wir in Verbindung mit unserem Urgrund leben, nehmen wir unseren Körper wahr als die Weise, in der das Sein im Dasein Gestalt annimmt.

Jede Übung, die das Gefühl der Gruppenteilnehmer für ihre Verbindung mit dem Urgrund ihres Seins weckt und fördert, hilft ihnen, sich durch ihren Körper wahrzunehmen. In sich hineinspüren, sich des eigenen Körpers, seiner Weisheit und seiner Sprache bewußt werden, erschließt Wege, sich gefühlsmäßig und gedanklich zu öffnen. Durch aufmerksames In-uns-hinein-Spüren entdecken wir die Spur unseres ureigenen Seins.

Das ist der *Weg zur eigenen Mitte*. Auf ihm begegnen wir dem eigenen Raum, der eigenen Kraft, der eigenen Stille. Dieser zentrierende innere Vorgang bringt uns erst eigentlich zu uns selbst. Über den meditativen Zugang zu unserem Körper gelangen wir zu Körperbewußtsein und dadurch zu unserem Zentrum, zu unserem Schwerpunkt, zu unserer Körpermitte.

Im Kontakt mit uns selber, im Ein-Gehen auf uns selber sensibilisieren wir uns für unsere innere Spur: unser inneres Auge, unser inneres Ohr, unsere innere Stimme. Wir öffnen uns nach innen und nehmen uns selber wahr.

In dem Maße, wie wir mit uns selber in Kontakt sind, können wir Kontakt mit anderen und anderem aufnehmen, d.h. je klarer wir uns nach innen öffnen und offen sind für uns selber, desto besser können wir uns nach außen öffnen und mit offenen Sinnen Verbindung aufnehmen und in Verbindung treten. Wenn es in uns stimmt, wird unsere Stimme voll und stark, und wir bekommen Mut, unseren „Mund aufzutun" und uns stimmlich zu vertreten; wenn wir unser inneres Auge, das Auge unseres Herzens, öffnen, werden die Augen unseres Körpers offen und wach, und unser Sehen wird zum Wahrnehmen; unser Atem, der dem Sauerstoffaustausch dient, sagt uns, in welcher Weise wir den Austausch mit unserer Umwelt gestalten.

Wenn wir durch Lebensumstände den „Boden unter den Füßen verlieren", bekommen wir das Gefühl, wir verlieren unsere Mitte und damit unseren natürlichen Halt; wir sind nicht mehr geerdet. Darum versuchen wir, uns selber Halt zu geben, indem wir uns verspannen und panzern. Unsere Panzerungen und Verspannungen geben deshalb sehr genau an, wie und wo wir gehalten, gesichert, geschützt sein möchten. Darum ist es wichtig, auch diese erworbenen Schutzmechanismen wahr- und für-wahr-zunehmen.

Durch entsprechende Körperübungen und Meditationen können die einzelnen Teilnehmer einer Gruppe in Erfahrung bringen und sich bewußt machen:

— *wie* sie ihre Energie stauen und damit gegen sich, anstatt für sich einsetzen;

— *wie* sie sich über den Körper bewußter in der eigenen Mitte wahrnehmen können;

— *wie* sie ihre Sinne wecken und sich gegenüber anderen klar vertreten können;

— *wie* sie spontane Körperbewegungen blockieren, aber auch wie sie sich durch veränderte Körperhaltung frei bewegen können;

— *wie* sie sich durch „grounding" mit dem Boden der Realität in Verbindung bringen und Selbst-Ständigkeit und Selbst-Vertrauen aufbauen können;

— *wie* sie von eingefleischten Kindheitsmustern bestimmt werden und *wie* sie sich über ihr Körperbewußtsein und Körpererleben befreien können.

Über die unmittelbare, persönliche Körpererfahrung können die Teilnehmer also ganzheitliche Zusammenhänge *erleben.* Sie können herausfinden, wo sie festgefahren, angehalten oder eingeengt und nicht frei beweglich sind und wo ihre Ressourcen liegen. Indem wir lernen, Muskelverspannungen loszu*lassen,* unseren Atem freier gehen und kommen zu *lassen,* uns auf bis dahin zurückgehaltene Gefühle und Bedürfnisse einzu*lassen,* werden wir ge*lassen.* Unser Bewußtsein erweitert sich so nicht nur bezogen auf unseren Körper, sondern auch im Hinblick auf die uns umgebende Realität. Wir entdecken alternative Wahl- und Entscheidungsmöglichkeiten, wenn wir einengende Fixierungen und hemmende Gewohnheiten aufgeben und mit beiden Füßen auf dem Boden der Realität *stehen.* Wenn wir so im Selbst-*stand,* d.h. selb*ständig,* sind, können wir für etwas ein*stehen*, uns (und andere) aus*stehen*, können *stand*halten und aus unserem *Stand*, unserer Mitte, auf andere und anderes ein*gehen* und zu*gehen* (s. Kap. B. 3).

3. Die Gruppe als lebendiger Organismus

Auch die Gruppe *hat* einen Körper und *ist* ein Körper. Sie *hat* Struktur und *ist* Prozeß. Sie entsteht und vergeht und ist in diesem Sinne ein organisches System. Wie der einzelne Mensch mit seiner inneren und äußeren Realität und allen Lebensphänomenen als Organismus zu betrachten ist, der Energie aufnimmt, umsetzt und entlädt, so sehe ich auch die Gruppe als Organismus, der Energie aufnimmt, umsetzt und entlädt. Ladung und Entladung von Energie stellen einen zusammenhängenden Prozeß dar. Gruppen unter dem *Blickwinkel der Energie* zu sehen mag noch ungewohnt sein, aber die beiden Phänomene sind aus meiner Sicht voneinander nicht zu trennen.

Die Lerngruppe ist ein *dynamisches Beziehungsgefüge*, in welchem der Teilnehmer Teil des Ganzen (Mit-Glied) ist.

Das bedeutet, sich bewußt zu machen, daß die Gruppe erst wird und ist durch das Da-Sein jedes einzelnen. Der einzelne hat nicht nur die Möglichkeit, sondern die *Aufgabe*, sein persönliches Gewicht einzubringen und seinen Platz auszufüllen. Nur indem er aufgeschlossen da ist, seinen Platz einnimmt und ausfüllt, sein Gewicht zur Geltung bringt, leistet er seinen Beitrag zur Dynamik der Gruppe. So trägt jeder das seine zum gemeinsamen Weg und zur spezifischen Be-weg-ung der Gruppe bei.

Ein lebendiger Organismus kann nur dann funktionieren, wenn ein Gleichgewicht, eine *Balance*, zwischen *Energieladung und -entladung* besteht. So wie ein heranwachsendes Kind mehr Energie aufnimmt als abgibt und die überschüssige Energie zum Wachsen nutzt, nämlich für sein Persönlichkeitswachstum, so gehört Energie auch zum Wachstumsprozeß jeder Gruppe. In jeder Gruppe schlummert ein Energiepotential, das es zu wecken und in Bewegung zu bringen gilt. Entladung von Energie verschafft der Einzelperson wie der Gruppe Befriedigung und Lust. Befriedigung und Lust wiederum regen zu verstärkter Stoffwechseltätigkeit an, die sich sofort am tieferen und freieren Atem zeigt.

Wieviel Energie eine Gruppe hat und wie sie sie benutzt, entfaltet oder verfehlt, prägt ihre jeweilige *Biographie*. Manche Gruppen haben mehr Energiepotential als andere. Einige brennen „auf Sparflamme", andere sprühen vor Impulsivität. Einige Gruppen wirken als *„Energiespender"*, andere als *„Energieschlucker"*, andere als *„Energiesauger"*. Eine impulsive Gruppe zum Beispiel ist nicht imstande, steigende Erregung oder Energie zurückzuhalten, und muß den Überschuß so schnell wie möglich entladen. Eine rigide Gruppe dagegen benutzt ihre Energie anders; sie muß Erregung ebenfalls entladen, tut es aber innerhalb starrer Verhaltens- und Bewegungsmuster.

Das Energiepotential der Gruppe ist bestimmt durch die freigesetzte Energie der einzelnen Mitglieder. Je weniger blockierte Teilnehmer, desto besser läuft die Gruppe. Mit anderen Worten: wenn die einzelnen Mitglieder aufgeschlossen, offen, d.h. als ganze Person da sind, fließt kinetische Energie in den Gruppenprozeß. Von den einzelnen Mitgliedern also hängt das Energiepotential der gesamten Gruppe ab. Ob das *Potential in Bewegung* kommt, hängt vom *Prozeß* ab, und die *Prozeßgestaltung* gehört in den Verantwortungsbereich des Gruppenleiters. Seine wichtige Aufgabe ist es, energetische Grundimpulse zu geben im Sinne von „grounding", Arbeit am Selbst-Stand, an der Mitte, Aktivieren des Atems, Wecken der Sinne des einzelnen Gruppenmitglieds (s. Kap. D. 2).

Die potentielle Energie einer Gruppe kommt zum „Tragen", wenn ein gemeinsames *Ziel*, eine gemeinsame *Aufgabe* (Thema) und ein entsprechendes *Gruppenklima* besteht. Wenn es gelingt, das Augenmerk aller auf dasselbe Ziel und dieselbe Aufgabe zu richten, die Gruppe sich also auf ein Thema zentriert, so „sieht" die Gruppe bedeutend mehr als der einzelne, und — was in der Lerngruppe von Bedeutung ist — der einzelne sieht in der Gruppe mehr als allein. *Allein sieht keiner so viel wie alle!* Jedes Gruppenmitglied hat seine individuelle Optik, allerdings auch seine individuellen Wahrnehmungsfilter. In einer Gruppe, die effizient läuft, sind im lebendigen Prozeß mehr Wahrnehmungen, Informationen und kreative Problemlösungsansätze gespeichert als in einem einzelnen Mitglied. Diesem Phänomen liegt die gegenseitige emotionale und gedankliche Stimulierung im Interaktionsgeschehen zugrunde. Wenn jemand sich nicht an der

Gruppenarbeit beteiligt, heißt das, daß die Gruppe ihre Ressourcen nicht optimal verwendet, also nicht effizient ist. In einem solchen Fall ist es unbedingt notwendig, daß die Gruppe in ihrer Arbeit einhält und sich auf sich selbst besinnt, d.h. *ihr eigenes Problem diagnostiziert*. Wer immer ein solches Problem bei sich selber oder bei anderen wahrnimmt, muß es zum Traktandum machen. Die Ermittlung der Gründe solcher Störungen und ihre Beseitigung erweisen sich immer als *produktiver Umweg*.

Wenn der interaktionelle Prozeß in der Gruppe gut läuft, ist das Gruppenpotential größer als die Summe der Energiepotentiale der einzelnen Mitglieder. Schwierige, „schwere" Aufgaben packen wir oft erst an, wenn andere auch bereit sind, sich an der Bewältigung der Aufgabe zu be-teil-igen. Wir spornen uns dann gegenseitig an, unterstützen uns und helfen einander, die Verantwortung zu „tragen". Spezifische Schwächen werden durch spezifische Stärken kompensiert. Gemeinsame Stärken addieren sich nicht, sondern *multiplizieren* oder *potenzieren* sich sogar.

Eine Gruppe ist das, was die Teilnehmer aus ihr machen. Darum ist es für jede Gruppe lebenswichtig, die Verschiedenheit der Teilnehmer zur Geltung zu bringen und je nach Aufgabe fruchtbar zu machen. *Jede Gruppe lebt von der Verschiedenheit ihrer Mitglieder.* Ebenso gilt: *Jede Gruppe lebt von der Gleichwertigkeit ihrer Mitglieder.* Auf dem Boden dieser Grundhaltungen aktiviert die Gruppe ihre Energiequellen optimal.

E. Zusammenfassung

Die Sprache unseres Körpers, unsere *Körpersprache*, ist das ursprünglichste Mittel, dessen wir uns in der interpersonalen und intrapersonalen Kommunikation bedienen. Sie ist unser non-verbaler Ausdruck nach außen und nach innen. Über sie teilen wir uns den anderen mit, über sie erfahren wir aber auch uns selber. Unser Körper „sagt" den anderen und uns selber, wie wir es wirklich meinen.

Unsere Körpersprache ist aber nicht nur ursprünglicher als unsere Wortsprache, sondern auch *unmittelbarer*. Unser Körper drückt direkt und ohne sozial oder kulturell bedingte Filter aus, was und wie wir empfinden und reagieren.

Es ist mir wichtig, diesen non-verbalen Anteil der Körpersprache im Interaktions- und Kommunikationsgeschehen *wahr- und für-wahr-zunehmen*. Erst wenn wir (wieder) lernen, auf die Signale unseres Körpers zu achten und ihre Botschaften zu entschlüsseln, können wir offen und unverkrampft mit uns selber und unserer Umwelt kommunizieren.

Indem wir unsere Wahrnehmungsfähigkeit darauf richten, wie und wo wir uns in unserem Körper zurückhalten, verspannen und blockieren, wecken und schärfen wir unsere Sinne. Wir werden wach für die Vorgänge, die in uns selber, aber auch um uns herum geschehen. Diese Selbst- und Fremdwahrnehmung ernst zu nehmen, sie als realistisch ins Bewußtsein aufzunehmen, bezeichne ich als *Für-wahr-Nehmen*.

Das *Energiepotential*, das in uns angelegt ist, wird durch körperliche Verspannungen, muskuläre Panzerungen, zurückgehalten und angestaut. Zurückgehaltene Energie ist darum gefährlich, weil sie aufgrund äußerer oder innerer Einflüsse plötzlich eruptiv ausbrechen und die betroffene Person und ihre Umwelt erheblich schädigen kann. Nur Energie, die innerhalb von dynamischen Strukturen frei fließt, kann konstruktiv (aufbauend) und kreativ (schöpferisch) sein.

Wenn wir energetisch aufgeladen sind und unsere Lebenskraft (= Energie) frei fließt, laufen alle unsere Lebensprozesse optimal. Wir sind dann bewegt und beweglich, unsere Sinne sind wach, und wir als ganze Person können offen auf andere und anderes zugehen (lat. aggredi = auf etwas zugehen). Der freie Energiefluß äußert sich in fließenden Körperbewegungen, einem klaren Sprechfluß, wachen Augen und offenen Ohren; kurz: Wenn unsere Energie frei fließt, sind wir als ganze Person präsent, gegen-wärtig, klingend und durchklingend (lat. per-sonare = durch-klingen).

Ich gehe von einem *ganzheitlichen Menschenbild* aus. Körper, Geist und Seele bilden das *Ganze der Person* und sind deshalb als gleichwertig und gleichgewichtig anzusehen. Unser Körper ist dabei der Spiegel all unserer geistigen und seelischen Prozesse und unserer ganzen Lebensgeschichte. Umgekehrt wirkt sich unser körperliches Verhalten auf allen Ebenen unserer Person aus. Wir haben also nicht nur einen Körper, sondern wir *sind* unser Körper.

Wie ich von diesem ganzheitlichen Menschenbild ausgehe, betrachte ich auch die *Gruppe als ganzheitlichen, lebendigen Organismus*. Jede Gruppe hat ihr spezifisches „Gesicht", sie ist ein Körper, der durch seine (Mit-)Glieder gebildet wird. Sie ist so bewegt oder unbewegt, so offen oder verschlossen, wie es ihre Teilnehmer sind. Die Energie der Gruppe ist davon abhängig, wie leicht oder schwer die Energie im einzelnen Teilnehmer fließt. Zurückgehaltene Energie äußert sich in trägen, schwerfälligen Gruppenprozessen. Andererseits bewirkt der Austausch frei fließender Energien der Teilnehmer einen Synergieeffekt (2x2=5!), d.h. sie addieren sich nicht nur, sondern multiplizieren oder potenzieren sich. Der Organismus der Gruppe ist mehr als die Summe seiner (Mit-)Glieder.

Wenn eine Gruppe optimal laufen soll, müssen deshalb alle diese personalen und energetischen Gesichtspunkte berücksichtigt werden. Es ist die Aufgabe des *Gruppenleiters*, darauf zu achten, daß jedes Gruppenmitglied in seiner Individualität wahr- und für-wahr-genommen wird. Es ist wichtig, daß das einzelne Gruppenmitglied zu sich selber kommt und lernt, sich selber in der Gruppe zur Geltung zu bringen, d.h. sich selber in der Gruppe Gewicht zu geben. Wenn der Gruppenleiter das Ziel hat, die Lebendigkeit in der Gruppe zu wecken, hat er energetische Grundimpulse zu geben, die das Energiepotential der einzelnen zum Fließen bringen. Durch entsprechende Prozeßgestaltung sorgt er ferner dafür, daß der Energiefluß während des ganzen Gruppenprozesses erhalten bleibt.

Was für einzelne, Gruppen und Gruppenprozesse allgemein gilt, gilt im besonderen für *Lerngruppen und Lernprozesse*. Lernprozesse können nur lebendig und effizient sein, wenn die einzelne Person körperlich, geistig und seelisch, d.h. als *ganze Person* angesprochen, und die Lerngruppe als *ganzheitlicher Organismus* aufgefaßt wird. Die Person kann sich dem Neuen, das im Lernziel erreicht werden soll, nur dann offen zuwenden, wenn sie sich in ihrer körperlich-geistig-seelischen Ganzheit einbringen kann und als solche auch von der Gruppe wahr- und für-wahr-genommen wird. So bekommt das Interaktions- und Kommunikationsgeschehen in der Gruppe die notwendige Dynamik, die es dem einzelnen möglich macht, Neues zu integrieren und danach im Alltag auch umzusetzen.

Literaturverzeichnis

Büntig, W., Das Werk von Wilhelm Reich und seinen Nachfolgern, in: Die Psychologie des XX. Jahrhunderts, Bd. III, Zürich 1977.

Ders., Bioenergetik, in: Corsini, R., Handbuch der Psychotherapie, Bd. 1, Weinheim-Basel 1983.

Dürckheim, K. Graf, Erlebnis und Wandlung. Grundfragen der Selbstfindung, [5]1986.

Hausmann, H., Psychologie des Schmerzes und des Schmerzmittelmißbrauchs, Bern [2]1970.

Dies., Schmerz und Schmerzerleben, in: FortbildK. Rheumatol., Bd. 7, Basel 1985, S. 113-117.

Dies., Körperorientierte Psychotherapie, in: Gazette Medicale / Der informierte Arzt 8 (1987), S. 16-25 (IMP Kommunikation AG, Basel).

Dies., Bioenergetik. in: Jatros Neurologie / Psychiatrie, Referatezeitschrift 1/88 (Universimed Verlag GmbH, Frankfurt).

Keleman, S., Dein Körper formt dein Selbst, München 1980.

Ders., Leibhaftes Leben, München 1982.

Lay, R., Zwischen Wirtschaft und Christentum, München 1986.

Lowen, A., Körperausdruck und Persönlichkeit, München 1985.

Ders., Bio-Energetik, München-Bern 1986.

Molcho, S., Körpersprache, München 1983.

Reich, W., Charakteranalyse, Köln-Berlin 1970.

Sebastian, U., Psychoanalytische Theorie und bioenergetische Analyse, Münster 1983 (MAS-Publikationen).

Speads, C., Atmen, Kösel 1983.

Watzlawick, P., Wie wirklich ist die Wirklichkeit?, München-Zürich 1978.

Irene C. Amann

Geboren 1945. Studium der Theologie, Philologie und Geschichte. 8 Jahre Gymnasiallehrerin in München, Assistentin von Ruth C. Cohn an der Ecole d'Humanité. Ausbildung und Graduierung in Themenzentrierter Interaktion (TZI) bei Ruth C. Cohn und WILL-International. Aus- und Fortbildung in Bioenergetik, Gestalt, somatischer und spiritueller Psychologie. Seit 1979 freiberufliche Einzel- und Gruppenpraxis, Beratung und Fortbildung für Institutionen und Organisationen, zusammen mit J.F. Calm: Institut für individuelle und soziale Wandlung.

Den Körper miteinbeziehen
Aspekte beruflicher Fortbildung mit TZI

Ruth C. Cohn hat uns durch die Themenzentrierte Interaktion einen Weg gezeigt, wie Menschen im Zusammenleben und Zusammenarbeiten mit ihren unterschiedlichen Anliegen und Fähigkeiten auf konstruktiv-menschliche Weise zusammenfinden können. Dieser Impuls rief große Resonanz hervor. Inzwischen ist die TZI in weiten Bereichen der beruflichen Fortbildung bekannt. Im sozialen Bereich und in den Kirchen, in der Lehrerfortbildung und in der Verwaltung, im Bankwesen und in Industrie und Handel werden regelmäßig Fortbildungskurse von ausgebildeten TZI-LeiterInnen gestaltet.

Ich möchte hier anhand einiger Beispiele zeigen, wie wir durch einen körperorientierten Ansatz in der TZI-Arbeit[1] versuchen, den Integrations- und Reifungsprozeß der TeilnehmerInnen zu unterstützen, die Kommunikations- und Konfliktfähigkeit einer Gruppe zu stärken, das kreative und verantwortliche Umgehen mit sachlichen Aufgaben zu vertiefen und so die Axiome und Postulate der TZI in einer Gruppe lebendig werden zu lassen. Der häufige Bezug zur körperlichen Wahrnehmung erweist sich bei TeilnehmerInnen, die in der interaktionellen, erfahrungsbezogenen Gruppenarbeit wenig geübt sind, wie auch bei „Fortgeschrittenen" als hilfreich. Gerade in der beruflichen Fortbildung kommen viele mit hohen Erwartungen (verbunden mit entsprechend großen Ängsten), sicherer in sich selbst und authentischer in ihren Beziehungen zu werden. Das Arbeiten mit dem Körper mit seiner sichtbaren, greifbaren, spürbaren Realität gibt ihnen eine relativ feste Basis auf dem schwankenden Terrain der Gefühle und der Beziehungen.

In körperorientierter TZI-Arbeit sehe ich auch eine gute Möglichkeit, die häufige Spaltung zwischen zukunftsweisenden humanen Lehr- und Führungskonzepten und den eingeschliffenen Denk- und Verhaltensweisen zu überwinden. Oft ist ja das Hauptproblem, daß der in die alten Schläuche gegossene „neue Wein" schnell sauer wird. Trotz Einsicht, Bereitschaft und gutem Willen setzen sich die gewohnten Verhaltensweisen auch innerhalb veränderter Strukturen und Konzepte wieder durch. Zumal viele, ungeachtet der häufig gebrauchten Worte vom „Wertewandel", ohnehin das Altvertraute bevorzugen. So bleibt häufig eine große Diskrepanz zwischen der intendierten „Kultur" und dem realen Verhalten der Beteiligten.

Das Leiden an vielerlei Spaltungen ist sicherlich eines meiner persönlichen Motive, TZI-Arbeit körperorientiert zu gestalten. Oft genug habe ich in Gruppen erlebt, wie Worte, Gefühle und körperliche und soziale Wirklichkeit auseinanderklaffen. Denn wenn das Wort nicht genügend gegründet ist in der emotionalen,

---

1 Seit Jahren forsche und experimentiere ich in diesem Bereich, zunächst verbunden mit meiner Lehr- und Kurstätigkeit bei WILL-INTERNATIONAL und im ODENWALD-INSTITUT, später auch zusammen mit meiner amerikanischen Kollegin JENNY F. CALM im Rahmen unseres INSTITUTs FÜR INDIVIDUELLE UND SOZIALE WANDLUNG.

somatischen und geistigen Realität, verkommt es zu leeren Worten, die nur hungrig machen nach wirklicher „Nahrung" — ein schwacher Abglanz dessen, was möglich ist in einer Begegnung. Bei Ruth C. Cohn habe ich oft fasziniert beobachtet, wie sie mit einem aufmerksamen Blick oder einer kleinen Bemerkung Menschen anregt, ihre Beziehung zu sich selbst oder zu anderen auf einer tieferen Ebene zu begreifen und adäquaten sprachlichen Ausdruck dafür zu finden — als Brücke von Insel zu Insel, wie sie sagt. Ich sehe meine Arbeit als ein dankbares Aufgreifen und Entfalten dessen, was sie mich gelehrt hat.

1. „Schau nach innen, schau nach außen ..."

Viele Menschen wissen nichts davon, wenn ihre Worte ganz andere Botschaften vermitteln als ihr Körper — nicht, weil sie bewußt täuschen wollen, sondern weil sie selbst nicht spüren, was in ihnen vorgeht. Der Realitätssinn für die eigene innere Wirklichkeit und für das, was in anderen Menschen vorgeht, ist bei unseren TeilnehmerInnen oft weniger entwickelt als ihre rationale, organisatorische oder technische Intelligenz und Kompetenz. Deshalb regen wir sie immer wieder an, die physische Wirklichkeit ihres Körpers wahrzunehmen und die Signale, die von dort kommen, zu entziffern. Körperhaltung und -bewegung vermitteln ebenso wie der Zustand unserer Muskulatur, Gelenke und Organe sichere Anhaltspunkte dafür, wer wir sind. In unserem Körper sind unsere Lebensgeschichte und unsere Werthaltung gespeichert, sichtbar und spürbar. Zugleich prägt unsere gegenwärtige körperliche Wirklichkeit auch unser Lebensgefühl und die Art, wie wir unsere Arbeit tun und Beziehungen gestalten.

Daher halten wir im Seminar den Fluß des Geschehens ab und zu gezielt an, um in einer Wahrnehmungspause einen tieferen Zugang zur eigenen inneren Wirklichkeit zu ermöglichen. Den Körper beziehen wir dabei immer ein, auch wenn das für manche TeilnehmerInnen zunächst ungewohnt ist. Schon in der ersten Sitzung unterbrechen wir manchmal das Gespräch und bitten die TeilnehmerInnen, sich für einige Minuten nicht zu bewegen. Ohne das Geringste zu verändern, sollen sie wahrnehmen — als ihre momentane Wahrheit annehmen —, wie sie beim Sprechen und Zuhören dasitzen, wie sie atmen, welche Haltung sie einnehmen. Diese Haltung mag Gewohnheit sein und belanglos erscheinen, aber sie ist verbunden mit Empfindungen, die auf Dauer nicht wegzuleugnen sind, und mit einer bestimmten Weise zu denken und Eindrücke aus der Umgebung aufzunehmen. JedeR andere sieht und reagiert bewußt oder unbewußt darauf.

Fragen sind hilfreich, um die gewohnten blinden Flecken zu erhellen, Fragen wie: „Welche Teile meines Körpers spüre ich jetzt, welche nicht?" — „Wo ist Spannung oder Schmerz, Wärme oder Kälte?" — „Wo fühle ich mich eng oder weit, leicht oder schwer?" — „Wo ist Ruhe, wo Bewegung?" — „Gibt es genügend Platz für meinen Atem?" — „Kann ich das Gewicht meiner Füße auf dem Boden spüren?" — „Was tue ich mit meinem Kiefer und meinem Nacken?" — „Ist mein Gesicht eher angespannt oder gelöst? Wie ist es mit Mund und Augen?"

Wir fragen auch nach der Stimmung, die damit verbunden ist, und nach den Gefühlen, die im Augenblick spürbar oder in dieser Haltung überhaupt möglich sind. Von Anfang an machen wir darauf aufmerksam, daß das „Wie" unseres Da-Seins etwas zu tun hat mit uns selbst, daß wir ununterbrochen unsere Haltung (im doppelten Sinn) gestalten, ob wir davon wissen oder nicht. Auch die Art und Weise, wie wir im Raum und ein Teil der Gruppe sind, gehört dazu und soll bewußt werden: z.B. die Qualität der visuellen, akustischen und intuitiven Wahrnehmung und auch die kommunikative Grundhaltung — ob überhaupt genügend Offenheit (auch im Körper!) da ist, eine Beziehung aufzunehmen zu den anwesenden Menschen und den Sachthemen, eine Beziehung, die fruchtbar werden, in der sich Neues entwickeln kann. Wir sprechen auch die Hindernisse an, die Störungen und Ängste, die leiblich, seelisch und geistig wirken.

Nicht all diese Aspekte berühren wir in der genannten ersten Sitzung. Das würde manche ungeübte TeilnehmerInnen überfordern, vor allem die, die noch wenig von sich selbst wissen und die sich oft mehr über ihr äußeres Tun definieren als über ihr individuelles Sein. Da sind einerseits kleine Schritte und Taktgefühl notwendig, um nicht unnötige Abwehr und Ängste hervorzurufen. Andererseits bedarf es einer längeren, ruhigen Übungszeit, um überhaupt wieder etwas von sich zu spüren und um Behauptungen und Vorstellungen über sich selbst an der phänomenologisch wahrnehmbaren körperlichen Wirklichkeit „überprüfen" zu können. In der besagten ersten Sitzung „erlauben" wir den TeilnehmerInnen nach einigen Minuten, in denen sie wie Madame Tussots Wachsfiguren unbeweglich dasaßen, sich wieder zu bewegen und die eigene Haltung nach Belieben und Bedarf zu verändern, auch ein wenig zu experimentieren damit. Da geht ein Aufatmen durch den Raum. Nicht alle, aber viele verändern die Position ihrer Arme und Beine, vertiefen ihren Atem und setzen sich gelöster als vorher hin. Die Atmosphäre im Raum wird ein wenig freier und wärmer, ruhige Aufmerksamkeit ist spürbar, auch manches Lächeln (wohl über sich selbst) ist zu sehen.

Das geleitete Schweigen hat die TeilnehmerInnen aufmerksam werden lassen auf Gewohnheiten und Zusammenhänge, auf Schutz- oder Verteidigungshaltungen, die ihnen vorher nur zum Teil oder gar nicht bewußt waren. Einige wollen über ihre Einsichten auch sprechen. Ein Teilnehmer, der vorhin noch gesagt hatte, er sei interessiert und aufgeschlossen, hat jetzt gespürt, daß er seinen Mund fest zusammendrückt und seine Kehle eng macht. Ihm wird bewußt, daß er bisher nichts von dem mitgeteilt hat, was ihn wirklich beschäftigt. Ein anderer hatte über zu wenig Entscheidungsfreiheit und Spielraum an seinem Arbeitsplatz geklagt. Jetzt spricht er davon, wie wenig Bewegungs-, Atem- und Spiel-Raum er sich selbst gebe, wenn er in seinem gewohnten Haltungsmuster, mit fest verschränkten Armen und Beinen, verkrampft und hart-näckig dasitze. Auch sein Gesichtsfeld sei dabei recht begrenzt. Eine dritte hatte vorher ihre Vorsicht und Unsicherheit betont. Sie sei noch nie bei solch einem Seminar gewesen und sei überhaupt ängstlich in sozialen Situationen. Ihr werde jetzt deutlich, daß sie eigentlich ganz sicher und ruhig auf ihrem Stuhl sitze, weniger Herzklopfen habe, als sie befürchtet hatte und die anderen TeilnehmerInnen ganz sympathisch finde. Ein anderer hatte etwas großspurig von seiner Gelassenheit gesprochen und sich als „Profi" bezeichnet. Er habe sich in der Wahrnehmungspause der Wahrheit seiner schmerzenden Schultern, die festgehalten und hochgezogen seien, nicht mehr entziehen können. Die Anstrengungen, die er hinter sich habe und die typisch seien für ihn, seien ihm jetzt erst in den Sinn gekommen. Er zeige seinen Kollegen seine „Schwächen" eben nicht so gern.

Durch diese Mitteilungen entsteht eine gewisse Offenheit unter den TeilnehmerInnen. Die authentischen Aussagen öffnen die Türen ein wenig. Die sich als nächste vorstellen und von ihren Erwartungen an dieses Seminar sprechen, tun dies persönlicher und brauchen sich offenbar weniger zu schützen. Jetzt reagieren auch einige auf die, die sprechen — was vorher nicht der Fall war. Sie fragen nach oder ergänzen von sich selbst. Die Interaktion kommt leichter in Fluß, die Themen werden wesentlicher und deutlicher sichtbar.

Solche Wahrnehmungsübungen wirken noch effektiver, wenn wir sie zu gezielter Selbstformungsarbeit (nach S. Keleman) erweitern. Dabei regen wir an, die ursprüngliche Haltung nochmals einzunehmen und durch Übertreiben deutlicher zu machen: z.B. die hochgezogenen Schultern noch höher zu ziehen, die eingekrallten Zehen, den festgehaltenen Atem, das Hohlkreuz, das Zusammenfallen der Wirbelsäule leicht zu verstärken, stufenweise, bis zum Extrem und langsam wieder zu lösen, mehrmals, bis zu dem Punkt, wo es sich „stimmig" anfühlt. Dabei entstehen über die verschiedenen Schichten des Organismus auch ganz unterschiedliche Gefühle und Stimmungen, eine andere Sicht der Welt und eine andere Art, aktiv zu sein oder Beziehung aufzunehmen. Zwischen Über- und Unterspannung entwickelt sich allmählich die erfüllend-erfühlte Mitte. Die Selbstregulierungs- und Selbstheilungskräfte des Organismus können wirksam werden.

Es ist immer wieder erstaunlich, die Auswirkungen zu beobachten, wenn wir im Seminar diese Übungen beharrlich wiederholen, jeden Tag, evtl. in jeder Sitzung, am Beginn oder Ende einer neuen Tätigkeit. Aufgrund der wachsenden Sicherheit über das, was in ihnen vorgeht, können die TeilnehmerInnen ihr Verhaltensspektrum erweitern: Authentizität, Selbstsicherheit und Mut nehmen sichtbar zu, da die Menschen ihre innere Wirklichkeit facettenreicher als gewohnt wahrnehmen. Die wachsende innere Wahrhaftigkeit zeigt auch Auswirkungen auf Arbeitsstil und Kommunikationsweise einer Gruppe. Das Vertrauen wächst, der Kontakt wird ehrlicher und dichter, zeit- und kraftraubende verdeckte Rivalitätsspiele oft weniger nötig, Konflikte faßbarer.

Hierzu noch ein Beispiel:

Zu Beginn der letzten Sitzung eines Tages, nach stundenlangem konzentriertem Arbeiten an Sachthemen erinnern wir die TeilnehmerInnen an das grundlegende Postulat der TZI: „Leite dich selbst, sei deine eigene Chairperson! Schau nach innen, nimm deine existentiellen Gegebenheiten und deine momentane Verfassung wahr, schau nach außen auf die anderen Menschen, den Raum, das Thema, die Umgebung und entscheide dich, was du tun willst; sei in jedem Moment für dich verantwortlich." In einem ausführlichen „geleiteten Schweigen" gehen wir vom Wahrnehmen des Körpers und der Gefühle aus, sprechen den Mut an, die eigene Wirklichkeit in ihrer Vielfalt anzuerkennen, und betonen die Freiheit, zu schweigen oder etwas mitzuteilen.

Einer sonst aktiven, emotional kontrollierten Teilnehmerin, die tagsüber ungewöhnlich zurückgezogen wirkte, hat die Gelegenheit zur Selbstreflexion gutgetan. Bei dem Schweigen habe sie den erstickenden Kloß im Hals, die Spannung im Magen und ihre bis zum Schmerz zusammengebissenen Zähne nicht mehr übersehen können. Sie versuche seit Stunden ihren wachsenden Zorn auf ihren gleichfalls anwesenden Vorgesetzten „im Griff zu behalten" und „wegzudrücken". Zuletzt sei sie so verschlossen gewesen, daß sie kaum mehr etwas zum Thema habe beitragen können. Erst während des Schweigens habe sie die Notwendigkeit gespürt und den Mut gefunden, davon zu sprechen. — Wahrnehmung und Mitteilung ihrer Situation eröffneten schließlich wieder ihre Handlungsfreiheit. Sie verabredete sich mit ihrem Chef zu einem Gespräch, in dem der Konflikt offen angesprochen und eine Lösung gefunden werden konnte.

Wir begegnen in der beruflichen Fortbildung immer mehr TeilnehmerInnen, die neue Wege suchen in ihren Lebens- und Arbeitsstilen, die aufhören wollen, körperlich und seelisch über ihre Verhältnisse (manchmal auch unter ihren Verhältnissen) zu leben. Sie suchen neue Wege in ihrem Karriereverhalten, ihren Eßgewohnheiten, ihrem Umgang mit Alkohol, Essen oder Sport, auch in ihren beruflichen und privaten Beziehungen. Dann helfen ihnen diese Wahrnehmungs-Pausen als notwendige Anstöße zur „Selbst-Leitung". Sie können „aufwachen" aus ihren un-bewußten, automatisch ablaufenden Gewohnheiten und sich an das erinnern, was ihnen eigentlich am Herzen liegt. Denn die überholten Gewohnheiten sitzen so fest in Leib und Seele, daß sie selbsttätig weiterwirken, auch wenn das „Ich" zu neuen Visionen aufbrechen will. — Manche finden für ihren Alltag kleine Eselsbrücken, um wach zu sein im Getriebe. Das Piepsen der Armbanduhr zu jeder vollen Stunde kann eine Anregung sein, die Bäume vor dem Fenster zu bemerken und wieder einmal tief durchzuatmen, eine Gelegenheit, sich kurz nach innen und nach außen zu besinnen, um wieder als ganzer Mensch anwesend zu sein, mit Leib und Seele, schöpferisch und beziehungsfähig.

2. Vertiefung im intensiven Übungsprogramm

Menschen, die ihren Körper jahrzehntelang wie eine Maschine behandelt haben, auf die man nur achtet, wenn sie streikt, brauchen oft Zeit und Geduld, bis sie wieder Zugang finden zu ihrem Organismus. Zu lange haben sie seine Botschaften überhört und seine Stimme allmählich zum Schweigen gebracht. Sie werden erst empfindsam, wenn massive körperliche oder seelische Störungen auftauchen. Für solche Entfremdungszustände genügen die Besinnungspausen zur Schulung des Bewußt-Seins nicht. Intensivere Beschäftigung und Erfahrung ist nötig, um den eigenen Organismus als Lebenssystem, das mit anderen in Beziehung steht, kennenzulernen.

2.1 Entdeckungsreise

In unseren Seminaren bieten wir täglich ein körperorientiertes Intensivprogramm an, unterschiedlich gestaltet, je nachdem, was nötig scheint für die TeilnehmerInnen und den Prozeß der Themen. Es unterscheidet sich von Gymnastik oder sportlichem Training und will diese auch nicht ersetzen. Das primäre Ziel ist nicht, physisch „fit" zu werden, d.h. Muskulatur, Kreislauf und Atmung in Schwung zu bringen und Ausgleich zu schaffen für die gewohnte Zivilisationsträgheit. Sportliche Aktivitäten (wie Wandern, Schwimmen, Laufen, Reiten, Tennis, Radfahren usw.) empfehlen wir für die Privat-Zeit. Es geht auch nicht primär um medizinische Fragen nach Gesundheit und Krankheit. Unser Ziel ist, durch körperorientierte Übung und Erfahrung die innere

Verbindung zu sich selbst zu stützen, so daß Identität, Kreativität und Kontaktfähigkeit wachsen können. Die TeilnehmerInnen sollen greifbar erleben können, daß wir nicht einen Körper haben, der unseren Zielen im Leben mehr oder weniger gut dient, sondern daß wir *ein* leiblich-seelisch-geistiges Wesen *sind*.

Sich selbst von innen zu empfinden, statt nur Vorstellungen von sich selbst und dem eigenen Leib zu haben, ist für viele ein unbekanntes Gebiet. Neu ist ihnen auch, daß Ansichten, Gefühle, Lebenserfahrungen, Charaktereigenschaften und Verhaltensweisen in unwiderlegbarem Zusammenhang mit der körperlichen Wirklichkeit stehen. — Sie als LeserIn brauchen nur einmal Ihre Zähne fest zusammenzupressen, den Nacken ein wenig steif zu machen und den Atem leicht anzuhalten. Wenn Sie jetzt versuchen, jemanden freundlich anzuschauen und zu denken oder zu fühlen: „Du bist mir sympathisch!", wird Ihnen dieser Zusammenhang evident sein.

Im Seminar sind die TeilnehmerInnen oft schockiert über ihre Unbeweglichkeit, über schmerzvolle Verhärtungen in den Gelenken, über Verkürzungen und Verkümmertsein in manchen Geweben, selbst (und vor allem) die sportlich geübten. Es ist immer wieder erstaunlich zu erleben, daß viele Menschen in bezug auf ihren Körper Analphabeten geworden sind. Sie haben ihr organismisches Wissen um sich selbst und damit auch ihre Verbundenheit mit anderem Leben fast verloren, oft zugunsten von Macht, Leistung und Besitz. Das Sein ist zum Haben verkommen, das Da-Sein zum Machen, verhaftet in äußerer Aktion, mit wenig durchfühltem Innenraum, mit wenig Vertrauen zu lebendigen Prozessen, mit geringer Fähigkeit zu Empathie.

Wir versuchen die verschütteten Fähigkeiten in kleinen Schritten wieder wachzurufen. Als wir Kinder waren, hatten wir — noch unbewußt — mehr Zugang zu unseren lebendig-schöpferischen Seiten. Heute ist es eine Entdeckungsreise, die Geduld braucht und den Mut, sich auch mit den eigenen schwachen und unentwickelten Seiten zu konfrontieren, die aber auch reizvoll und aufregend ist. — Meist beginnen wir die Übungsreihe mit dem Wahrnehmen des momentanen Zustands (vgl. Abschnitt 1). Eine skizzenartige Zeichnung, ein „Somagramm", das jedeR von sich selbst anfertigt, kann die präzise Beobachtung unterstützen.

Durch intensive und vielfältige Körperübungen im Sitzen, Liegen, Stehen oder Gehen vertieft sich die Wahrnehmung. Neue Erfahrungen werden möglich: Gelenke und Muskulatur lösen sich aus Starrheit oder Unfreiheit. Pulsieren und Stagnieren, Fluß und Stau kommen ins Bewußtsein. Bewegung offenbart sich als atmender Prozeß. Unbekannte Gebiete, weiße Flecken auf der Landkarte des Körpers beleben sich im Hinspüren, Bewegen oder Berühren. Grenzen werden deutlich und weiten sich. Das alles geschieht in wechselnder Beobachtung von Detail und Gesamtheit, innen und außen, Körper und Gefühl.

Unterschiedliche Fähigkeiten sind zu entwickeln: Aufmerksamkeit im Beobachten, Achtsamkeit und Einfühlungsvermögen im Tun, denkendes und intuitives Finden von Zusammenhängen im ständigen Wechsel vom Einzelphänomen zum Gesamtzusammenhang. Die verschiedenen Daseinsebenen sind in der Wahrnehmung zu trennen und zu verbinden:

— die körperlichen Empfindungen: physisch (Muskeln, Gelenke, Gewebe) — räumlich (Innen- und Außenräume) — energetisch (Fluß und Stau, Ruhe und Bewegung, Fülle und Leere),
— die seelische Ebene mit den einzelnen Stimmungen und Gefühlen, Phantasien, Erinnerungen, Bedürfnissen und der Grundeinstellung zum Leben
— und die geistige Ebene, wo wir denken, beobachten, werten, Schlüsse ziehen, Verbindung zum Unendlichen aufnehmen.

Mit unseren Worten begleiten wir die TeilnehmerInnen auf dieser Entdeckungsreise. Wir regen sie immer wieder an, wach bei dem zu sein, was in ihnen geschieht, statt in Gedanken oder Phantasien wegzuträumen. Je bewußter sie mit ihren geistigen Kräften dabei sind, um so weniger äußeres Tun ist notwendig.

Wir legen den Schwerpunkt dieses Übungsprogramms bewußt mehr auf das „Ich", auf das eigenständige Tun jedes einzelnen Teilnehmers, als auf das „Wir", das Bezogensein zueinander. Denn ein realistisches, fundiertes Zusammenarbeiten entsteht um so leichter, je mehr jedeR einzelne in Kontakt mit sich selbst ist, so daß er/sie aus seiner/ihrer Mitte handeln kann. Umgekehrt hilft natürlich eine entspannte, kooperative Atmosphäre in einer Gruppe auch dem einzelnen Mitglied, zu sich selbst zu finden. Im Seminar tun die TeilnehmerInnen die meisten Übungen für sich alleine, unterstützt durch unsere Anweisungen und durch das

Mit-Tun der anderen (was die Intensität der Erfahrung sehr unterstützt). Partnerübungen bilden oft den Abschluß des Übungsprogramms, den Übergang zum Gespräch in der ganzen Gruppe und die Einleitung eines Sachthemas. Wir beziehen sie erst dann ein, wenn die TeilnehmerInnen zumindest ein wenig innere Beziehung zu ihrem eigenen Körper gefunden haben. Der/die andere soll nicht zum Mittel werden, um Selbst-Bewußtsein und Selbst-Gefühl zu gewinnen (oft genug werden sexuelle Begegnungen dazu mißbraucht). Ein(e) Übungspartnerin kann durch Augenkontakt, Berührung oder Worte Unterstützung, Widerstand und Anregung geben. Es ist auch eine gute Gelegenheit, das Pendeln in der Wahrnehmung zu üben: innen — außen — innen — außen — — —. Daß die TeilnehmerInnen dabei einander näher kennenlernen und einander jenseits der gewohnten verbal-intellektuellen Ebene begegnen, fördert und vertieft auch das gesamte Arbeitsklima im Seminar.

2.2 Organischer Ablauf und Klippen

Bei der Auswahl der Übungen und im Ablauf der Reihe gehen wir von dem aus, was die TeilnehmerInnen unserer Einschätzung nach brauchen und aufnehmen können. Wir knüpfen möglichst an die Themen und Prozesse der übrigen Seminarsitzungen an und bereiten in der Morgen-"Sitzung" oft den Boden für die Themen des Tages.

Beim Üben selbst ermutigen wir die TeilnehmerInnen, sorgsam darauf zu achten, ob ihnen guttut, was wir anbieten, und im Zweifelsfall von unseren Vorschlägen abzuweichen. Solche Unterstützung der Selbstverantwortlichkeit ist bei geleiteten Übungen besonders wichtig. Anregungen von TeilnehmerInnen nehmen wir gerne auf, schwimmen aber auch gegen den Strom der Gruppe, wenn es sachlich notwendig scheint.

Wir sprechen im Übungsablauf sowohl die rechte wie auch die linke Gehirnhälfte an. Die rechte, kreativ-intuitive Hirnhemisphäre ist in unserer Kultur bei vielen zu wenig entwickelt, um den komplexen beruflichen Aufgaben der Gegenwart gerecht zu werden. Von den verschiedenen Möglichkeiten, sie zu fördern, schätzen wir die stark manipulativen, oft mit Musik verbundenen, wenig. Wir ziehen das Arbeiten mit dem Körper, gelegentlich verbunden mit künstlerischen Übungen (Zeichnen, Malen, Arbeit mit Ton) vor. Es ist sehr wirksam und hilft, unser Bewußtsein zu erweitern, ohne uns einer Fernsteuerung, deren Langzeitauswirkungen noch nicht absehbar sind, zu unterwerfen.

Wenn es gut gelingt, wird das Übungsprogramm eine Art Kunstwerk, das im Zusammenspiel von Teilnehmern, Themen und LeiterInnen jeweils neu geschaffen wird. Wesentliche Aspekte des Lebens werden in wechselnden Schwerpunkten erfahrbar und Entwicklungsprozesse gefördert.

Es ruft allerdings auch Widerspruch und Widerstand hervor. Manchmal schaffen wir die Klippen selbst, wenn wir zu wenig im Kontakt sind mit den TeilnehmerInnen, so daß an sich gute Übungen nicht passen und als fremd oder sinnlos erlebt werden. Oder wir über- oder unterfordern die TeilnehmerInnen. Oder wir haben zu wenig darauf geachtet, ob schon genügend Offenheit in der Gruppe da ist, um im doch relativ intimen Bereich des Körpers zu arbeiten. Oder es gelingt uns zu wenig, die enge thematische Verbindung deutlich werden zu lassen.

Schwierig wird es vor allem, wenn in einer Gruppe großes Mißtrauen zwischen den TeilnehmerInnen herrscht. Solange viele sich schützen müssen, ist dieses intensive Üben nicht möglich. Dann können wir nur kleinste Schritte tun, bis sich mehr gemeinsamer Boden und Vertrauen in die neue Erfahrung entwickelt haben. Anderes, Allzumenschliches, begegnet uns hier wie in jeder Art von Seminararbeit: Ungeduld mit sich und anderen, Kritik, Rivalität, Langeweile, Schmerz, Mißverständnisse — das gehört dazu und kann im folgenden Gespräch aufgenommen werden.

Wenn Menschen die gewohnten Pfade verlassen, tauchen Ängste auf. Oft ist nicht faßbar, wovor sie Angst haben, es ist zum Teil einfach die Angst vor dem Neuen, vor der Veränderung. Wir provozieren solche Ängste nicht, wie es in manchen Formen der Körpertherapie üblich ist. Wir arbeiten eher unterstützend und regen an, auf die eigenen Grenzen zu achten, lieber einmal mit einer Übung aufzuhören, wenn sie unangenehm wird. Solch eine Form körperorientierter Arbeit wirkt per se schon angstreduzierend. Wenn trotzdem einmal starke emotionale Bewegtheit entsteht — was durchaus geschieht, wenn Menschen sich auch mit ihren vernachlässigten Seiten konfrontieren —, begleiten wir die TeilnehmerInnen im Sinn der TZI-Arbeit.

Manchmal kommt am zweiten oder dritten Tag (bei einem 5tägigen Seminar) die unter der gewohnten Aktivität versteckte Überstrapazierung als Müdigkeit oder „Abschlaffen" zutage. Dieses Loslassen der Über-Spannung erleben manche als Befreiung, andere als bedrohliches Zusammenfallen. Ängste werden wach: Kontrolle zu verlieren, nicht gut oder stark genug zu sein, um im Beruf bestehen zu können, auch Angst vor Krankheit und Tod. Oft führen solche Erfahrungen zu tiefgreifenden Gesprächen und Themen im Seminar, zu einem Überprüfen überkommener Verhaltensweisen und persönlicher und beruflicher Werte.

2.3 Folgen

Im Laufe eines Seminars finden die TeilnehmerInnen vielfältige Zusammenhänge zwischen ihren gewohnten Lebensmustern und ihrem körperlichen So-Sein. Sie erkennen, wie sie sich täglich neu von ihrer Lebendigkeit, ihrer Intuition, ihrem Mut und ihrer Kontaktfähigkeit abschneiden. Mit der freundlichen Unterstützung der anderen experimentieren sie mit Neuem. Vergessene Körperbereiche wachen auf, manchmal zunächst unter Schmerzen. Die TeilnehmerInnen werden von Tag zu Tag beweglicher, zugleich wacher und gesammelter. Gesichter werden lebendiger, Haltungen verändern sich. Versteckte Fähigkeiten werden sichtbar, ungelebtes Potential aktiviert: Gehemmte zeigen ihre mutig-aggressive Seite, Kühl-Intellektuelle ihre Herzlichkeit; Langsame kommen in Bewegung, weil sie lernen, ihren Widerstand offener zu leben statt insgeheim; Schnelle lernen zu warten und ihre Erregung in sich zu sammeln, statt sofort loszuschießen; Mächtige kommen in Kontakt mit ihrer Angst und stehen auch zu ihrer Schwäche; Ängstliche erleben und zeigen ihre Stärke, Schwache ihre Kraft, Starke ihre Sensibilität.

Das tägliche Intensiv-Programm wirkt sich auf das gesamte Seminar aus. Da wir gezielt im Sinn der „dynamischen Balance" der TZI arbeiten, prägen und fördern die Erfahrungen der einzelnen auch die Zusammenarbeit. Allein die große Unterschiedlichkeit von Menschen in den Übungen und in den Gesprächen darüber so handgreiflich zu erleben, erweitert den

Horizont der TeilnehmerInnen. Menschenkenntnis, Verständnis füreinander und Respekt vor der Eigenheit der anderen wachsen. Eine der Hauptschwierigkeiten in der Zusammenarbeit ist ja oft, daß es schwerfällt, andere in ihrem Anders-Sein zu verstehen und zu respektieren. Zugleich werden Konflikte schneller auf den Punkt gebracht als sonst, und bei der Lösung herrscht größere Flexibilität. Durch die körperorientierte Arbeit scheint die oft so scharfe Grenze zwischen Menschen ein wenig durchlässiger zu werden. Der/die andere wird berührbarer, greifbarer, verständlicher als im bloßen verbalen Gespräch.

Auch die Arbeit an Sachthemen vertieft sich, wird zugleich kreativer und sachlicher. Die oft ermüdenden langen verbalen Auseinandersetzungen, in denen es vor allem darum geht, „ich, ich, ich!" zu sagen, wo die Sache als solche nebensächlich ist, gehen deutlich zurück. Die TeilnehmerInnen wagen zunehmend, zu dem zu stehen, was „stimmig" ist für sie, auch wenn ihre Ideen aus dem Rahmen fallen oder auf Widerstand stoßen. Das kommt ihrer Arbeitsfreude sehr zugute. Sie werden allerdings nicht unbedingt „einfacher", zeigen sich weniger angepaßt, mehr in ihrer Komplexität.

Auf dem Hintergrund einer vertieften Wahrnehmung und eines lebendigen Bezugs zum eigenen Organismus kann bei allen möglichen Themen und Situationen körperorientierte Arbeit die Prozesse unterstützen. In unseren langfristigen Fortbildungskursen für Gruppenleiter und Führungskräfte arbeiten wir gezielt daran, konkrete Themen und Situationen in Gruppen durch körperorientiertes Vorgehen einzuleiten, fortzuführen oder abzurunden. Das Spektrum geht von kleinen, auflockernden Übungen bis zu einem ganzheitlichen Ansatz. Jedes Thema hat mit Leib, Seele und Geist zu tun!

3. Körperorientiertes Vorgehen beim Thema „Aggression und Konfliktlösung"

In der beruflichen Fortbildung ist das Thema „Umgehen mit Konflikten" einer der Dauerbrenner. Viel Verschleiß, Störungen im Arbeitsablauf, persönliche Verletzung und Krankheit liegen hier begründet. Es gilt, die betriebs- und gruppeninternen

Normen wie auch die individuellen Verhaltensweisen zu reflektieren und Entwicklung anzuregen. Ich schildere im folgenden ein Beispiel aus einem Seminar mit Führungskräften.

3.1 Ausgangspunkt und Ziele

Von Anfang an war eines der Hauptthemen der Teilnehmer, wie sie sich in Konfliktsituationen authentisch verhalten könnten. Viele sprachen von ihrer zu großen Zurückhaltung. Scheinbar „vernünftiges" Verhalten sei oft verbunden mit Ohnmacht und Ärger und führe sogar zu Kopf- und Magenschmerzen. Einzelne berichten von impulsivem Zorn, der sie manchmal überwältige und zu Reaktionen führe, die sie selbst nicht mehr verstünden.

Was die Teilnehmer anstrebten und was einigen auch gut zu gelingen schien, war ein „gesundes" Mittelmaß an Bestimmtheit, die Möglichkeit zu eindeutigem „Nein" und auch die Freiheit zu kontrolliert-aggressiven Reaktionen, ohne destruktiv zu werden.

Selbstverständlich kann es bei Themen wie diesen nicht darum gehen, technisch-strategische Lösungen zu finden im Sinne von: Wie bin ich am effektivsten und gefahrlosesten aggressiv, so daß ich unter allen Umständen meine Ziele erreiche? Wir wollen und können auch keine „Rezepte" geben, wie Konflikte zu vermeiden sind (was allerdings die geheime Hoffnung mancher Teilnehmer ist), sondern wir wollen ermutigen zu authentisch-selektivem Verhalten: mit sich selbst und den Arbeitskollegen in Kontakt zu sein, Einfluß zu nehmen und sich beeinflussen zu lassen zugunsten des gemeinsamen Anliegens. So kann ein unterstützendes, aber auch konstruktiv-herausforderndes Klima im Team entstehen. Durch die körperorientierte Arbeit wollen wir vor allem den „direkten Draht" nach innen unterstützen und auch die Erkenntnis der Unterschiedlichkeit von Menschen fördern. So kann sich natürlicher Takt entwickeln, der vielleicht Anregung beim sprachlichen Formulieren braucht, aber sicher in der Empfindung ist.

Mit einleitenden Übungen suchten wir deshalb am dritten Tag des Seminars — als sichtbar war, daß alle Teilnehmer die körperorientierte Arbeit als unterstützend erlebten und wir ein wenig mehr wagen konnten — den Boden für das Thema „Aggression und Konfliktfähigkeit" zu bereiten. „Aggression" wollten wir verstanden wissen als die positive Kraft, die uns auf die Welt zugehen läßt, die mit unserem inneren Feuer und unserem Willen zusammenhängt, mit der wir uns Raum schaffen auf der Welt und gestaltend eingreifen ins Leben, die aber auch zerstörerisch werden kann, wenn wir sie verdrängen oder mißbrauchen.

3.2 Übungsreihe

Die wichtigsten Schritte dieser Übungsreihe waren:

Stehen

Boden unter den Füßen und Aufrechtsein spüren, zwischen Erde und Himmel, zwischen rechts und links, zwischen Vergangenheit und Zukunft (hinten und vorne); Räume innen und außen (auch in Bewegung); die eigene Beweglichkeit ausprobieren im Beugen, Strecken, Drehen, etc.

Ziele: Intensivieren des Kontakts zu sich selbst und den existentiellen Gegebenheiten als Ausgangspunkt und Grundlage für das Folgende.

Stimme dazu

„Ja" und „Nein" in verschiedenen Variationen; bekräftigendes Aufstampfen dazu, Arme und Hände, Kopf, Schultern, Hüfte einbeziehen; ab und zu Augenkontakt zu jemandem. — Unterschiedliches probieren: wie sie es gewöhnlich tun / am liebsten mal tun würden / gar nicht mögen / im Spaß / im Ernst / zum schlimmsten Gegner / zum Hund / zum Kind / laut / leise / bestimmt / verführerisch, usw. — dabei sich allmählich im Raum bewegen, herumgehen, es öfter zu jemandem sagen.

Ziele: Bewußtwerden von Gewohntem, Beobachten von Alternativen, Ausprobieren von Ungewohntem oder Fremdem, eigenes Spektrum wahrnehmen und erweitern im Schutzraum des allgemeinen Spiels; Anknüpfen an die eigene kindliche Spielfreude.

Mit PartnerIn

„Ja — Nein": Versuchen, den/die andereN umzustimmen vom Nein zum Ja und umgekehrt.

Ziele: Im Spiel Selbstbehauptung üben und erleben, welche Reaktionen beim Gegenüber durch eigenes Verhalten hervorgerufen werden; Wiedererkennen von Gewohnheiten, evtl. spontanes Erfinden von bisher Unbekanntem.

Austausch im Partnergespräch
Hier hätten wir gut abschließen können, aber wir fügten noch einen Schritt dazu:

Mit neuemR PartnerIn (körperlich gleich groß und schwer)
Kräfte messen im Arm-Drücken, klare Regeln dabei.
Ziele: Körperliches Kräftemessen vertieft die Erfahrung, daß Aggression mit Nähe zusammenhängt, daß Begegnung dabei geschieht; Kontakt zur eigenen physischen Kraft stärkt Selbstvertrauen und Mut; Widerstand des Partners/ der Partnerin gibt auch Zutrauen zu dessen/deren Stärke; Üben von Kooperation; Erleben der eigenen Grenzen und der Grenzen des/der anderen.

NeueR PartnerIn (jemand, der/die mich reizt)
Ziele: Möglichkeit, Rivalität in der Gruppe konstruktiv und lustvoll zu erleben; neu-bewußte Fähigkeiten auf konkrete Beziehungen im Seminar anwenden, auch im folgenden Kleingruppengespräch.

Austausch in Vierergruppen

Ich muß wohl nicht betonen, daß diese Übungsreihe nicht einfach übertragbar ist auf ein anderes Seminar! Wir entwickeln solche Übungen nach einer Grobplanung immer aus dem konkreten Prozeß mit den jeweiligen Teilnehmern. Denn jedes Seminar ist ein „Original", nie kann eines die Kopie eines anderen sein. Nur so werden wir dem immer neuen Zusammenspiel von Leib, Seele und Geist einer konkreten Gruppe von Menschen gerecht.

3.3 Reaktionen, Auswirkungen, weiteres Vorgehen

Es war schön zu sehen, wie nach anfänglichem Zögern bei vielen die Freude an der Bewegung und am Ausdruck aufkam, wie

Kraft und Unmittelbarkeit im Raum standen, wie Augen zu strahlen begannen, Körperhaltungen sich änderten und Stimmen deutlicher wurden — vor allem bei den Partnerübungen. Die ursprüngliche Lebenskraft, das kreative Potential vieler wurde spürbar. Andere Seiten kamen zum Vorschein als im Gespräch vorher; nur wenige waren zögernd wie immer, einige blühten geradezu auf, aber auch Tendenzen zu Gewaltsamkeit wurden bei manchen sichtbar.

Im nachfolgenden Plenumsgespräch tauschten wir unsere Erfahrungen und Beobachtungen aus. Wir zogen Verbindungen zum Alltag und zu dem, was wir bisher im Kurs miteinander erlebt und erkannt hatten. Auch Erinnerungen an die Kindheit tauchten auf. Das Gespräch war offener und angeregter als vorher, das Vertrauen war gewachsen, direkte Mitteilungen, auch persönliche Feed-Backs, leichter möglich.

Wir setzten das Thema in den folgenden Sitzungen mit Fallarbeit und Rollenspielen fort, ausgehend von konkreten Konflikten und Problemstellungen aus dem beruflichen Alltag der TeilnehmerInnen. Dabei wurden nochmals die gewohnten „vernünftigen", scheinbar sachlichen Verhaltensmuster sichtbar und die dahinterliegenden, oft wenig bewußten Gefühle spürbar. Im Gespräch und im wiederholten Durchspielen fanden die TeilnehmerInnen befriedigende und überzeugende Alternativen. Das in den Übungen erweiterte Erlebnis- und Verhaltensspektrum bildete eine fruchtbare Basis für solche neuen Schritte.

Spätere Berichte zeigten, daß diese ausführliche Arbeit am Thema „Aggression und Konfliktfähigkeit" im Betrieb einiges in Gang gebracht hatte. Einige der „Vorsichtigen" wagten z.B. häufiger, offen Stellung zu nehmen, Konfrontation zu riskieren und auch von ihren Hoffnungen und Visionen zu sprechen. Das wirkte sich sehr positiv auf ihre persönliche Motivation aus und tat — nach anfänglicher Überraschung — auch ihren Mitarbeitern gut. Lange schwelende Konflikte, die viel Lähmung mit sich gebracht hatten, konnten Schritt für Schritt angegangen werden. Umgekehrt lernten einige der „Explosiven", differenzierter zu reagieren und auszusprechen, was in ihnen vorging, bevor es zu spät war. Da viele — auch leitende — Mitarbeiter an einer positiven Umformung des Betriebsklimas interessiert waren, konnte das Denken in Fronten, bei dem viel Kraft in ungelösten

Kompetenz- und Rivalitätsfragen gebunden war, neue Impulse zugunsten eines freieren gemeinsamen Arbeitens an den anstehenden inhaltlichen und strukturellen Fragen gewinnen.

Schlußbemerkung

Wir können die Vision eines menschlichen Zusammenlebens in einer lebensfähigen Umwelt in sichtbar-greifbare Realität verwandeln, wenn wir immer mehr lernen, kompetent mit lebendigen Organismen und Prozessen umzugehen. Jeder einzelne Mensch ist solch ein komplexer, prozessualer Organismus, jedes Tier, jede Pflanze; aber auch jede Gruppe, jedes soziale Gefüge, auch das Wasser, auch die Luft, selbst die Erde als ganze. Die einzelnen Erscheinungsweisen entstehen, verändern sich und vergehen wieder. Was bleibt, ist der ständige Prozeß der Verwandlung, der Metamorphose, in dem jedes Lebewesen sucht, sich zu seinem Wesen zu ent-wickeln.

Je mehr wir uns selbst in unserer lebendigen Prozeßhaftigkeit begreifen, um so mehr gewinnen wir auch Zugang zu der Tatsache, daß wir bezogen sind auf andere Menschen und auf die Erde und den Kosmos als unsere Lebensräume. Wir sind, wie Ruth C. Cohn sagt, zugleich „autonom und interdependent". Ich sehe das Einbeziehen des Körpers in die themenzentrierte interaktionelle Fortbildungsarbeit als einen der möglichen Wege, wie Menschen die Erfahrung vertiefen können, ein freies, verantwortliches Individuum zu sein und sich zugleich im Mit-Fühlen, Mit-Wissen, Mit-Schwingen als ein Teil des Ganzen zu verstehen.

Wenn unser Denken gegründet ist in unserer leibhaften Wirklichkeit, wenn Kopf, Herz und Entschlußkraft zusammenspielen, wenn unsere überholte Vorstellung von Sachlichkeit und Realität sich bereichern läßt durch lebendige und moralische Phantasie, dann können wir im bewegten Miteinander der Entwicklung des Lebens dienen. Dann ist es möglich, daß wir tatsächlich erleben und auch im Handeln sicher davon wissen, daß wir eins sind mit dem Leben um uns. Dann sind unsere humanen Werte gegründet in unserer Erfahrung und können sich verkörpern in zukunftsweisendem Tun.

Literatur

Irene Amann, Der Stoff muß nicht töten, in: F. Sauter (Hrsg.), Humanisierung der Schule, Stuttgart 1983.

Dies./Gerda Quast, Lehrerfortbildung mit Themenzentrierter Interaktion, in: W. Mutzek/W. Pallasch (Hrsg.), Handbuch zum Lehrertraining, Weinheim 1982.

Ruth C. Cohn, Von der Psychoanalyse zur Themenzentrierten Interaktion, Stuttgart 1975.

Dies./Alfred Fahrau, Gelebte Geschichte der Psychotherapie. Zwei Perspektiven, Stuttgart 1984.

Stanley Keleman, Emotional Anatomy, Berkeley 1985.

Ders., Embodying Experience. Forming a Personal Life, Berkeley 1987.

Theodor Schwenk, Das sensible Chaos, Stuttgart 1962.

Matthias Kroeger

Professor für Kirchengeschichte a.d. Universität Hamburg (Schwerpunkt Theologiegeschichte der Neuzeit), (Ehe-)Berater und graduierter WILL-Gruppenleiter, vorwiegend in den Bereichen Seelsorge/Kirchliche Arbeit und (Hochschul-) Didaktik. Veröffentlichung: Themenzentrierte Seelsorge (³1983).

Körpersprache und Körperarbeit in der TZI — eine verbreitete Verwechslung

Sehr oft begegne ich in TZI-Ausbildungsgruppen beim Thema „TZI und Körpersprache" einem Problem, welches ungefähr so lautet: Wie bringt man in TZI-Gruppen, vor allem in solche, die nicht mit TZI, Gruppen- und Körperarbeit vertraut sind, Körperarbeit hinein? Der Abstand zwischen der begrenzten Körper-Aufgeschlossenheit und ambivalenten Körper-Willigkeit solcher „normalen" (Eltern-, Berufs-, Schüler- oder anderer) Gruppen und der vom TZI-angehauchten Leiter empfundenen Notwendigkeit, den „ganzen" Menschen und also den Körper einzubeziehen, ist oft groß. Dabei steht im Hintergrund belastend oft das mißverstandene, aber vielfach empfundene Dogma, zur ganzheitlichen TZI gehöre die Beachtung der „Regel" der Körpersprache

169

und also die Notwendigkeit, Körperarbeit und Körperübungen einzubeziehen. Wer ein richtiger TZI-Leiter sein will, muß das tun und können. Aus diesem vielfach empfundenen Normendruck resultiert entweder ein die Teilnehmer oft überrennender Drang, Körperarbeit doch noch irgendwie einführen zu müssen, oder aber ein ständig schlechtes Gewissen, es nicht zu tun und nicht zu können. „Ich sehe die Verspannung dieser Leute und möchte doch Lockerungsübungen, von denen ich aus eigener (bioenergetischer oder anderer) Erfahrung weiß, wie sehr sie helfen, einführen. Aber ich trau' mich nicht, und ich habe das Gefühl, die Leute würden es ablehnen", so heißt es dann etwa.

Das Gift in dieser undurchschauten und falschen Problemstellung ist die unbesehene Gleichsetzung und verbreitete Verwechslung von Körpersprache und Körperarbeit, von „Körpersprache wahrnehmen und berücksichtigen" und „Körperarbeit (Körperübungen) machen". In diese belastende Unklarheit Licht zu bringen, scheint mir daher die wichtigste Voraussetzung zu sein, um den hier liegenden Knoten zu lösen und sich dem Thema „Körpersprache und Körperarbeit" sinnvoll zu nähern.

Hierzu scheint es mir wichtig, sich folgende Unterscheidung — bei fließenden Übergängen zwischen beiden Möglichkeiten — klar zu machen:

a) Es gibt Gruppen und methodische Settings, bei denen Körperarbeit ohne weiteres möglich ist und erwartet wird. Hier handelt es sich um Gruppen von Menschen, die bewußt aufgeschlossen und willig hierfür sind (wie oft bei unseren WILL-AusbildungsteilnehmerInnen) und die solche Arbeit wünschen und erwarten; es handelt sich um methodische Ansätze, bei denen körperliche Arbeit nahe liegt, dazu gehört, vielleicht auch wegen der Ausschreibung erwartet wird (Tanzgruppen, bestimmte therapeutische Gruppen, u.a. in der Regel wohl auch TZI-Ausbildungsgruppen). Hier gilt es nur, die Frage zu stellen, welche Körperarbeit zum Zustand der Personen, zum Prozeß der Gruppe oder zum Thema paßt, und wie ich diese passende Form finde, variiere, einführe und dosiere. In all diesen Fällen ist die oben beschriebene quälende Ausgangslage „Ich möchte und müßte doch eigentlich Körperarbeit machen, aber die Gruppe scheint es nicht zu wollen, und ich traue mich nicht" nicht

gegeben. Über all diese Fälle und Situationen will ich hier nichts Näheres sagen; über sie gibt es genügend Kurse und Literatur. Mir selber sind hierzu immer wieder zwei Grundgedanken wichtig geblieben, die ich vor Jahr und Tag in den ersten Kursen bei Ruth Cohn lernte: 1. In der TZI sollen sich Spiele und Übungen nicht verselbständigen, sie sollen immer dem Thema und der Auseinandersetzung mit diesem dienen, auf es bezogen bleiben (was natürlich nicht dagegen spricht, zum Ausgleich und zur Lockerung, also eher personen- und prozeß-, nicht aber themenbezogene Übungen einzulegen), und 2. Fertige und feststehende Übungen sind oft eine Gefahr, eben weil sie vorweg feststehen (z.B. aus Büchern entnommen oder aus Erinnerung, weil man da und dort „eine tolle Übung" erlebt hat und sie nun nachmachen möchte) und damit allzuleicht nicht genau zum Prozeß der Gruppe und der einzelnen passen. Daher Vorsicht (denn wir wissen, daß diese Gefahr — zumal in der ersten Zeit des Übens und Lernens im Umgang mit Körperarbeit, Übungen und Spielen — schwer vermeidbar ist)!
Wie gesagt, über all diese Situationen, in denen Körperarbeit stimmig und erwartet, möglich und hilfreich ist, will ich hier nicht schreiben.

b) Die weitaus größere Zahl von Fällen der TZI-Arbeit aber dürfte mit Gruppen vor sich gehen, die nicht vorbereitet und in Körperarbeit und Körperübungen eingeführt sind, die vielmehr an derlei — wenn überhaupt — herangeführt werden müssen, die vielleicht eher abwehrend, z.T. sogar lächelnd oder erbittert ablehnend sind. Ihnen gegenüber bedeutet die innere Norm „Du mußt als gute(r) TZI-LeiterIn Körperübungen machen" von vornherein ein ständiges Schielen auf ein falsches oder vermeintliches Ziel, wodurch die lockere Wahrnehmung und Beziehung in der Arbeit gemindert wird. Der innere Druck jener Norm wird daher immer wieder zu falschen, unstimmigen oder vergewaltigenden Versuchen führen. Der Sinn der TZI ist es nicht, eine bestimmte (noch so gute!) Methode durchzuführen, sondern die Menschen zu fördern und ihnen mit Thema und Struktur Entfaltungsräume („Gedeihräume") anzubieten. Der Sinn der Methode ist nicht die korrekt durchgeführte Methode, sondern die Förderung der Menschen und die methodische Bezogenheit auf sie! Hier liegt oft eine unter der Hand vollzogene Vertauschung von Ziel und Mitteln vor. In all diesen Fällen gilt es, wie Ruth Cohn es sehr präzise formuliert hat, die Signale aus der Körpersphäre zu beachten, die Körpersprache zu hören, sie wahrzunehmen, und dann zu sehen, wie ich diese Wünsche und Signale aus der Körpersphäre aufnehmen und berücksichtigen kann. Das kann durchaus ohne explizite Körperarbeit und ohne Körperübungen geschehen. Es geht um die Einbeziehung der Körpersprache — diese sollen wir immer beachten. Aber es geht nicht unbedingt um Körperarbeit. Die in der Körpersprache ausgedrückten Wünsche und Bedürfnisse können ggfs. auch ganz anders, nämlich ohne Körperübungen aufgenommen und berücksichtigt werden. Das scheint mir die wichtige, hier zu lernende Unterscheidung zu sein. Wo dies beides verwechselt und die Unterscheidung übersehen wird, kommt es schnell zu Verengung der Wahrnehmung und der Leitungsalternativen. Jenem verbreiteten Problemempfinden „Ich müßte doch was mit Körperarbeit machen..." liegt also im Kern ein Mißverständnis zugrunde. Man kann die Wünsche, die sich in der Körpersprache der TeilnehmerInnen ausdrücken, auch ohne Körperarbeit im engeren Sinne aufnehmen und berücksichtigen. Und dies scheint mir mit Menschen, die gegenüber Körperarbeit unerfahren, ängstlich oder abwehrend sind, das allein oder vorrangig Gebotene (denn ich habe kein Recht, sie mit meiner TZI-Doktrin und meiner inneren Norm, als gute(r) TZI-LeiterIn müßte ich Körperarbeit machen, zu belasten und zu ängstigen!) — und es ist möglich! Dies will ich nun zeigen.

Wie also kann ich körperliche Bedürfnisse und Wünsche ohne explizite Körperarbeit berücksichtigen und erfüllen?

Ein Beispiel: Melusine arbeitet mit Ehefrauen von Meistern, die in den Firmen ihrer Männer gewisse betriebliche Aufgaben zu erfüllen haben. Sie unterrichtet sie ca. 20 mal jeweils von 16 bis 21 Uhr. Bis zur Pause (um 19 Uhr) trägt sie im Plenum die schwierigen und langwierigen Stoffe, die bei dieser Fortbildung zu bewältigen sind, vor. Die Frauen wirken nach den vielen Stoff-Informationen und dem langen Hören verspannt, und nach der Abendpause ist „meist der Dampf raus", die Abspannung und die Arbeitsunlust sind groß. Sie möchte daher am liebsten mit bioenergetischen Lockerungsübungen, deren Wohltat sie am eigenen Leibe erfahren hat, entspannen, traut sich aber nicht, denn die Frauen würden dies (so vermutet sie wohl zu Recht) als unsachliche Zeitverschwendung und vielleicht auch als lächerlich ablehnen.

Ich bringe Melusine auf verschiedene Ideen, wie sie 1. das Plenum und das lange Zuhören auflockern, wie sie mit Arbeitspapieren, Kleingruppen und Rollenspielen Bewegung in die Szene bringen kann — wobei entscheidend ist, daß sie sowohl die Kleingruppenarbeit wie das Rollenspiel als sachlich wichtig begründen und einführen kann, damit diese Arbeitsformen nicht als Allotria, sondern als bewährte themenzentrierte Lernform begriffen werden. (Wie solche klare sachliche Aufgabenstellung für die Kleingruppen aussieht, damit die TeilnehmerInnen sich nicht alleingelassen, hilflos und als Opfer von „unsachlicher" „Gruppen-" und „Psycho-Arbeit" vorkommen, ist hier nicht zu beschreiben!) Und wir sprechen 2. davon, wie man anregen kann, nach der Pause in die mit klaren Aufgaben strukturierten Kleingruppen auch Tee, Kaffee, Essen mitzunehmen, und damit automatisch eine lockere Atmosphäre und Entspannung schafft. Wir sprechen auch davon, wie viele verschiedene Gründe der Verspannung es geben kann: nicht nur das lange Zuhören und Aufnehmen des Stoffes im Plenum, sondern z.B. auch die mögliche unausgesprochene oder unbewußte Konkurrenz zwischen den „guten", gescheiten und den weniger leicht begreifenden Frauen, oder Konkurrenzen zwischen den Firmen. Das alles läßt sich zunächst lockern durch die Struktur von Kleingruppen, in denen man einander ausweichen oder auch sich solidarisieren kann, wenn es zum gemeinsamen Besprechen solcher Belastungen möglicherweise nicht oder nur in Grenzen kommt.

Dies sind Beispiele, wie man die Bedürfnisse des abgespannten und angestrengten Körpers, die sich vermutlich in der Körpersprache spürbar anzeigen, berücksichtigen kann, ohne explizite Körperarbeit zu machen. Ruth Cohns Satz heißt ja exakt nicht „mache jeweils Körperübungen", sondern „beachte die Signale aus der Körpersphäre bei dir und bei anderen". Diese Signale lassen sich ganz anders als nur mit Körperübungen aufnehmen und befriedigen. Alles, was entspannt, Bewegung schafft, fröhlich macht und die Atmosphäre verändert, kann so dem Bedürfnis der Körperlichkeit entsprechen. Sei es ein Strukturwechsel, das Sich-Umsetzen zu neuen Gruppen und das Hantieren mit Farbtafeln, sei es die Raumanordnung, Teetrinken, ein Blumenstrauß, sei es die lockere und nicht so ernste Art der Leitung und des Vortrags, sei es die langsam wachsende Verpersönlichung der Themen in den Kleingruppen (so daß, wer will, persönlich werden kann, aber es nicht muß) — alles also, was wohlig, zufrieden und entspannt, oder aber interessant-angespannt und thematisch-aufgeregt macht, gehört hierher.

Gisela, die dabeisitzt in unserer kleinen Arbeitsgruppe (in der wir dies alles besprechen), meint, diese Sicht entlaste sie sehr von dem Druck, als TZI-Leiterin Körperübungen machen zu müssen. Auch habe sie noch nie daran gedacht, Kleingruppen-Struktur oder Teetrinken auf das Thema „Körpersprache" zu beziehen; das habe sie immer in eine ganz andere „Schublade" getan. Unsere ganze kleine Gesprächsgruppe ist vergnügt und entspannt. Ich mache Melusine darauf aufmerksam, daß sie (und wir alle) vergnügt, entspannt und lachend hier sitzen — ohne Körperübungen gemacht zu haben! Auf vielerlei Ebenen, längst unterhalb der Körperarbeit, läßt sich also der unumgehbaren Notwendigkeit des Körperlichen entsprechen. Dies ist der erste Gedankengang.

Bevor ich zu einem zweiten Gedankengang komme, möchte ich, um Mißverständnissen vorzubeugen, folgendes betonen: Ich habe mir das bisher Gesagte nicht zurechtgelegt und es den LeserInnen hier vorgestellt, um Körperarbeit und explizit Körperübungen für überflüssig zu erklären. Wer solche Arbeit erlebt hat, wird sie nicht missen wollen, und sicher bleibt es ein wichtiges Ziel, in die Lebens-, Arbeits- und Verhaltensstile unserer (Un-)Kultur allmählich wieder mehr Körperlichkeit zu integrieren und ihre Diffamierung, als sei sie unsachlich oder naiv oder sonst was, auf Dauer zu überwinden. Aber: die Frage ist, wann sie möglich, hilfreich und für die TeilnehmerInnen akzeptabel ist. Wenn „Körperarbeit" alternativlos die einzig mögliche Berücksichtigung unserer Körperlichkeit und unserer Körpersprache ist, dann lastet ein Druck auf unserer Arbeit, der die Situationen und Menschen differenziert wahrzunehmen nicht fördert, sondern vielmehr — schlechten Gewissens — die Hemmungsgrenzen eher zu verletzen droht. Der Druck kommt dann aus einer mißverstandenen TZI-Doktrin, nicht ohne weiteres aus Bedürfnissen der Menschen und aus Notwendigkeit der Ganzheit. So gesehen, erweitert die deutliche Unterscheidung von Körpersprache und Körperarbeit und die aus ihr folgende Perspektive der nicht-expliziten Körperberücksichtigung unsere Wahrnehmungs- und Verhaltensmöglichkeiten: Ich kann erwägen, wählen und entscheiden, ob und wann ich Körperarbeit anbiete, oder wann ich die Signale der Körpersprache indirekt, aber ebenso bewußt und gezielt einbeziehe. Erst mit dieser Wahl entsteht die Freiheit, und es weicht der das Differenzieren und Wahrnehmen erschwerende Druck. Es gibt genügend Gruppen und Menschen, die Körperarbeit wollen. Ihnen gegenüber gilt all dies nicht. Aber in der Regel herrscht in unseren Breiten noch immer die Hemmung, die mulmige Ambivalenz oder die ängstliche Ablehnung von Körperarbeit vor — und das z.T. aus guten Gründen: denn immer wieder sind m.E. die Angebote krampfhaft und albern. Gerade mit diesen abwehrenden Menschen und unter „normalen" Umständen zu arbeiten, ist aber ein wichtiges Ziel der TZI.

Nunmehr komme ich zu einem zweiten Gesichtspunkt meines Themas, der mir für die Einbeziehung von Körperlichkeit und schließlich auch von Körperarbeit wesentlich erscheint. Dieser zweite Grundgedanke heißt: Es gibt die Notwendigkeit und die Möglichkeit, Elemente körperlicher Expression und Betätigung — ausgehend von ganz kleinen und unscheinbaren, „ungefährlichen" Formen — allmählich einzuführen und zu vermehren. Tut man dies bewußt und planmäßig, so wird der Abstand zwischen „völlig körper-los und körper-unbewußt" zu expliziter „Körperarbeit" und „Körperübungen", der ansonsten sprunghaft groß und darum erschreckend zu überwinden ist (und der mit Recht auch den LeiterInnen Angst und Hemmung macht — denn die Angst weist auf eine reale Gefährdung und Überforderung hin), nicht mehr so groß, der Übergang wird vielmehr allmählich und fließend sein. Auch dieser zweite Gedanken- bzw. Prozeßschritt, der allmählich Offenheit und Vertrauen für die Berücksichtigung körperlicher Elemente schafft, scheint mir für die bei uns notwendige und wachsende Körper-Integration wesentlich zu sein. Wie kann er aussehen?

Melusine war auf einen kleinen Schritt in dieser Richtung schon selber gekommen: Nachdem die Teilnehmerinnen ihre Antworten auf die in den Kleingruppen bearbeiteten Fragen auf bunte Karten geschrieben hatten, heftete sie nicht selber (wie beim ersten Durchgang) diese Karten an der richtigen Stelle der Wandtafel an, sondern ließ die Teilnehmerinnen selber aufstehen und an der Tafel ihre Karten zuordnen. Dies war, wie sie erzählte, völlig ungewohnt und ging daher mit lautem Gekicher und Aufregung vor sich: aufstehen, allein nach vorne gehen, sich zeigen und sich an der Tafel bewähren. Es brachte viel Bewegung in die davor etwas monotone Szene.

Danach sprachen wir über die Möglichkeit, daß die Frauen — ganz themengebunden und daher für sie akzeptabel — in einem Rollenspiel (gleichzeitig im Raum, jeweils in Paaren, daher von niemandem beobachtet!) üben sollten, ihren Männern die Anschaffung eines bestimmten Gerätes plausibel zu machen. Bei der Wiederholung (im zweiten Rollenspiel) sollten sie dann ausdrücklich und energisch ihre Hände und Fäuste benutzen und sich durchzusetzen üben. Auch dies ein scheinbar kleiner Schritt — Muster und Anregung für viele kleine denkbare Schritte, in denen der Körper aktiviert und berücksichtigt werden kann, längst ehe irgendwelche Körperübungen (womöglich noch feststehende, vorgegebene und nicht ganz zum Gefühl der Gruppe passende!) gemacht werden. So kann langsam der Pegel der Bewußtheit des Körperlichen und der Bereitschaft zur Körperarbeit sich heben. In solchen kleinen Elementen wird die Prozeß- und Situationsgerechtheit auch leichter erreicht, und die Distanz zwischen der inneren Situation der Teilnehmerinnen und einer geplanten „Übung" des Körpereinsatzes wird geringer; der Übergang ist leichter zu finden, er belastet und ängstigt weniger. Ist dann dieses Vertrauen in kleinen Schritten grundgelegt, so können vielleicht größere Schritte und Übungen versucht werden (die aber im Verlauf von 20 Einheiten, welche bei Melusine vorgegeben sind, vielleicht nicht erreicht werden. Macht das was?)

Ich fasse zusammen: Die entscheidende Hilfe für das eingangs genannte Problem scheint mir in der klaren gedanklichen Erfassung dessen zu liegen, was jener TZI-Satz „Beachte die Signale aus der Körpersphäre..." meint. Er fordert zu bewußter Aufmerksamkeit auf, läßt aber völlig frei, in welcher Form wir ihm entsprechen. Auch hier gilt der alte Augustinus-Satz „Liebe, und dann tu, was du willst", d.h. sei in Beziehung, nimm wahr und dann tu, was dir einfällt und richtig scheint. So leitet er zur Arbeit auf ständig gleitenden Prozeßübergängen in Gruppen und mit Menschen an. So ist er ggfs. hilfreicher als alle großen und vorgefertigten, noch so guten Übungen und hilfreicher als der mißverstandene Druck, wir müßten als gute TZI-LeiterInnen unbedingt Körperarbeit machen. Die indirekte Berücksichtigung der Körperlichkeit (1. Gedankenschritt) und die Übung kleinster Elemente (2. Gedankenschritt) sind in der Regel das Gegebene, und sie sind eine ebenso große Kunst und Meisterschaft wie die expliziten Übungen. Wer so den Sinn jener Anregung von Ruth Cohn begriffen hat, bleibt in der Aufgabenstellung prozeßnah und kann flexibel entscheiden, wieweit er/sie gehen will. Auch so bleibt jene Anregung der TZI über die Körpersprache — sie ist freilich keine „Regel"!, als welche die TZI-Postulate oft mißverstanden werden — anregend und beunruhigend genug, und das soll sie auch, weil wir ja auf diesem Wege weitergehen sollen.*

---

* Der Beitrag wurde zuerst veröffentlicht in der Zeitschrift „Themenzentrierte Interaktion", 1990, H. 2.

Hanna Wolter und Renate Paula Höfle

Hanna Wolter, geboren 1953. Diplom-Pädagogin und -Psychologin, Zusatzausbildungen in Themenzentrierter Interaktion und Bioenergetischer Analyse. Seit 1977 habe ich Erfahrungen mit den verschiedensten Gruppen und Inhalten sammeln können: in Lehrer-, Schüler-, Elterngruppen, mit angehenden Heilpraktikern und Bundesgrenzschutzbeamten, mit Ausbildern und Mitarbeitern in Betrieben, mit Suchtkranken und ihren Familien, mit Frauen. Themenschwerpunkte sind: Kommunikation, Beratung, Supervision, Körperarbeit. Meine ethische und handwerkliche Basis ist dabei die TZI. Seit 1988 arbeite ich als bioenergetische Analytikerin in eigener Praxis.

Renate Paula Höfle, geboren 1950. Ich bin Diplom-Pädagogin und TZI-Gruppenleiterin. Meine Schwerpunkte sind Kurse für Persönlichkeitsentwicklung und Supervision. Mit körperorientierter Gruppenarbeit habe ich in verschiedenen Fortbildungsphasen Erfahrungen gesammelt. In den letzten Jahren habe ich unterschiedliche Möglichkeiten für den Umgang mit Märchen in der Erwachsenenarbeit entwickelt und erprobt, mit dem Ziel, die Bildersprache der Märchen erfahrbar zu machen.

„Der Eisen-Ofen"

Ein Märchen als Grundlage einer Gruppenarbeit mit dem Ziel, TZI und Bioenergetik zu verbinden

Wir wollen in diesem Artikel eine Gruppe beschreiben, in der wir mit einem Märchen themenzentriert und unter besonderer Berücksichtigung bioenergetischer Elemente gearbeitet haben.

178

Entstanden ist dieses Projekt zum einen aus dem Anliegen von Hanna Wolter, TZI und Bioenergetik in ihrer beruflichen Arbeit als Therapeutin und Gruppenleiterin näher zusammenzubringen und sich ergänzen zu lassen; zum anderen aus der theoretischen und praktischen Beschäftigung von Renate Paula Höfle mit Märchen und Märchenforschung — und nicht zuletzt durch unser beider Interesse und Freude an Märchen.

Eine uns verbindende Erfahrung hatten wir in unserer TZI-Ausbildung gemacht: Entgegen der Intention, daß Körper und Körpererleben in der TZI miteinbezogen werden sollen („Beachte Signale deiner Körpersphäre, und beachte Signale dieser Art auch bei den anderen Teilnehmern!"), merkten wir häufig, daß wir unseren Körpern in TZI-Kursen wenig Aufmerksamkeit schenkten oder uns „Übungen" angeboten wurden, die den Sinn zu haben schienen, uns wieder aufnahmebereit für die nächste Rederunde zu machen.

In der Bioenergetik dagegen geraten Thema und Gruppe leicht in den Hintergrund; die verschiedenen Erfahrungen und Probleme der einzelnen stehen im Mittelpunkt. Unser Ziel war es, unsere positiven Erfahrungen aus beiden Richtungen in unsere Gruppenarbeit mit einem Märchen einzubringen. Das Kernprinzip der TZI, die dynamische Balance zwischen dem einzelnen, der Gruppe und dem Thema sowie das Achten und Fördern der Eigenverantwortlichkeit, bildete die Basis, auf der körperorientierte bioenergetische Elemente das Erleben emotionaler Prozesse ermöglichen und erleichtern sollten.

In der Planung entstand die Idee, sieben Wochen lang mit einem Märchen zu arbeiten. Wir sahen darin die Chance, die Mühsal und Länge einer Suchwanderung im Märchen symbolisch nachzuvollziehen. Das Angebot des Märchens liegt in der Zuversicht, mit der die Märchenhelden/heldinnen ihren Weg gehen und in der darin liegenden Hoffnung auf Veränderung.

Zu Beginn der Märchen wird meistens eine Konflikt- oder Mangelsituation dargestellt, die den Anstoß gibt, daß sich die Hauptfigur des Märchens auf den Weg macht. Dieser Weg ist nicht „märchenhaft" einfach, sondern voller Gefahren. Aber der Märchenheld oder die Märchenheldin geht das Wagnis des Vertrauens in das Gelingen ein und findet immer dann, wenn es nicht mehr weiterzugehen scheint, die not-wendigen Helfer.

Wir wollten die einzelnen Stationen eines Märchens und die Erfahrungen des Märchenhelden/der Märchenheldin auf ihrem Weg körperlich erlebbar und nachvollziehbar machen. Den Erfahrungen konnte dann jede/r eine Woche lang nachspüren und dabei die Parallelen zum eigenen Weg entdecken. Im Nachvollziehen des Märchenverlaufes können Lösungs- und Erlösungswege zunächst in der Phantasie durchgespielt und gewagt werden. Durch das Wirkenlassen der Märchenbilder in der Verknüpfung mit der körperlichen Erfahrung können festgehaltene Vorstellungen und Verhaltensmuster in Bewegung kommen. Der Zuwachs an freigesetzter Vitalität ermöglicht oft ein anderes, neues Umgehen mit den Anforderungen der Alltagsrealität.

Aus diesen Vorüberlegungen entstand folgende Einladung:

ES WAR EINMAL ...

Im Märchen müssen sich die „Heldinnen" und „Helden" oftmals auf den Weg machen, um eine schwierige Aufgabe zu lösen. Sie machen dabei Fehler, bewältigen Gefahren und finden Helfer, bevor sie ans Ziel kommen.

Durch die Bilder und Symbole des Märchens können wir uns ermutigen lassen, unsere Situation neu zu begreifen, den Aufbruch zu wagen und den eigenen Weg zu finden.

Wir wollen an 7 Abenden der Entwicklung eines Märchens nachspüren und die Parallelen zu unserem eigenen Weg suchen.

Neben dem Verstehen der Bilder im Gespräch und dem Spielen von Szenen wollen wir vor allem mit Hilfe von bioenergetischen Körperübungen den Prozeß nacherleben.

Die Gruppe setzte sich zusammen aus acht Frauen und zwei Männern im Alter von 30—55 Jahren. Mit TZI hatten zwei viel, sechs etwas und zwei gar keine Erfahrung. Die Erwartung der TeilnehmerInnen war einerseits, einen neuen Zugang zu Märchen zu entdecken, andererseits äußerten alle ein großes Bedürfnis nach Körpererfahrung, wobei die Koppelung an das Märchen die „Schwellenangst" vor Körperübungen überwinden helfen sollte.

Wir wählten das Märchen „Der Eisen-Ofen" von den Brüdern

Grimm (KMH Nr. 127) aus, weil eine männliche und eine weibliche Hauptfigur auftreten, die sich gegenseitig erlösen, und weil die einzelnen Stationen des Märchengeschehens eine schrittweise Ablösung und Entwicklung beschreiben, die eine Identifikation im körperlichen und seelischen Nacherleben geradezu anbieten.

Der Eisen-Ofen

Zur Zeit, wo das Wünschen noch geholfen hat, ward ein Prinz von einer alten Hexe verwünscht, daß er im Walde in einem großen Eisen-Ofen sitzen sollte. Da brachte er nun viele Jahre zu und konnte ihn niemand erlösen. Einmal kam eine Prinzessin in den Wald, die hatte sich irr gegangen und konnte ihres Vaters Königreich nicht wieder finden; neun Tage war sie so herum gegangen und stand zuletzt vor dem eisernen Kasten. Da fragte er sie: „wo kommst du her und wo willst du hin?" Sie antwortete: „ich habe meines Vaters Königreich verloren und kann nicht wieder nach Haus kommen." Da sprach's aus dem Eisen-Ofen: „ich will dir wieder nach Hause verhelfen in einer kurzen Zeit, wann du dich willst unterschreiben, zu thun, was ich verlange. Ich bin ein größerer Königssohn, als du eine Königstochter und will dich heirathen." Da erschrak sie und dachte: „lieber Gott, was soll ich mit dem Eisen-Ofen anfangen!" weil sie aber gern wieder zu ihrem Vater heim wollte, unterschrieb sie sich doch, zu thun, was er verlangte. Er sprach aber: „du sollst wiederkommen, ein Messer mitbringen und ein Loch in das Eisen schrappen"; dann gab er ihr jemand zum Gefährten, der ging nebenher und sprach nicht, er brachte sie aber in zwei Stunden nach Haus.

Nun war große Freude im Schloß, als die Prinzessin wieder kam und der alte König fiel ihr um den Hals und küßte sie. Sie war aber sehr betrübt und sprach: „lieber Vater, wie mir's gegangen hat! ich wär' nicht wieder nach Haus gekommen aus dem großen wilden Walde, wann ich nicht wär' bei einem eisernen Ofen gekommen, dem habe ich mich müssen dafür unterschreiben, daß ich wollte wieder zu ihm zurückkehren, ihn erlösen und heirathen." Da erschrak der alte König so sehr, daß er beinahe in eine Ohnmacht gefallen wäre, denn er hatte nur die einzige Tochter. Berathschlagten sich also, sie wollten die Müllerstochter, die schön wär', an ihre Stelle nehmen, führten sie hinaus, gaben ihr ein Messer und hießen sie an dem Eisen-Ofen schaben. Sie schrappte auch 24 Stund, konnte aber nicht das geringste herabbringen, wie nun der Tag anbrach, rief's in dem Eisen-Ofen: „mich däucht, 's ist Tag draußen!" Da antwortete sie: „das däucht mich auch, ich meint, ich hört meines Vaters Mühle rappeln." — „So bist du ja eine Müllerstochter, dann geh gleich hinaus und laß die Prinzessin herkommen." Da ging sie hin und sagte dem alten König, der draußen wollte sie nicht, er wollte seine Tochter. Da erschrak der alte König und die Prinzessin weinte; sie hatten aber noch eine schöne Schweinhirtstochter, die war noch schöner, als die Müllerstochter, der wollten sie ein Stück Geld geben, damit sie für die Prinzessin zum eisernen Ofen ging. Also ward sie hinausgebracht und mußte auch 24 Stund schrappen, sie bracht aber nichts davon. Wie nun der Tag anbrach, rief's im Ofen: „mich däucht, es ist Tag draußen!" Da antwortete sie: „das däucht mich auch, ich meint, ich hört meines Vaters Hörnchen tüten!" — „So bist du ja eine Schweinshirten-Tochter, dann geh gleich hinaus und laß die Prinzessin kommen. Und sag' ihr, es sollt' ihr wiederfahren, was ich ihr versprochen hätte, und wann sie nicht käme, sollte alles zerfallen und einstürzen und kein Stein auf dem andern bleiben." Als die Prinzessin das hörte, fing sie an zu weinen, es war aber nun nicht anders, sie mußte ihr Versprechen halten. Da nahm sie Abschied von ihrem Vater, steckte ein Messer ein und ging zu dem Eisen-Ofen hinaus.

Wie sie nun angekommen war, hub sie an zu schrappen und das Eisen gab ihr nach und wie zwei Stunden vorbei waren, hatte sie schon ein kleines Loch geschabt. Da guckte sie hinein und sah einen so schönen Königssohn, ach! der glimmerte, daß er ihr recht in der Seele gefiel. Nun da schrappte sie noch weiter fort und machte das Loch so groß, daß er heraus konnte. Da sprach er: „du bist mein und ich bin dein, du bist meine Braut und hast mich erlöst." Sie bat sich aus, daß sie noch einmal dürfte zu ihrem Vater gehen und der Königssohn erlaubte es ihr, sie sollte aber nicht mehr mit ihrem Vater sprechen, als drei Worte und dann sollte sie wiederkommen.

Also ging sie heim, sie sprach aber mehr als drei Worte, da verschwand alsbald der Eisen-Ofen und war weit weg über gläserne Berge und schneidende Schwerter; doch war der Prinz erlöst und nicht mehr darin eingeschlossen. Darnach nahm sie Abschied von ihrem Vater und etwas Geld mit, aber nicht viel, ging wieder in den großen Wald und suchte den Eisen-Ofen, allein der war nicht wieder zu finden.

Neun Tage suchte sie, da ward ihr Hunger so groß, daß sie sich nicht zu helfen wußte, denn sie hatte nichts mehr zu leben. Und wie es Abend wurde, setzte sie sich auf einen kleinen Baum und gedachte darauf die Nacht hinzubringen, weil sie sich vor den wilden Thieren fürchtete. Als nun Mitternacht heran kam, sah sie von ferne ein kleines Lichtchen, dachte sie, „ach! da wär' ich wohl erlöst", stieg vom Baum und ging dem Lichtchen nach, auf dem Weg aber betete sie. Da kam sie zu einem kleinen alten Häuschen, da war viel Gras um gewachsen und stand ein kleines Häufchen Holz davor. Dachte sie: „ach! wo kommst du hier hin"; guckte durch's Fenster hinein, so sah sie nichts darin, als dicke und kleine Itschen [Kröten], aber einen Tisch, schön gedeckt mit Wein und Braten, und Teller und Becher waren von Silber. Da nahm sie sich das Herz und klopfte an; alsbald rief die Dicke:

„Jungfer grün und klein,
Hutzelbein!
Hutzelbeins Hündchen!
Hutzel hin und her!
Laß geschwind sehen, wer draußen wär."

Da kam eine kleine Itsche herbei gegangen und machte ihr auf; wie sie eintrat, hießen alle sie wollkommen und sie mußte sich setzen. „Wo kommt ihr her? wo wollt ihr hin?" Da erzählte sie alles, wie es ihr gegangen wäre, und weil sie das Gebot übertreten, nicht mehr als drei Worte zu sprechen, wäre der Ofen weg sammt dem Prinzen; nun wollte sie so lange suchen und über Berg und Thal wandern, bis sie ihn fände, da sprach die alte Dicke:

„Jungfer grün und klein,
Hutzelbein!
Hutzelbeins Hündchen!
Hutzel hin und her!
Bring mir die große Schachtel her!"

Da ging die kleine hin und brachte die Schachtel herbeigetragen, hernach gaben sie ihr Essen und Trinken und brachten sie zu einem schönen gemachten Bett, das war wie Seide und Sammet, da legte sie sich hinein und schlief in Gottes Namen. Als der Tag kam, stieg sie auf und gab ihr die alte Itsche drei Nadeln aus der großen Schachtel, die sollte sie mitnehmen; sie würden ihr nöthig thun, denn sie müßte über einen hohen gläsernen Berg und über drei schneidende Schwerter und über ein großes Wasser, wann sie das durchsetzte, würde sie ihren Prinzen wiederkriegen. Nun gab sie hiermit drei Theile [Stücke], die sollte sie recht in Acht nehmen, nämlich drei große Nadeln, ein Pflugrad und drei Nüsse.

Hiermit reiste sie ab und wie sie vor den gläsernen Berg kam, der so glatt war, steckte sie die drei Nadeln als hinter die Füße und dann wieder vorwärts und gelangte so hinüber, und als sie hinüber war, steckte sie sie an einen Ort, den sie wohl in Acht nahm. Darnach kam sie vor die drei schneidenden Schwerter, da stellte sie sich auf ihr Pflugrad und rollte hinüber. Endlich kam sie vor ein großes Wasser und wie sie übergefahren war, in ein großes schönes Schloß.

Sie ging hinein und hielt um einen Dienst an, sie wär' eine arme Magd und wollte sich gern vermiethen; sie wußte aber, daß ihr Prinz drinnen war, den sie erlöst hatte aus dem eisernen Ofen im großen Wald. Also ward sie angenommen zum Küchenmädchen für geringen Lohn. Nun hatte der Prinz schon wieder eine andere an der Seite, die wollte er heirathen, denn er dachte, sie wäre längst gestorben. Abends nun, wie sie aufgewaschen hatte und fertig war, fühlte sie in ihre Tasche und fand die drei Nüsse, welche ihr die alte Itsche gegeben hatte. Biß eine auf und wollte den Kern essen, siehe da war ein stolzes königliches Kleid drin. Wie's nun die Braut hörte, kam sie und hielt um das Kleid an und wollte es kaufen: „es wär' kein Kleid für eine Dienstmagd." Da sprach sie, ja sie wollt's nicht verkaufen, doch wann sie ihr einerlei [ein Ding] wollte erlauben, so sollte sie's haben, nämlich eine Nacht in der Kammer ihres Bräutigams zu schlafen. Die Braut erlaubt' es ihr, weil das Kleid so schön war und sie noch keins so hatte. Wie's nun Abend war, sagte sie zu ihrem Bräutigam: „das närrische Mädchen will in deiner Kammer schlafen." — „Wann du's zufrieden bist, sprach er, bin ich's auch." Sie gab aber dem Mann ein Glas Wein, in das sie einen Schlaftrunk gethan hatte. Also gingen beide in die Kammer schlafen, und er schlief so fest, daß sie ihn nicht erwecken konnte. Sie weinte aber die ganze Nacht und rief: „ich hab' dich erlöst aus einem wilden Wald und aus einem eisernen Ofen, du hast mich erlöst und ich hab' dich erlöst durch ein verwünschtes Schloß, über einen gläsernen Berg, über drei schneidende Schwerter und über ein großes Wasser, ehe ich dich gefunden habe und willst mich doch nicht hören." Die Bedienten saßen vor der Stubenthüre und hörten wie sie so die ganze Nacht weinte und sagten's am Morgen ihrem Herrn. Und wie sie am andern Abend aufgewaschen hatte, biß sie die zweite Nuß auf, da war noch ein weit schöneres Kleid drin, wie das die Braut sah, wollte sie es auch kaufen. Aber Geld wollte das Mädchen nicht und bat sich aus, daß es noch einmal in der Kammer des Bräutigams schlafen dürfte. Sie gab ihm aber wieder einen Schlaftrunk und er schlief so fest, daß er nichts hören konnte. Das Küchenmädchen weinte aber die ganze Nacht und rief: „ich hab' dich erlöst aus einem wilden Walde und aus einem eisernen Ofen, du hast mich erlöst und ich habe dich erlöst, durch ein verwünschtes Schloß, über einen gläsernen Berg, über drei schneidende Schwerter und über ein großes Wasser, ehe ich dich gefunden habe und willst mich doch nicht hören." Die Bedienten saßen vor der Stubenthüre und hörten, wie sie so die ganze Nacht weinte und sagten's am Morgen ihrem Herrn. Und wie sie am dritten Abend aufgewaschen hatte, biß sie die dritte Nuß auf, da war ein noch schöneres Kleid darin, das starrte von purem Gold. Wie die Braut das sah, wollte sie es haben, das Mädchen aber gab es nur hin, wenn sie zum drittenmal dürfte in der Kammer des Bräutigams schlafen. Der Prinz aber hütete sich und ließ den Schlaftrunk vorbeilaufen; wie sie nun anfing zu weinen und zu rufen: „liebster Schatz, ich habe dich erlöst aus dem grausamen, wilden Walde und aus einem eisernen Ofen, du hast mich erlöst und ich habe dich erlöst"; so sprang der Prinz auf und sprach: „du bist mein und ich bin dein." Darauf setzte er sich noch in der

Nacht mit ihr in einen Wagen und der falschen Braut nahmen sie Kleider weg, daß sie nicht aufstehen konnte. Als sie zu dem großen Wasser kamen, da schifften sie hinüber, und vor die drei schneidenden Schwerter, da setzten sie sich aufs Pflugrad, und vor den gläsernen Berg, da steckten sie die drei Nadeln hinein; und so gelangten sie endlich zu dem alten Häuschen, aber wie sie hineintraten, war's ein großes Schloß, die Itschen waren alle erlöst und lauter Prinzen und Prinzessinnen und waren in voller Freude. Da ward Vermählung gehalten und sie blieben in dem Schloß, das war viel größer, als ihres Vaters Schloß. Weil aber der Alte jammerte, daß er allein bleiben sollte, so fuhren sie weg und holten ihn zu sich und hatten zwei Königreiche und lebten in gutem Ehestand.

Wir wollen hier einige Schwerpunkte aus unserer Arbeit mit diesem Märchen vorstellen, um beispielhaft zu zeigen, wie sich thematische Arbeit im Sinne von TZI mit Körperarbeit verknüpfen läßt. Darüber hinaus werden wir, um den LeserInnen exemplarisch das theoretische Verständnis der bioenergetischen Analyse zu verdeutlichen, das Geschehen aus bioenergetischer Sichtweise kommentieren und interpretieren.

Wir begannen mit der Ausgangssituation des Märchens im Nachvollziehen des Mangels und der Not der beiden Hauptpersonen. Das bedeutete zunächst eine Identifikation mit dem Prinzen im Eisen-Ofen.

„Zur Zeit, wo das Wünschen noch geholfen hat, ward ein Prinz von einer alten Hexe verwünscht, daß er im Walde in einem großen Eisen-Ofen sitzen sollte. Da brachte er nun viele Jahre zu und konnte ihn niemand erlösen."

Nach dem nochmaligen Vorlesen des Märchenanfangs forderten wir die TeilnehmerInnen auf, sich mit dem Prinzen zu identifizieren: „Stell dir vor, du bist der Prinz im Eisen-Ofen. Such dir einen Platz hier im Raum, wo dein Eisen-Ofen steht, und finde heraus, welche Haltung zu deinem Eisen-Ofen gehört, und bleibe eine Zeitlang, solange es für dich stimmt, darin sitzen."

Was passierte, war, daß im ganzen Raum Lähmung und Erstarrung zu spüren war. Die „Verzauberung" ließ sich nur durch die „Erlösung" aufheben: „Verlasse jetzt deinen Eisen-Ofen und komm zurück in diesen Raum!"

Im Erleben des Märchenbildes wurde die Begrenzung der eigenen Lebendigkeit als Panzer gespürt, als Lahmheit, Lähmung und Passivität: „Ich fühle mich eingesperrt und gelähmt" und „Ich erlebe den Ofen als Panzer".

Auf der körperlichen Ebene entspricht dem eine Verminderung von Bewegung und Ausdruck. Das Energieniveau ist gering, der Eindruck von Erschöpfung und Schwäche entsteht. Rücken und Schultern sind nach vorn gerundet, die Arme wirken ineffektiv, der Brustkorb ist eingesunken, die Atmung flach, der Kopf hängt. Kontakt und Begegnung wie auch das eigenverantwortliche Sorgen für sich selbst sind nicht möglich. Isolation, Hilflosigkeit und Depressivität werden erlebt, die aggressiven Kräfte sind gehemmt. Hilfe scheint nur von außen möglich, wird auch von dort erwartet: „Ich kann nur auf Erlösung warten."

Der „Gewinn" dieser Haltung wird in der folgenden Aussage deutlich: „Ich fühle mich geborgen und habe die Passivität genossen." Dahinter steht die (unbewußte) Überzeugung: „Die Welt schuldet mir etwas." Im Schutze des Eisen-Ofens gedeihen die Forderungen an die anderen, ohne daß ich mich ihnen stellen und mit ihnen zeigen muß: „Ich sitze aufrecht im Ofen und kann auch noch fordern!" Diese Haltung, die in dieser Gruppe als Reaktionsweise besonders im Vordergrund stand, entspricht in bioenergetischer Sicht der oralen Charakterstruktur.

Eine kurze theoretische Erläuterung: Oralität entwickelt sich in den ersten beiden Lebensjahren. Werden die Bedürfnisse des Kindes angemessen versorgt, so kann das Gefühl wachsen, daß die Welt ein stärkender Ort ist, wo seine Bedürfnisse befriedigt werden. Häufig macht ein Kind (aus den verschiedensten Gründen) andere Erfahrungen: daß seine Bedürfnisse nach Nahrung, Gehaltenwerden und emotionaler Zuwendung nicht oder nicht ausreichend gestillt werden und daß seine eigenen Bemühungen um Bedürfnisbefriedigung (wie zum Beispiel Weinen und Schreien) vergeblich sind. Es fühlt sich einsam, unerfüllt und gewinnt die Überzeugung, daß niemand seine Bedürfnisse befriedigen kann und es selbst zu machtlos ist, um dafür zu sorgen.

Diese tiefsitzenden Entbehrungen und das starke Gefühl der eigenen Hilflosigkeit lassen den oral geprägten Menschen nach Er-Füllung suchen, oft lebenslang. Die eigenen Gefühle und Bedürfnisse stehen im Vordergrund; gleichwertige Beziehungen zu anderen können nur schwer aufgenommen werden. So richtet auch der Erwachsene seine großen Sehnsüchte nach Bedürfnisbefriedigung auf „die anderen", meint geradezu einen Anspruch darauf zu haben und kann doch aufgrund der eigenen Schwäche das, was ihm als Stärkung und Unterstützung angeboten wird, nicht ergreifen und sich einverleiben. Er bleibt also ewig „hungrig".

Solche Erfahrungen sind häufig mit der Person der Mutter verbunden: „Die Hexe, die mich in den Eisen-Ofen verwünscht hat, ist meine Mutter."

Anschließend ging es um das Kennenlernen der zweiten Hauptfigur in der Identifikation mit der verirrten Prinzessin.

„Stell dir vor, du bist die Prinzessin und irrst durch den Wald. Wie fühlt es sich an, verlassen im Wald umherzuirren? Wie gehst du — schnell, stolpernd, langsam ..., was fällt dir ein?" Die Gangarten waren sehr unterschiedlich: stockend, stolpernd, langsam, hastig, suchend. Manche blieben stehen. Die Erlebnisse und Einfälle dazu wurden in der Reflexionsrunde formuliert: „Ich werde so kopflos..." " Ich habe Angst..." „Ich habe das Königreich meines Vaters verloren und habe nie gesehen, daß er eins hat." „In die Irre gehen, bedeutet für mich Suche, Abenteuer und Gefahr." „Als Mann habe ich mich noch nie verirrt gefühlt." „Ich muß mich erstmal hinsetzen und nachdenken."

Die Reaktionen und Erfahrungen der GruppenteilnehmerInnen lassen deutlich werden, wie aus jeweils unterschiedlichen lebensgeschichtlichen Grundmustern heraus eine Situation unterschiedlich erlebt und auf sie reagiert werden kann:
Es kann die Kernüberzeugung aktiviert werden: „Ich gehöre nicht hierher, ich bin nicht willkommen." Die damit verbundenen Ängste, vernichtet zu werden, sollen zum Beispiel durch folgende Mechanismen unter Kontrolle gehalten werden: Rückzug der Lebensenergie in das Körperinnere, Erstarren, Abspalten bzw. Nichtwahrnehmenkönnen der beunruhigenden Gefühle, statt dessen Kontrolle durch den Verstand. Im Gruppengeschehen gehören zu dieser Struktur Stehenbleiben, keine Angst spüren, innerlich „aussteigen".
Eine andere Kernüberzeugung ist: „Es ist niemand für mich da, ich bin verlassen und ganz allein." Hier muß vor allem der Schmerz der Isolation und die Angst vor Leere abgewehrt werden. Dies geschieht dadurch, daß der Körper in einem Zustand von wenig Energie, Schwäche, Hilflosigkeit und Kindlichkeit bleibt, der anderen Menschen signalisiert: „Ich brauche dich, du mußt für mich sorgen." Gegen die Tendenz zusammenzubrechen werden die Knie durchgedrückt, was zu einer ständigen einseitigen Überlastung führt, verbunden mit einer Unterforderung der übrigen am Stehen beteiligten Muskelgruppen. Innerhalb unserer Aufgabe weisen auch Haltungen, Suchen von Augenkontakt, Gefühle von Hilflosigkeit und Angst auf diese orale, in dieser Gruppe vorherrschende Struktur hin.
Die Kernüberzeugungen „Ich muß etwas leisten" und „Ich muß

aufpassen, sonst werde ich verletzt" sind verbunden mit der Abwehr gegen den Ausdruck starker und weicher Gefühle. Erreicht wird dies durch eine allgemeine körperliche Spannung, die sowohl den Gefühlsausdruck kontrolliert wie auch vor der Gefahr schützt, verletzt zu werden. Diese Spannung aktiviert den Körper zu guter Leistung und unterstützt die Strategie des Effektivseins, des Schnellermachens. Hinweise auf diese Struktur geben: Schnellergehen, und das Erleben von „In die Irre gehen" als Herausforderung, als Abenteuer.

An diesen Beispielen wird deutlich, daß unser Verhalten nicht vom Zufall abhängt, sondern durch tiefgreifende Über-Lebensprogramme stark bestimmt wird, die sich auch in Funktion und Ausdruck unserer Körper zeigen. Diesen Übereinstimmungen von lebensgeschichtlichem Hintergrund und gefühlsmäßigem Erleben, körperlichem Empfinden und gedanklichen Überzeugungen versuchten wir im anschließenden Gruppengespräch auf die Spur zu kommen.

Im Märchen trifft die Prinzessin mitten im Wald auf einen sprechenden Eisen-Ofen, der bereit ist, ihr zu helfen, aber auch etwas von ihr fordert.
Beim Vorlesen dieses Abschnittes lag eine spürbare Spannung in der Luft. Da diese Reaktion sich schon am ersten Abend ankündigte, war unser Angebot ein Einzelspiel mit dem Thema: „Meine Begegnung mit dem Eisen-Ofen."
Der Eisen-Ofen wurde durch einen großen Schaumstoffwürfel symbolisiert, hinter dem wir seine Sätze wörtlich vorlasen. Die jeweilige Prinzessin konnte erleben, wie das Angebot des Eisen-Ofens und die damit verknüpfte Forderung auf sie wirkte, und mit ihrem Körper und ihrer Sprache dialogisch darauf reagieren.

Die meisten TeilnehmerInnen fielen in der Konfrontation mit den Forderungen des Ofens in den altvertrauten Mechanismus lang eingeübter Hilflosigkeit und Abhängigkeit, mit der Erwartung, daß andere für sie sorgen. Sie schienen gefangen in Energie- und Mutlosigkeit. Sie waren damit im Einklang mit dem Märchengeschehen, aber im Widerspruch zu ihren eigenen

Hoffnungen und Erwartungen. „Ich wollte unbedingt zu meinem Vater, und wenn ich etwas will, ist mir jedes Mittel recht." „Der Ofen ist auch attraktiv." „So ein schrecklich sturer Klotz, aber er gibt mir einen Begleiter." „Ich kann doch keinen Eisen-Ofen heiraten, aber ich möchte so gern nach Hause."

Eine Teilnehmerin akzeptierte die Bedingung des Eisen-Ofens nicht: „Ich irre lieber weiter, als daß ich auf seine Bedingung eingehe." Eine weitere war zufrieden, weil sie nicht mehr ganz widerspruchslos reagierte: „Ich habe heute anders gespielt, als ich es vor zwanzig Jahren gemacht hätte, und das fand ich toll."

Insgesamt wurden Gefühle von Bedrücktsein, Ärger, Wut und Protest in Körperhaltung und Stimmqualität deutlich, sie konnten aber nicht handelnd aktiviert und ausgedrückt werden, steckten hilflos im Verbalen fest: „Der Eisen-Ofen ist ein Erpresser", und: „Komisch war, daß ich gar keine Wut gespürt habe."

Auch dieses Verhalten, das scheinbar im Widerspruch zur Spannung und zu den ablehnenden Äußerungen am Beginn der Arbeit stand, wird bei der weiteren Betrachtung der oralen Struktur verständlich.

Das Gefühl, von anderen abhängig zu sein, und die Angst, von ihnen verlassen werden zu können, wirken so zusammen, daß alles unterlassen wird, was andere dazu bringen könnte, den Betreffenden allein zu lassen. Empfindungen von Ärger, Wut, Zorn — Gefühle, die in unserer Gesellschaft nicht akzeptiert und als „negativ" bezeichnet werden, aktivieren Ängste, verlassen zu werden. Das allgemein niedrige Energieniveau und die nach vorn gerundeten Schultern machen ein kräftiges Ausdrücken des Ärgers (z.B. durch Schlagen) schwer. Die körperliche Struktur und Befindlichkeit helfen so, die aufsteigenden Ängste in Schach zu halten. Die Energie dieser „mächtigen" Gefühle von Ärger und Wut bleibt jedoch bestehen. Sie wendet sich nach innen und „verwandelt" sich häufig in Mut- und Hoffnungslosigkeit, auch depressive Verstimmung genannt, bis hin zu starken Depressionen. Deren aggressiver, selbstzerstörerischer Charakter wird Außenstehenden sehr deutlich; gleichzeitig fühlen sie sich aufgefordert, für den an Depressionen Erkrankten zu sorgen, ihm zu helfen, ihn nicht allein zu lassen, was nicht selten bei ihnen

Aggressionen hervorruft.

Hierbei handelt es sich zum Teil um die beim anderen unterdrückten, abgespaltenen aggressiven Kräfte, die so scheinbar von außen an ihn herangetragen werden und zum Teil dort bekämpft werden können, zum Teil das Selbstbild eines friedfertigen Menschen stützen, der „zu gut für diese Welt" ist und ohne Schutz von anderen nicht leben kann.

Darauf genau zielt ja das orale Bemühen: nicht verlassen zu werden, jemanden zu haben, der einen umsorgt. Da aber die Ängste weiterhin ihre Wirksamkeit entfalten, müssen immer wieder auch die Gefühle von Ärger und Wut abgewehrt werden. So entsteht eine sich verstärkende Spirale von Hilflosigkeit, Entwertung und Selbstzerstörung. Den Weg heraus kann die Angst weisen: Sie wahr-und ernstzunehmen, zu erkunden und auszudrücken bietet die Chance, Neues zu erfahren, sich seiner selbst-bewußt zu werden.

Diese Chance konnte von den meisten TeilnehmerInnen an dieser Stelle nicht genutzt werden, sie wurde mehr als Risiko gefürchtet und erlebt.

Nachdem die Prinzessin glücklich wieder beim Vater gelandet war und alle Pläne der beiden, eine „falsche Braut" an ihrer Stelle zum Eisen-Ofen zu schicken, gescheitert waren, mußte sie Verantwortung für ihr Versprechen übernehmen und selbst in den Wald gehen.

Das Thema des folgenden Abends war die Ablösung vom Vater, der erste Schritt auf dem eigenen Weg nach dem Abschied von ihm: „Ich muß mich stellen und etwas wagen."

Wir boten eine Körpererfahrung an. Zunächst ging es darum, bewußt zu stehen und den Bodenkontakt zu spüren. „Versucht, den Ausatem sowohl durch die Beine und Füße in den Boden abzugeben als auch durch die Fingerspitzen zum Boden strömen zu lassen." Einige Anregungen zum Stehen sollten Körperempfinden, Gefühle und Gedanken miteinander verbinden, um das Erleben zu intensivieren: „Bewußt stehen — standfest sein — etwas durchstehen — zu mir stehen ..." Dann kam die Aufforderung, einen ersten Schritt ins Neuland zu wagen, den richtigen Zeitpunkt für ihn herauszufinden, ihn ganz bewußt zu erleben und anschließend neue Standfestigkeit zu finden.

Die Körpererfahrungen bei dieser Übung konfrontieren sehr mit der eigenen Stabilität und dem Mut zum Risiko, sich mit seiner ganzen Person einer Aufgabe zu stellen und einen neuen Schritt zu wagen.

Allein das Stehen war für viele schon eine wichtige Erfahrung: „Ich fühlte mich kribbelig und unruhig, der Atem ging nicht aus den Händen heraus." Dieselbe Frau berichtete beim nächsten Mal ganz begeistert, daß ihr diese Übung in der Woche geglückt sei, obwohl sie es für verrückt bzw. unmöglich gehalten hatte, und daß es für sie ein ganz neues Gefühl war. „Ich wollte lieber liegen und keine Schritte gehen." „Innehalten, stillstehen kann auch schlimm sein und sich wie Lähmung anfühlen." Andere TeilnehmerInnen wurden sich ihrer Kompensationsmuster gewahr: „Ich stehe nicht gern, stehe so schwach, darum gehe ich immer" und „Ich kenne eigentlich nur die Ruhe der Erschöpfung, nicht, in Ruhe nur zu *sein*".

Die Herausforderung des Stehens spürte eine Teilnehmerin sehr deutlich: „Es ist nicht so leicht, gerade und aufrecht zu stehen." Daß ein guter Stand, fester Boden unter den Füßen das Gehen nicht ausschließt, sondern mitbedingt, erlebte ein Teilnehmer: „Ich fühlte mich in die Erde gewachsen und konnte trotzdem gut gehen."

Bei einer anderen Frau wurde die „Ursituation" aktualisiert: „Ich fühlte mich wie im Ställchen. Der erste Schritt bedeutet loslassen, bedeutet Mut, ist wie ‚Mutter verlassen', und das heißt, etwas ohne Rückversicherung tun." In dieser Äußerung wird deutlich, wie frühkindliche Entwicklungsschritte und Erfahrungen an Körpererleben gebunden sind und auch noch in unserem erwachsenen Sein für uns Bedeutung haben und mitbestimmen, wie wir im Leben stehen und auf die Welt zugehen.

Auch in der nächsten Aussage wird ein lebensgeschichtliches Muster sichtbar: „Ich hatte eine schwere Last auf den Schultern, und der Schritt fiel mir schwer."

Eine Frau spürte ganz intensiv das Wagnis des ersten Schrittes. „Einen Schritt zu wagen aus einer stabilen Situation heraus, da fühle ich mich sehr zerbrechlich."

Einer Teilnehmerin wurde bewußt, was sie braucht, bevor sie losgehen kann: „Wenn ich lernen will, selber zu gehen, muß ich erstmal wissen, was ich will und wohin ich will." Für eine andere war das Wagnis so groß, daß sie in die Vertrautheit und Sicherheit ihrer Vorstellungen ging: „Ich habe mich wackelig gefühlt und mir Sorgen gemacht: Ich kann doch nicht ohne Koffer reisen." Einer der Männer hatte eine andere Art, mit seinen Ängsten umzugehen, nämlich sein Augenmerk auf das Ziel zu richten: „Ich war erst gerettet, als ich wieder festen Stand fand."

Nach der persönlichen Erfahrung mit den Ängsten und dem Wagnis eines bewußten Schrittes und dem Austausch darüber in der Gruppe bot sich nun vom Verlauf des Märchens her an, auf der spielerischen Ebene das Neuland des aktiven Handelns zu erproben.

Der Prinz im Eisen-Ofen besteht darauf, sogar mit einer Drohung, daß die Prinzessin selbst kommen muß. Die Prinzessin macht so die Erfahrung, daß sie nicht austauschbar ist. Sie muß selbst gehen, sie ist gemeint!

Wir entschieden uns, im Spiel die ganze Szene vom Komplott zwischen Vater und Tochter bis zur Erlösung des Prinzen bzw. dem Wunsch der Prinzessin, noch einmal zum Vater zu gehen, im Zusammenhang erleben zu lassen, um den Kontakt zum Fluß des Märchens nicht zu verlieren.

Vom gesamten Spielverlauf wollen wir hier nur einige Beobachtungen bei der Erlösungsszene vorstellen und sie unter Bezugnahme auf den Märchentext interpretieren.

„Wie sie nun angekommen war, hub sie an zu schrappen und das Eisen gab ihr nach und wie zwei Stunden vorbei waren, hatte sie schon ein kleines Loch geschabt. Da guckte sie hinein und sah einen so schönen Königssohn, ach! der glimmerte, daß er ihr recht in der Seele gefiel. Nun da schrappte sie noch weiter fort und machte das Loch so groß, daß er heraus konnte. Da sprach er: „du bist mein und ich bin dein, du bist meine Braut und hast mich erlöst." Sie bat sich aus, daß sie noch einmal dürfte zu ihrem Vater gehen und der Königssohn erlaubte es ihr, sie sollte aber nicht mehr mit ihrem Vater sprechen, als drei Worte und dann sollte sie wiederkommen."

Die Erlösung wird im Text als ein langer Prozeß geschildert, der sich über mehrere Stunden hinzieht. Im Spiel dagegen ging die Öffnung des Ofens sehr schnell, ohne spür- und sichtbare Anstrengung, so daß sie unglaubwürdig erschien und auch der Erfolg nicht genossen werden konnte.

Der Prinz, ein Mann, blieb bei dieser „Blitzerlösung" mit

verschränkten Armen im Ofen hocken. Er hatte sich für diese Rolle entschieden, weil er wissen und erleben wollte, ob das funktionieren und wie es sich anfühlen würde, wenn von außen ein Loch gekratzt würde und er das geschehen ließe. Es ging ihm alles viel zu schnell, besonders, als die Königstochter ihn trotz seiner abweisenden Haltung zu umarmen versuchte. Er wehrte ihre Freude und Nähe ab.

Durch die Schnelligkeit des Prozesses war es ihm nicht möglich, die Erlösung wirklich zu erleben und dabei zu spüren, was mit und in ihm geschehen könnte, wenn an seinem Eisenmantel, seinem harten Panzer, „gekratzt" würde. Statt dessen sprang er in einen ihm vertrauten Abwehrmechanismus, er spielte nämlich Familienvater. In der Reflexionsrunde sagte die Spielerin der Prinzessin: „Ich habe die Abwehr des Prinzen wohl gemerkt, habe aber mein Gefühl der Unsicherheit übersprungen, weil das Märchen es so verlangt. Das ist in meinem Leben auch oft so."

Dieser Mechanismus ist uns allen vertraut: Je nach unserer „lebensgeschichtlichen Brille" nehmen wir die Realität in bestimmten Aspekten besonders stark wahr — bestätigen uns so immer auch die Richtigkeit unserer Brille und können die zugrundeliegenden Gefühle übergehen, abwehren. Wie, wenn die Unsicherheit ausgehalten würde? Welche Gefühle, Gedanken, Erinnerungen kämen dann?

Das Spiel kam dann so zum Ende, daß der Prinz die Freude der Königstochter stoppte, indem er sie daran „erinnerte", ob sie nicht zu ihrem Vater wolle. Er schickte sie also noch einmal weg, weil er sich einer gelungenen Erlösung noch nicht gewachsen fühlte; für ihn war der Ofen auch ein sicherer und vertrauter Platz gewesen.

Auch die Spielerinnen des Ofens waren enttäuscht über die Kürze des Spiels. Eine sagte: „Ich wollte widerstehen, statt dessen habe ich ganz schnell nachgegeben, und die Erlösung ging viel zu einfach."

Für uns als Zuschauer war es nicht nur ein schnelles Nachgeben, sondern ein aktives rasches Öffnen — sie konnten die Spannung des langsamen Prozesses nicht aushalten. Vielleicht waren sie in ihrer von ihnen selbst gewählten, eher passiven Rolle, „ach, ich spiele auch den Ofen", frustriert gewesen, hatten dann ihre Macht entdeckt und ausgespielt und so der Prinzessin und dem Prinzen deren Prozeß streitig gemacht.

Ähnliche Schwierigkeiten mit der „Erlösung" beobachteten wir beim Spiel des Märchenendes. Dabei stand die Raffinesse der falschen Braut im Vordergrund, die bei der Übergabe des Schlaftrunkes eine Mischung aus symbiotischer Besorgtheit und raffinierter Taktik zeigte, die vielen beklemmend vertraut war. Die endgültige Erlösung in der dritten Nacht fiel ganz knapp aus. Sie wirkte eher unbeholfen.

Was war der Grund, daß die Erlösung so blaß und unlebendig blieb? Auch hier erklärt die orale Orientierung vieles: Die Ausdauer, über einen längeren Zeitraum und gegen Widerstände ein hohes Energieniveau aufrechtzuerhalten, kann nicht aufgebracht werden — der Organismus verfügt nicht über soviel Energie und gibt daher relativ schnell entmutigt auf. Gerade dieser Mechanismus bringt die betreffenden Menschen um das, was sie sich so sehr wünschen: Nähe, Zuwendung und Befriedigung ihrer Bedürfnisse.

Dazu kommt die Überzeugung: „Ich habe ein Anrecht auf ‚meinen' Prinzen; es ist ungerecht, daß ich mich so anstrengen muß!" Ganz deutlich wurde dies darin, daß sich die TeilnehmerInnen anschließend mit der zweiten Braut identifizierten: Die Empörung über die Ungerechtigkeit, daß sie ohne Kleider zurückbleibt, nahm in der Gruppe breiten Raum ein.

Leiden, Suchen, Betrogen- bzw. Verlassenwerden schienen gefühlsmäßig näher und vertrauter zu sein als Finden und Gelingen bzw. die Freude darüber.

Bei der Gesamtbetrachtung des Gruppenprozesses wurde deutlich, daß diese Gruppe mit ihrer vorherrschend oralen Strukturierung den Impuls zur Entwicklung, den das Märchen geben will, nur in geringem Umfang aufnehmen und umsetzen konnte. Abgesehen von sicher mitwirkenden Übertragungs- und Gegenübertragungsprozessen, die hier nicht näher untersucht werden, war unsere Erfahrung, daß die Zusammensetzung einer Gruppe und deren formale Struktur (7 Abende) wesentlich die Möglichkeiten und Grenzen dieser Arbeit mitbestimmten.

Unser Kurs hat den Charakter eines Werkstückes und soll zu eigenen Erfahrungen, zu Widerspruch und Erweiterung anregen. Wir haben hier die körperorientierten Überlegungen und Gesichtspunkte in den Vordergrund gestellt, um das — auch für uns — Neue und Aufregende, nämlich das möglichst ganzheitliche Einbeziehen von Denken-Fühlen-Handeln, deutlich werden zu lassen. Dabei lag der Schwerpunkt eher beim Handeln und Fühlen als beim Sprechen.

An dieser Stelle wollen wir ergänzend noch einige Überlegungen aus der Sicht der TZI skizzieren.

Die dynamische Balance spielte in unseren Vorbereitungen eine große Rolle: die Notwendigkeiten des Themas zu verbinden mit den subjektiven Erfahrungen und Befindlichkeiten der einzelnen und dem Beziehungs- und Kräftespiel in der Gruppe. Konkret: Das Märchen war unser Oberthema (Es), die einzelnen Themen und Aufgaben bezogen sich daher auch sehr direkt auf das Märchengeschehen. Erfahrungen und Erleben der verschiedenen TeilnehmerInnen (Ich) hatten nicht nur im Nachvollzug des Märchens Platz, sondern auch in den Anfangsrunden und den Auswertungsgesprächen, wo sie zur Gruppenbildung (Wir), beispielsweise über das Gefühl von Solidarität, beitrugen. Der Globe, das Umfeld, vor allem der der einzelnen Gruppenmitglieder, war in den Anfangsrunden immer präsent, wenn Märchen- und Alltagsrealität, für alle in der Gruppe sichtbar, bei den TeilnehmerInnen sich gegenseitig beeinflußten und zusammenwirkten.

In der Planung wie auch an den Gruppenabenden selbst war uns das Einbeziehen des Prozesses wichtig. Zum einen ging es um den Prozeß der einzelnen wie auch um den der gesamten Gruppe. Dabei spielte die Zusammensetzung der Gruppe und die sich daraus ergebende Psychodynamik, hier die orale Orientierung, eine große Rolle. Zum anderen ging es uns um den Prozeß, den das Märchen als Entwicklungsweg beschreibt. Unser Anliegen war es, anzuregen, sich selbst und das eigene Leben bewußter wahrzunehmen, auch mit den „unerlösten", schwierigen Anteilen, einen gelasseneren, akzeptierenderen Umgang damit einzuüben und sich — durch die Möglichkeiten, die das Märchen aufzeigt —

anstoßen zu lassen, mehr Eigenverantwortung und Selbständigkeit zu wagen.

Ermutigt und bestärkt in unserem Anliegen hat uns insbesondere das Buch „Wege zur Autonomie" von Verena Kast (München 1988), in das sie auch das Märchen „Der Eisen-Ofen" aufgenommen hat. Ihrer Deutung verdanken wir einige wichtige Impulse zum Verständnis des Märchens.

Ulrich Sollmann

Geboren 1947. Sozialwissenschaftler, Gestaltpsychotherapeut und bioenergetischer Analytiker. Arbeitet seit 1975 psychotherapeutisch in Bochum, als Lehranalytiker für Gestalttherapie und bioenergetische Analyse und leitet Körperseminare/Trainingsprogramme. Seit mehr als zehn Jahren befaßt er sich praktisch und theoretisch mit der Wechselbeziehung zwischen persönlichem Streßerleben/Streßhaltung und den umgebenden, streßauslösenden Bedingungen. Er hat die Entwicklung und Anwendung des bioenergetischen Trainings im nichttherapeutischen Bereich als Gesundheitstraining gezielt erprobt: im Sport, in der Rehabilitation, mit Lehrern, Führungskräften, in Firmen und Organisationen. Er ist Autor verschiedener Publikationen zu diesem Thema und lehrt im Bereich Psychologie/Sport an der Universität.

Bioenergetische Arbeit in einer Gruppe an Krebs erkrankter Frauen
Der stille Schrei

Die Geschichte dieser Gruppe von brustkrebserkrankten Frauen, die bereits die Operation hinter sich hatten, beginnt bei einem Vortrag, den ich im Rahmen der Rehabilitation an einer Klinik gehalten habe. Ich versuchte aus der Sicht der Bioenergetischen Analyse, die Wechselwirkungen von körperlichen Prozessen und persönlichem Erleben auf dem Hintergrund der Erkrankung ins

Gespräch zu bringen. Mir ging es darum, die Frauen neugierig zu machen hinsichtlich ihres eigenen Körpererlebens und ihrer lebensgeschichtlichen Körpererfahrung. Im Anschluß an den Vortrag begannen sie in Eigeninitiative eine Bioenergetikgruppe mit mir, um sich praktisch mit ihrem Körper zu befassen.

Die Bioenergetische Analyse ist „ein Weg, die Persönlichkeit vom Körper und seinen energetischen Prozessen her zu verstehen". Meine Idee im Seminar war es, folgendes zu erreichen:

* die eigene Persönlichkeit körperlich zu erleben und zu verstehen;
* die Funktionen der eigenen Persönlichkeit zu verbessern durch die Mobilisierung der Energie, die durch muskuläre Verspannungen gebunden ist;
* die eigene Kapazität zu erhöhen, Spaß und Lebenskraft zu erleben;
* sich durch Teilidentifikation in der Gruppe authentischer darzustellen und durch andere ermutigen zu lassen.

Frauen, die die Ärmel hochkrempeln

Die Gruppe besteht aus 15 Patientinnen, zwei Gymnastiklehrerinnen, einer Pastorin und dem behandelnden Arzt. Die Prognose der Frauen ist, laut ärztlicher Aussage, äußerst gut.

Zu Beginn stellt sich jede(r) der Gruppe vor, indem sie/er etwas über ihre/seine Krankheit berichtet, ihr/sein Alter nennt, die Kinderzahl und einen eher zögernd und zumeist undifferenziert geäußerten Wunsch an die Arbeit in der Gruppe. Die Atmosphäre ist locker. Die Frauen wirken aufgeschlossen. Sie fühlen sich pudelwohl. Einige sind berufstätig. Alle fühlen sich durch den anwesenden Arzt gut operiert und nachbehandelt. Die Atmosphäre ist wie in einer Turnstunde. Es wird gelacht und man ist neugierig auf die bioenergetischen Körperübungen.

Ich berichte kurz von meiner Arbeit, meinen Erfahrungen und meinem Anliegen in dieser Gruppe: mit diesen Frauen die persönliche Körperwahrnehmung zu üben, neue Körpererfahrungen zu ermöglichen und die Verbindung von Körpererfahrung und Gefühl ins Gespräch zu bringen.

In der Reaktion der Frauen auf die Vorstellungsrunde und

meiner geäußerten Zielsetzungen scheint sich ein Spannungsverhältnis zwischen zwei unterschiedlichen Ansichten zu entwikkeln. Einige Frauen wünschen sich, sensibler für die Vorgänge im Körper, für ihre Gefühle und den Austausch mit anderen zu werden, während andere daran interessiert sind, daß ihr eigener Körper stärker, widerstandsfähiger wird. Ich frage mich auf dem Hintergrund meines Wissens um die Krankengeschichten der Frauen, ob der Wunsch nach Sensibilität auf diesem Hintergrund und dem der spezifischen Körperbehandlung in den medizinischen Einrichtungen nicht das unbewußte Bedürfnis versteckt, sich zu bedauern, innerlich zu trauern und um Stütze zu bitten.

Als ich den Wunsch nach Stärke und Widerstandsfähigkeit bei den Frauen bemerke, bin ich mir zunächst im unklaren: ob sich nicht gleichzeitig dahinter die Tendenz verbirgt, sich Mut zu machen, die Neigung, „die Ärmel hochzukrempeln", aber dabei die Gefühle, die mit dieser spezifischen Krankheit verbunden sind, zu unterschätzen. Trotz der unterschiedlichen Wünsche und Erwartungen sehe ich eine gemeinsame Ebene, um zu beginnen. Man will Körperübungen machen, um den Körper zu spüren, differenzierter wahrzunehmen und sich auf dem Boden der Körpererfahrung auf die eigene Erkrankung zu besinnen. Ich sehe mich vor die Frage gestellt, allgemein-körperlich vorzugehen oder krankheitsspezifisch einen Zugang auszuwählen. Ich beginne mit einem allgemeinen bioenergetischen Aufwärmtraining, bin dabei vorsichtig und wachsam, um die Belastbarkeit, Bewegungsfähigkeit und Resonanz seitens der Frauen nicht aus dem Auge zu verlieren.

Bioenergetisches Aufwärmen

Das bioenergetische Aufwärmtraining besteht aus spezifischen Lockerungs-, Anspannungs- und Entspannungsübungen, Atem- und Bewegungsübungen und der Möglichkeit des Nacherlebens. Diese Eingangsphase in der Körperarbeit ist sehr wichtig. Das Dehnen, Strecken, Belasten, Bewegen, Zittern und Vibrieren hilft, den Körper zu spüren, sich selbst wahrzunehmen, andere in ihrem Körperausdruck zu beobachten und Gefühle zu spüren. Die Frauen und Gymnastiklehrerinnen berichten, daß die Übungsstunden in der Klinik in der Regel bekömmlich sind. Sie verbessern die Kondition, lockern Verspannungen im Schulter-Nacken-Bereich und stärken die Wirbelsäule. Auf dem Hintergrund meines ersten Eindrucks und den Informationen über die Übungsarbeit in der Klinik entscheide ich mich in der ersten Sitzung, dem Vertrautwerden miteinander über die bioenergetische Körpererfahrung einen breiten Raum zu geben. Obwohl die Frauen sich kennen, gebe ich ihnen die Gelegenheit, sich auf eine unübliche Art, nämlich nur durch den Körperausdruck und den Körperdialog selbst zu spüren, die anderen zu sehen und miteinander körperlich zu kommunizieren. Mir dient diese Phase gleichzeitig dazu, diagnostisch die körperliche Verfassung der Frauen auf dem bioenergetischen Hintergrund zu beurteilen. Mir ist es daher besonders wichtig, zu erfassen, wie die Frauen atmen, wie sie auf ihren Beinen stehen, wie beweglich sie sind, wie sie meine Übungsanleitungen ausgestalten und welche Stimmung sich im Kreis der Gruppe auszubreiten beginnt.

Ich schlage den Frauen vor, im Raum herumzugehen und sich auf unterschiedliche Art zu spüren, den Körperausdruck der anderen Frauen wahrzunehmen, sich auf unübliche Art dem anderen gegenüber körperlich zu nähern und in einen nonverbalen Austausch zu treten. Diese Erfahrung macht viel Spaß und bringt die Frauen in Bewegung. Sie scheinen glücklich und gelöst zu sein, nicht mehr nur rumsitzen zu müssen und zu reden. Die Frauen wirken offen, neugierig, aber doch vorsichtig in der unüblichen Kontaktaufnahme. Anschließend berichten sie gerne von dem, was sie dabei erlebt haben. Die Körperwahrnehmung ist also mit Gefühlen verbunden. Die Frauen wirken aufmerksam und sind aber trotz situativem Spaß und Lachen eher verhalten und ernsthaft.

Ich bin darüber erstaunt, daß die Frauen meinen Vorschlägen, nämlich bestimmte Übungen zu machen, derart gewissenhaft folgen und während der Übungen nicht „einfach nur rumquatschen“. Sie wirken neugierig und leicht „risikofreudig“ auf mich. Und doch kann die lockere Atmosphäre nicht über die deutlich spürbare Zurückhaltung auf der körperlichen Ebene hinwegtäuschen. Man kennt sich, man tauscht sich aus, aber man scheint sich körperlich fremd zu sein. Fremd, indem man sich gegenübertritt, ohne die Möglichkeit des sofortigen Gesprächs zu haben, Ratschläge, Tips und Hilfen auszutauschen.

Die bioenergetischen Belastungs- und Aufbauübungen zeigen mir, daß die Frauen mitzumachen bereit sind. Es wird deutlich, daß die Schultern, der obere Brustbereich und die Beine verspannt sind. Viele Frauen schließen bei den Übungen die Augen und/oder beißen mit den Zähnen fest aufeinander. Ihre Atmung ist bei Anstrengung flach und verhalten. Aggressionsübungen bzw. Übungen, die mit heftigem Bewegungsausdruck verbunden sind, rufen Spaß hervor. Die Frauen freuen sich über ihr Körpergefühl. Sie stehen gut auf dem Boden, wirken vielfach entspannt und gleichzeitig wach. Eine Frau drückt in ihrer Rückmeldung die Stimmung vieler anderer aus. Sie ist glücklich und sagt: „Ja, ja, sonst ist immer die Pflicht!"

Körpererfahrung gleich Grenzerfahrung?

Ich mache die Übungen selbst mit und ermutige, auch anstrengende Übungen durchzuführen. Dabei bin ich überrascht über die Belastbarkeit der Patientinnen. Nur fällt mir auf, daß der Umgang mit der Schmerzgrenze sich unterschiedlich gestaltet. Entweder beendet man die Übung, lange bevor es wirklich anstrengend und schmerzhaft wird, oder die Schmerzgrenze wird ganz plötzlich überschritten. Man ist dann überrascht und wirkt wie eingefangen durch den körperlichen Schmerz.
Trotz meiner Ermutigung, den Grenzbereich des Schmerzerlebens zu erkunden, auszuloten und bewußt zu erleben, kann dem im praktischen Tun während der Übung nicht gefolgt werden. Man ist entweder zu vorsichtig oder dem Schmerz ausgeliefert.
Die Frauen legen sich zu Ende der Sitzung hin. Sie sind ruhig, wirken kraftvoll, klar, fest und selbstbewußt. Sie scheinen beteiligt, neugierig und glücklich über die Körperübungen/Körpererfahrung zu sein.
Ich bin überrascht über die hohe Belastbarkeit der Patientinnen, aber auch ratlos wegen der Vorsicht der behandelnden Personen und medizinischen Institutionen im Umgang mit Krebskranken. Ich frage mich, wie vorsichtig und umsichtig man die Frauen körperlich fordern dürfe. Liegt nicht etwa eine Gefahr darin, die Art und Schwere der Erkrankung der Frauen unbewußt als Bremse zu nehmen, um sie letztendlich körperlich „nicht für voll

zu nehmen"? Ich denke dabei nicht an den körperlichen Genesungsprozeß nach der Operation und das heilgymnastische Üben, sondern an das Selbstvertrauen in die eigene körperliche Kompetenz: nämlich den Körper zu erkunden, zu erproben, Grenzen zu erweitern, körperlich zu spielen, um körperliche Vorgänge und das Gefühlserleben miteinander zu verknüpfen.

Ist meine Sorge voreilig und basiert sie auf mangelhaften Informationen? Mehr und mehr werde ich neugierig und möchte der Vermutung und der Frage nachgehen, ob nicht durch zu große Vorsicht im postoperativen Bereich die Entwicklung von Körperkompetenz bei den brustkrebserkrankten Frauen beeinträchtigt, eingeschränkt und gebremst wird. Auf jeden Fall bin ich der Meinung, daß in dieser Phase der Behandlung Schritte und Konzepte entwickelt werden müssen, die über das Angebot von gymnastischen Übungssequenzen entschieden hinausgehen. Die Frauen müssen maßvoll — aber eindeutig — gefordert werden, um den Spielraum auszuloten, selbst wieder Verfügung über ihren Körper zu erlangen.

„Das kleine Kind von damals"

Gleich zu Anfang der Abendsitzung berichtet eine Frau, daß sie nach den Übungen der ersten Sitzung gewisse Atembeschwerden verloren hätte und die Spannungen im Schulter-Nacken-Bereich nicht mehr schmerzen würden. Ich sehe an der Mimik und Reaktion der anderen Frauen, daß sie entweder ähnliche Erfahrungen gemacht haben und/oder Zuversicht und Mut bekommen, weiterzugehen, um ähnliches zu erleben. Obwohl die Auswirkung durch die Arbeit in der ersten Sitzung vom Bioenergetischen her keine große Tiefung hatte, ist das subjektive Erleben und die persönliche Wirkung klar erkennbar. Dieser Umstand läßt sich wahrscheinlich aus der langen Krankengeschichte, den großen Schmerzen und aus der Art der bisherigen Betreuung erklären. Der Betreuung, die das persönliche Erleben, die persönliche Ansprache und Berücksichtigung des Wohlbefindens im eigenen Körper nicht hinreichend berücksichtigt hat. Medizin hatte Vorrang!

Ich bin darüber glücklich, daß die Möglichkeit in der Gruppe genutzt wird, mitzuerleben, sich durch Beobachtung und Zuhören anregen zu lassen und über diesen Prozeß der Teilidentifikation die Perspektive eröffnet zu bekommen: „Das bin ich."

Ich arbeite körperlich weiter, indem ich die Frauen bitte, sich hinzulegen, um dann abwechselnd mit den Füßen zu trampeln, mit den Armen zu schlagen und das Becken ganz langsam hochzuheben. Die Frauen machen bereitwillig mit, spüren ihren Körperausdruck und ihr Erleben durch die heftigen Bewegungen und nehmen sich viel Zeit, ihren Becken-Bauch-Raum wahrzunehmen. Ich gehe zu einigen Frauen und unterstütze vorsichtig, indem ich z.B. den Nacken massiere, die Schultern lockere oder die Stirn glattstreiche. Die Entspannung wird schnell spürbar. Die Frauen scheinen sichtlich erlöst zu sein. In der Ruhepause danach haben die Frauen viel Zeit, ihren eigenen Gedankenassoziationen und ihrem Körpererleben nachzuspüren. Danach bitte ich die Frauen, ihre Arme wie ein kleines Kind in die Luft hochzuheben, um in inneren Kontakt mit einer körperlich ausgedrückten Wunsch- und Sehnsuchtshaltung zu kommen. Ich unterstütze die Frauen, ihre Arme nicht zu den Eltern oder anderen liebenswerten Personen auszustrecken, sondern zu sich selber, zu dem „kleinen Kind von damals". Meine Intention ist, den Frauen die Möglichkeit zu geben, sich in ihrem Körper, wie er sich heute anfühlt und in ihrem körperlichen Erleben als Kind zu erfahren! Ich entscheide mich bewußt dafür, den Beziehungsaspekt zu den Eltern und anderen Personen zurückzuhalten. Wenn bioenergetische Arbeit sich mit dem eigenen Körper, der lebensgeschichtlichen Körperprägung und dem Körperausdruck befaßt, so ist es für die krebserkrankten Frauen besonders wichtig, mit sich und ihrem Körper in Kontakt zu bleiben, statt für andere dazusein.

Ich bemerke bei den Frauen viel Trauer. Manchmal ein zaghaftes Schluchzen. Es ist deutlich, daß kleine körperliche Impulse, Anregungen zum Phantasieerleben und die persönliche Ansprache auf Körperebene von den Frauen sehr emotional aufgegriffen werden. Ich spüre geringe Abwehr in der Gruppe und fühle mich in der Auffassung bekräftigt, daß eine solche Arbeit und das Ermöglichen derart persönlicher körperlicher Erfahrungen unbedingt erforderlich sind.

Anschließend berichten die Frauen über ihre Gefühle, über ihre

Erinnerungen von der Zeit, als sie Kind waren. Ich spüre bei den Frauen Aggressivität, Trauer, Freude, Nachdenklichkeit. Einige Frauen sind derart betroffen, daß die Gefühle von damals wieder erlebbar und für andere sichtbar bzw. nachspürbar werden.

Gegenseitige Ermutigung

Was muß in diesen Frauen passiert sein, daß mit kleiner Unterstützung von mir und durch vorsichtige körperliche Impulse die Tragik ihrer Kindheit und ihrer Gefühle derart schnell spürbar sind und geäußert werden?! Und was heißt dies für die Psychodynamik der Nachbehandlung, wenn die Frauen „randvoll sind" und sich trotzdem innerlich festhalten?! Sie machen sich gewiß gegenseitig Mut, bleiben aber vielleicht gerade *durch* eine medizinisch-technische/rehabilitative Behandlung in bezug auf *diese* Gefühle und ein tiefes Körpererleben vernachlässigt.

Es tauchen viele „Warum-Fragen" auf. Man ist neugierig zu erfahren, warum etwas im Körper passiert, warum das alles so und so ist, warum das mit der Erfahrung von früher zusammenhängt usw. Ich gebe bereitwillig Auskunft, soweit es mir möglich ist. Ich verstehe mich dabei als „pädagogischer Ratgeber". Die Frauen sind wach und ernsthaft im Gespräch. Als eine Frau bei ihrer Berichterstattung zu weinen beginnt, versuchen die anderen ihr Mut zuzusprechen, indem sie auf die schönen Dinge des Lebens hinweisen. Es ist offensichtlich, daß viele andere Frauen sich durch den Gefühlsdruck stark betroffen fühlen. Aber ich vermute, daß das gegenseitige Mutmachen *auch* eine Abwehr gegenüber den eigenen Gefühlen von Trauer darstellt. „Wehe ich muß mir eingestehen, daß es mir genauso geht wie ihr!"

Ich beginne daher wohlwollend und vorsichtig zu bremsen, indem ich an die Berichterstattung der Frau erinnere und damit an die Wirklichkeit der sehr persönlichen, seien sie auch traurig-machenden Erfahrungen in der Kindheit *dieser* Frau.

Hier taucht für mich ein zentrales Problem auf. Wenn ich mit den Frauen pädagogisch arbeite, indem ich ihnen bioenergetische Übungen anbiete, gleichzeitig den Rahmen für ein persönliches Gespräch schaffe, so komme ich nicht umhin, die Situation in der Gruppe, den persönlichen Bezug zur Krankheit und zum medizinischen Behandlungssystem einzuschätzen, zu beurteilen und diesbezüglich Position zu beziehen. Hinzu kommt, daß das Ganze auf dem Hintergrund der Psychodynamik der Krebserkrankung geschieht.

Und gerade hier liegt einer der wichtigsten Gründe, im Beisein dieser Frauen Partei zu ergreifen und körperlich Vorbild zu sein! Es führt an dieser Stelle gewiß zu weit, die Bedeutung des gegenseitigen Mutmachens zu erörtern und den Stellenwert im Gesundungsprozeß näher zu bestimmen. Es ist gewiß immer wichtig, Mut zu machen, und doch kann durch die spezifische Situation und die Entwicklung in der Gruppe eine andere Gewichtung erfolgen. Wenn ich die gegenseitige Ermutigung auf dem Hintergrund der Körpererfahrung in der Gruppe und den persönlichen Berichten einschätze, so wird man nicht umhin kommen, tiefen Gefühlen von Trauer, Wut, Angst und Schrecken Raum zu geben, sie respektvoll im Rahmen der Gruppe wirken zu lassen, ohne daß sie vorschnell unter den Tisch caritativer Behandlung gekehrt werden. Einige der Frauen bekräftigen mich in der Vermutung, daß der medizinische Umgang mit der Krebserkrankung und der entsprechenden Psychodynamik auf eine unterschwellige Angst seitens der behandelnden Personen und Institutionen stößt. Dazu kommt eine tiefe Angst, sich auf den erlebnismäßigen Gehalt persönlich einzulassen. Sich auf das Erleben der Patientinnen einzulassen, hieße dann nämlich auch, sich den eigenen Gefühlen in dieser Hinsicht zu öffnen!

Zögerliches Zupacken bei Unterstützung

Das Gespräch in der Gruppe bekommt eine fruchtbare Tiefung, indem die Frauen von körperlichen Beschwerden berichten. Sie sagen, daß körperliche Schmerzen fast immer mit Gefühlen verbunden sind und auch umgekehrt Gefühle oft mit körperlichen Schmerzen. Den Frauen scheint klar und selbstverständlich zu sein, wie eng körperliche Vorgänge, Schmerz und Gefühl miteinander verbunden sind und in einer wechselseitigen Beziehung stehen. Nur wird das leider in der Betreuung nicht hinreichend aufgegriffen, so daß eine Einflußnahme seitens der Patientinnen möglich wäre. Einflußnahme im Sinne einer Selbstdiagnostik, einer Selbstbeurteilung bezüglich der körperlichen Verfassung und Belastbarkeit und Entscheidung, den Behandlungs- und Rehabilitationsprozeß fruchtbar mitzugestalten. Es ist nicht verwunderlich, daß schnell die Frage auftaucht, was man denn zuhause machen könne, damit die Zukunft glücklicher verlaufe. Die Frauen spüren eine persönliche Nähe in der Gruppe und eine hohe Motivation, sich am Gesundungsprozeß des Körpers zu beteiligen. Und doch beginnt sich durch das unbewußte Erleben in der Gruppe ein spezifisches Spannungsverhältnis zu entwickeln. Die Aspekte der Psychodynamik von Krebserkrankung wirken nachdrücklich, als ich einer Frau vorschlage, ihre persönlichen Möglichkeiten an diesem Gesundungsprozeß zu erforschen, um diesbezügliche Probleme zu finden, und sie dabei zu stützen. Aber wie selbstverständlich greift sie meinen wohlgemeinten Vorschlag nicht auf! Auch wenn ich die geheime Sehnsucht der Frauen durch das persönliche Angebot der Hilfe zur Bewußtmachung und Erfüllung bringen will, „so packen sie einfach nicht zu". Hilfe ja, Unterstützung ja, Mutmachen ja, aber nur nicht bei mir anfangen!

Keine Verpflichtung zu fühlen

Es gibt Überlegungen, dieses Spannungsverhältnis in der praktischen Arbeit zu berücksichtigen und vor allen Dingen die Frauen in der Gruppe dabei zu respektieren. Mein „pädagogisches Selbstbewußtsein" (im Unterschied zum therapeutischen) soll den Frauen den Bezug zum eigenen Selbst ermöglichen, indem der Bezug zum Körper begonnen und in und durch die Gruppe wechselseitig aufgebaut wird. D.h., ich schaffe durch den Übungsrahmen und die bioenergetischen Übungen einen fruchtbaren Boden und ein Angebot, sich durch das Miterleben und die persönliche Betroffenheit „mit Gefühl einzuklinken". Alle machen in der Gruppe die gleichen, bioenergetischen Übungen. Diese sind aber so angelegt, daß keine „Verpflichtung zum Gefühl" besteht. Wohl aber die Möglichkeit der persönlichen Entscheidung, Gefühle zu spüren und, wenn gewünscht, zu äußern und den anderen mitzuteilen. Ich denke, daß ein solcher Gruppenrahmen die Motivation der Frauen fördern kann, sich körperlich für sich selbst zu entscheiden, für ihr persönliches Erleben und ihr Gefühl. In einem nächsten Schritt können sie sich dann entscheiden, was unter den gegenwärtigen Bedingungen in dieser Gruppe hier und jetzt gut für sie ist und wie sie exemplarisch im Geschehen der Gruppe Einfluß auf den eigenen Gesundungsprozeß bekommen lernen.

Der persönliche Ansatz in bezug auf das Körpererleben und die „Öffentlichkeit in der Gruppe" wird immer mehr durch Spannungsfaktoren gefärbt. Sich bewußt im Prozeß des Körpererlebens und am Gesundungsprozeß des Körpers zu beteiligen, mobilisiert unbewußt Unsicherheit, Angst und Vermeidung. Das Engagement hinsichtlich der Übernahme von Verantwortung im Gesundungsprozeß wird gruppal gefördert und persönlich im Erleben Auslöser für die Reaktivierung psychodynamischer Aspekte der Krebserkrankung.

Ich erlebe die Frauen in der Sitzung als sehr mutig, diesem spannungsvollen Geschehen zu begegnen, und frage mich, wie es wohl dem behandelnden medizinischen Personal gehen mag, das mit derartigen unbewußten Gefühlen und dynamischen Faktoren, Erinnerungen, Wünschen und Ängsten der Patientinnen konfrontiert ist. Vielleicht ist aber auch eine medizinische Behandlung gerade ein guter Schutz, sich nicht auf die psychodynamischen und erlebnismäßigen Aspekte der Erkrankung der Frauen einlassen zu müssen.

Träfe dies zu, so würde die Behandlung als wesentlicher Einflußfaktor im Gesundungsprozeß gerade im Gegenteil die Abspaltung des eigenen Körpers unterstützen. Das, was die Frauen zu ihrer Gesundung brauchen, korrespondiert unbewußt mit der krankmachenden Tendenz.

Eine Kontroverse

Das gemeinsame Gespräch abends bei einem Glas Wein ist lebendig und persönlich tiefgehend. Der Arzt und ich sitzen mit einigen Frauen und erörtern die positiven Aspekte der bioenergetischen Arbeit und die „Gefahren" dieser Arbeit in dieser Gruppe. Der Arzt äußert Vorsicht und stellenweise Angst, wenn die

Arbeit zu persönlich, zu tief und aufwühlend wirkt. Er betont, „ich sehe die Gefahr, daß zuviel Persönliches wachgerüttelt wird, die Wunde zu groß ist und die Frauen damit alleine nicht fertigwerden". Ich erinnere mich in diesem Zusammenhang an eine Frau in der Gruppe, die zum Ende der letzten Sitzung durch ihre Erinnerungen an früher stark betroffen wirkte. Ihr Gesicht war bleich. Sie war still, traurig und in sich zurückgezogen.

Ich bin mir unsicher und stelle dies zur Diskussion. Dabei betone ich die wechselnde Grenzziehung zwischen förderlichen Aspekten in der bioenergetischen Arbeit mit den krebsbetroffenen Frauen in dieser Gruppe und möglichen hieraus resultierenden Gefahren. Meine Einschätzung vom Erleben und der Belastbarkeit in dieser Gruppe gibt mir Zuversicht, das Wagnis mit den Frauen auch weiterhin zusammen zu gestalten. Ich bin der Überzeugung, daß auch bei persönlicher Tiefung im Erleben die Frauen mit ihrem Körpererleben, den persönlichen Erinnerungen und dem gemeinsamen Gespräch in der Gruppe klarkommen werden. Es gibt für mich dafür sowohl in der Reaktion in der Gruppe als auch in den körperlichen Signalen mehrere Hinweise:

Die Frauen waren bereit, mitzumachen, mutig, ohne leichtsinnig zu sein, hatten trotz Unsicherheit, Vorsicht, Hemmungen, Scheu keine existenzielle, persönliche Angst. Sie konnten sich lebendig über ihre Erfahrungen in den Übungen austauschen. Ich nutzte die körperliche und verbale Rückmeldung der Frauen, um die Arbeit diagnostisch und graduell hinsichtlich der Belastung so zu gestalten, daß die Arbeit annehmbar und körperlich nachvollziehbar war. Besonders aus meiner Sicht für dieses spannungsvolle Geschehen und auch heute aus der Distanz, während ich die Geschichte dieser Gruppe aufschreibe, bin ich bei der aufgeworfenen Frage nach den Gefahren eher zuversichtlich. Ich habe Vertrauen in die körperliche Kompetenz der Frauen und erschrecke nicht bei ihrem körperlichen und gefühlvollen Erlebensausdruck.

Auf jeden Fall scheint durch die Verunsicherung des Arztes und seine Einwände angezeigt zu sein, das medizinische Pflege- und Behandlungspersonal im Umgang mit diesen persönlichen Gefühlen und innerlich aufwühlenden körperlichen Prozessen bei den Frauen vertraut zu machen. Wie sollen diese Frauen mit derartigen Dingen klarkommen, wenn das Behandlungspersonal unterschwellig Angst spürt und vielleicht mit „klugen", rationalen Argumenten und medizinischen Einschränkungen sich aus einer lebendigen, persönlichen Auseinandersetzung herauszuhalten bemüht ist. Wahrscheinlich ist das aber gerade ein Teil der medizinischen Behandlungspraxis, daß man sich nämlich durch die Einschränkung auf die technische Wirkungsweise und die Apparatemedizin vorsorglich gegen derart verunsichernde, gefühlvolle, tiefgreifende körperliche Momente schützen kann. Es gibt für eine diesbezügliche Meinungsbildung natürlich keine Beweise. Es bleibt den Frauen und Ihnen als Leser überlassen zu beurteilen, inwieweit eine derartige erlebnisreiche Auseinandersetzung der persönlichen Bewältigung der Krankheit und dem Aufbau einer Körperkompetenz und der Ermutigung, am sozialen Geschehen wieder teilzunehmen, förderlich sein wird.

Unliebsames Wiedererleben

Lassen Sie mich noch kurz die Berichterstattung durch die Frau anführen, die ich gerade erwähnt habe. Sie blieb dem Gespräch in der Kneipe fern, weil sie sich seelisch und körperlich an ihre chemo-therapeutische Behandlung erinnert fühlte. Das Wiedererleben führte, wie sie sagte, zu ähnlichen „Kopf-Gefühlen" wie damals während der Behandlung. Wenn also durch einige körperliche Übungen und einige lebensgeschichtliche Erinnerungen derart tiefe Prozesse in Gang gesetzt werden können, so ist anzunehmen, daß diese Frau viel innere Kraft aufbringen muß, um diese Gefühle im Alltag zurückzuhalten. Sie schlummern im Inneren und sind dabei derart latent spürbar und wirksam, daß diese Anstrengungen, verbunden mit körperlichen Verspannungen und einer inneren Verhärtung den Lebensprozeß erheblich einschränken. Auch wenn diese Gefühle nur durch eine tiefergehende psychotherapeutische Arbeit oder lange persönliche Gespräche in der Gruppe integriert werden können, wird man m.E. nicht umhin kommen, in Kontakt mit den Frauen zu treten und mit ihnen körperlich, im Dialog und in der gemeinsamen Öffentlichkeit in der Gruppe das Wagnis zu beginnen und dem inneren Aufbegehren nach Gesundung zu folgen.
Es ist sicherlich erstaunlich und muß daher ernsthaft gewürdigt

werden, wie tief leichte, körperliche, bioenergetische Übungen das Phantasieerleben anregen und die begleitete Erinnerung sich physiologisch auswirken. Wenn man davon ausgeht, daß Krebs eine psychosomatische Erkrankung ist, dann klingt es nur plausibel, diesen Wirkungszusammenhang, diese Wechselwirkungen von körperlichem Erleben, Gefühl, Phantasie, Erinnerung und körperlicher Reaktion/Ausdruck beispielhaft zu erwähnen. Das Besondere in der Bioenergetischen Analyse ist die ständige persönliche und prozeßhafte Einbeziehung des eigenen Körpers. Eine sektoriell und technisch orientierte Behandlung/ Medizin kommt diesem komplexen Umstand natürlich nur in geringer Weise entgegen. (Verbale) Psychotherapie reicht gewiß alleine auch nicht aus.

Wenn sich die Bioenergetische Analyse als Verstehens- und Behandlungskonzept für derartige komplexe Wirkungszusammenhänge anbietet, so ist neben allem Gesagtem für mich das besondere, daß ich als Leiter der Gruppe *immer* körperlich präsent und beteiligt bin. Und das ist auch gerade meine große Chance: nämlich Resonanzboden und lebendige Identifikationsfigur für die Frauen in der Gruppe zu sein!

Wagnis des eigenen Körpers

Ich beginne die erste Sitzung am nächsten Morgen mit einer Übungssequenz im Stehen, indem ich die Kräftigung der Beine, die Atembewegung und die Beweglichkeit der Wirbelsäule miteinander verbinde. Viele Frauen beklagen sich über einen verspannten Nacken. Der untere Rücken tut weh. In der abschließenden Ruhephase im Liegen haben die Frauen Schwierigkeiten, längere Zeit in bestimmten Körperhaltungen zu verweilen.

Wenn Schmerzen spürbar werden, sind die Frauen still. Einige wirken scheu und ängstlich auf mich, ohne daß das Erleben in Worte gefaßt wird. Die Bewegung tut den Frauen offensichtlich gut. Das Einnehmen bestimmter Körperhaltungen, und dies vor allen Dingen im (regressiven) Liegen, verunsichert hingegen. Obwohl ich immer wieder betone, den Schmerz durch die Atmung, die eigene Stimme auszudrücken, und/oder mich in dieser Hinsicht um eine Unterstützung anzusprechen, ziehen die Frauen sich innerlich zurück und werden still! Es bleibt offen und müßte gewiß überprüft werden, worin die physiologischen Auswirkungen einer derartigen Tendenz, sich im stillen Schmerzerleben zurückzuziehen, besteht. Ebenso scheint es mir für das Verständnis der dynamischen Faktoren der Erkrankung angeraten zu sein, den Kreislaufprozeß von Krebserkrankung, stillem Schmerz, physiologischer Auswirkung und Persönlichkeit/Lebensgeschichte der Patientin zu ergründen. Ich denke, es ist schon schwierig genug, „Schmerzen zu beheben", aber noch viel schwieriger in und durch gezielte Schmerzbehandlung die Persönlichkeit der Frauen zu achten und gleichzeitig das „Wagnis des eigenen Körpers" nicht zu scheuen.

Autonome Körperreaktionen

Nach einer längeren Ruhepause und dem gemeinsamen Gespräch schlage ich eine Schmetterlingsübung vor. Die Frauen legen sich auf den Rücken, stützen die Füße auf, so daß die Knie angewinkelt sind, und öffnen die Beine zur Seite und schließen sie wieder. Die Bewegung dauert insgesamt 20—30 Minuten und wird in Zeitlupe ausgeführt. Bei den meisten Frauen beginnen die Beine leicht zu vibrieren. Einige blicken ängstlich und/oder kontrolliert zu den anderen, wie diese wohl die Übung machen würden. Insgesamt wirken die Frauen auf mich betroffen und verunsichert durch das fremde, unerwartete Geschehen im Körper (autonome Körperreaktion). Während ich herumgehe, um vorsichtig zu unterstützen, bemerke ich bei vielen Frauen ein stilles, verhaltenes Weinen. Trotz der Verunsicherung durch das fremde Geschehen im Körper dauert die Übung sehr lange. Die Frauen sind darüber überrascht. Für mich ist es ein Zeichen, daß trotz der tiefen Gefühle, die spürbar geworden sind, die Frauen sich auf den Wahrnehmungs- und Erlebensprozeß während der Übung eingelassen haben. Die Rückmeldungen im anschließenden Gespräch sind sehr persönlich, differenziert, tiefgreifend — und machen Mut:
„Ich mache seit 40 Jahren Gymnastik, aber habe mich noch nie zuvor gespürt wie jetzt."

„Erst jetzt merke ich, daß ich schon immer für mich etwas Gutes mache, aber dabei stets ein schlechtes Gewissen habe."

„Wenn ich mich so spüre, wie jetzt, komme ich mit mir in Zwiespalt."

„Wenn ich mich an früher erinnere und meinen Körper spüre, habe ich ähnliche Verlusterlebnisse wie früher, nur spüre ich sie jetzt bewußt."

„Ich bin traurig, weil ich mich sonst hart mache im Leben, damit die Spannung nicht zuviel nach außen dringt."

„Ich kann mich gar nicht gegen Erinnerungen an mich als Kind früher schützen. Auch wenn ich es nicht will, sie kommen wieder, wenn ich mich öffne."

„Es hat mir einfach gut getan."

Ich bin froh über die Rückkopplungs- und wechselseitigen Verstärkungsprozesse auf der Körperebene in der Gruppe. Statt theoretischer Erläuterungen, persönlicher Erklärungen und Begründungen setzt das rückgekoppelte Erleben im Körper und die Gemeinsamkeit in der Öffentlichkeit in der Gruppe sichernde Stützpfeiler, um sich mehr auf den Körper einzulassen. Und das brauchen die Frauen! Sie haben genug von Ratschlägen, technisch richtigen Behandlungsformen, caritativer Zuwendung usw., denn sie bleiben dabei in ihrer Abhängigkeit. Jetzt aber, während der Übungen in dieser Gruppe, erleben sie die Lebendigkeit ihres Körpers, ihre gefühlsmäßige Beteiligung und vor allen Dingen die Autonomie im Körper. Sie sind betroffen, spüren sich und gewinnen allmählich Zutrauen in körperliche Selbstregulierung.

Die sexuelle Identität der Frauen

In der Pause bitten mich zwei Frauen um ein persönliches Gespräch, um mit mir Erlebnisse aus der Sitzung zuvor besprechen zu können. Ich merke, wie tiefgreifend die Übungen sind, aber auch, wie wach und motiviert die Frauen werden, darüber zu sprechen. Das fremde Erleben im Körper (Zittern, Vibrieren usw.) hat gewiß das Erleben und den Blick für die eigene Situation geschärft, und doch wundere ich mich und freue mich zugleich darüber, wie wirkungsvoll einige wenige bioenergetische Übungen sind. Sie eröffnen nämlich neue körperliche und erlebnismäßige Dimensionen, machen Mut, unterstützen Prozesse der Annäherung und Verbindung in der Gruppe.

Im Anschluß an die Pause werden in der Gruppe mehr und mehr gezielte Wünsche hinsichtlich der Körperarbeit geäußert. Es werden Übungen für den Schulterbereich, für den unteren Rücken und für den Bauch gefordert. Leider ist die Zeit für eine weitere tiefe Arbeit in der Gruppe begrenzt. Und doch sehe ich in dem Ausdruck dieser persönlichen und differenzierten Wünsche eine gute Motivationsgrundlage für eine weitere Übung zur Erfahrung von Selbstregulierung im Körper, zur Ermutigung, zu einer anderen Zeit, an einem anderen Ort, in einer anderen Gruppe weiterzuarbeiten oder sich für sich und die persönlichen Belange im Alltag einzusetzen.

Ich entscheide mich, eine ähnliche Übung wie die Schmetterlingsübung zu machen. Die Frauen legen sich hin und heben in Zeitlupe die Arme vom Boden, bis die Hände sich in der Luft treffen, und lassen die Arme langsam wieder herunter. Ich entscheide mich für diese Übung, um die Erfahrung von autonomen Körperreaktionen zu vertiefen und dem Wunsch nach Bearbeitung des Schulter-Nacken-Bereichs entgegenzukommen. Die Übung dauert ca. 30—40 Minuten. Die Frauen vergessen die Zeit und verweilen wachsam in ihrem Körpererleben. Ich unterstütze die Frauen individuell, damit sie sich auf die Erfahrung und die Gefühle eher einlassen können. Das Zeitlupentempo während der Übung verunsichert die Frauen anfangs. Schließlich sind sie in der Lage, die Zeit zu nutzen, um ihren Körper differenzierter wahrzunehmen, die anderen in der Gruppe über Atmung und Stimme zu erleben und den eigenen Gefühlen Raum zu geben. Viele der Frauen haben Schwierigkeiten, einfach auf dem Rücken liegen zu bleiben. Ihr unterer Rücken beginnt zu schmerzen. Für mich ist es ein Zeichen, um vorsichtig weiterzuarbeiten. Gleichzeitig ein diagnostischer Hinweis auf den Umstand, daß die Frauen ihren Bauch-Becken-Bereich tief unbewußt verspannt halten (zurückgezogenes Becken). Nun ist aber der Bauch-Becken-Raum gerade bei Frauen ein unerschöpfliches Energie-, Kraft- und Gefühlsreservoir. Eine Richtung in der Arbeit mit krebsbetroffenen Frauen muß daher m.E. sein, den Frauen einen erlebnismäßigen Zugang zu diesem Reservoir, zu ihren sexuellen Gefühlen und somit zu ihrer Identität als

Frau zu verhelfen. Ein solches Vorgehen scheint auch gerade dadurch angezeigt zu sein, daß viele Frauen zusätzlich durch die Wechseljahre in eine sexuelle Identitätskrise kommen, die mit massiven, hormonellen Umwälzungen im gesamten Organismus verbunden ist. Es wird deutlich, wie eng die Erkrankung, die Behandlung, die lebensgeschichtliche Entwicklung und die Identität als Frau miteinander verwoben sind.

"... im Körper bewahrt"

Gegen Ende der Übung schlage ich daher den Frauen vor, sich auf die Seite zu rollen, die Beine anzuziehen, so daß die Knie am Oberkörper liegen. Ich gehe herum und massiere den unteren Rücken, um den Prozeß des inneren Loslassens und damit des Spürens des Bauch-Becken-Bereichs zu unterstützen. Gleichzeitig fördert diese Liegeposition die Besinnung nach innen, das Gefühl von Ganzheit und Geschlossenheit und körperlicher Regression. Die Erfahrung und Gefühle in dieser Position bilden den Abschluß des praktischen Teils, indem die Frauen sich *ganzheitlich* spüren, geschlossen liegen und gewissermaßen körperlich/symbolisch die Erfahrungen der letzten zwei Tage bewahren. Ich entscheide mich daher auch, nicht mehr im Detail über die letzte Übung zu sprechen. Wie auch immer die persönliche Erfahrung gewesen sein mag, sie ist auf jeden Fall körperlich bewahrt! Sie wird somit ein Teil des Lebens der Frauen, ohne daß es ihnen durch andere eingeredet wurde oder ohne daß vorschnell psychologisch gedeutet wurde. Sie haben die Erfahrungen am eigenen Leibe gemacht und im Miterleben, im Gespräch mit den anderen Frauen als beachtenswert und belebend empfunden.
Die Stimmung in der Gruppe zum Ende der morgendlichen Sitzung ist lebendig, aktiv, voller Gefühl, gegenseitiger Beteiligung und dem Wunsch, weiterzumachen. Die Rückmeldung zum Ende der Sitzung zeigt, daß:

∗ kleine Impulse in den Übungen große Wirkung im gesamten Organismus zeigen;

∗ gerade bei denen, die zuvor in jedweder Körperarbeit nichts gemerkt hatten, viel passiert ist;

* die Frauen glücklich sind über die gekoppelte Erfahrung im Körper und Gefühlsleben;
* es einen eindeutigen Wunsch gibt, daß das Ganze doch weitergehen und die Wirkung anhalten möge;
* wenn an einem Körperbereich etwas getan wurde, der ganze Körper mitreagierte, so daß an anderer Stelle eine lösende Wirkung spürbar wurde;
* viele Frauen merkten, wie die Wahrnehmung von Körpersensationen oft mit dem Gefühl von Angst verbunden war, sobald sich eine Verbindung zwischen körperlichen und gefühlsmäßigen Bereichen/Erinnerungen abzuzeichnen begann;
* die bioenergetische Körperarbeit die Achtung des eigenen Körpers in den Mittelpunkt rückt, das Zutrauen in autonome Körperreaktionen fördert und die Frauen wach, entscheidungsfreudig und handlungsbereit macht;
* das Geschehen in der Gruppe der betroffenen Frauen und die gemeinsame Öffentlichkeit des Erlebens Mut macht, sich auf eine neue Art mit der medizinischen, technischen usw. Behandlung auseinanderzusetzen.

Den Körper neu gestalten

Das Seminar wird beendet durch ein Informationsgespräch. Die Art der Fragen und Bemerkungen zeigten mir, daß die Frauen ihren Körper, autonome Körperreaktionen, Schmerzen, differenzierter erfahren und lockern möchten, daß sie gleichzeitig ahnen, wie nachhaltig das verbundene Erleben von Körper, Gefühl und Erinnerung sich auf die Besserung der Befindlichkeit und die Stärkung des Selbstbewußtseins auswirken kann. Ich ermutige die Übungsleiterinnen der Klinik, entsprechend den bioenergetischen Leitlinien und aufbauend auf der Erfahrung in diesem Seminar und den körperlichen und verbalen Rückmeldungen seitens der Frauen, in den Übungsstunden spielerisch „den Körper neu zu gestalten". (Körpererfahrung, Beweglichkeit, Beachtung der Körpersignale, spielerischer Umgang auf körperlicher Ebene mit Problemen des Alltags und der Erkrankung, Beziehungsthemen in der Gruppe, Fragen durch die Frauen usw.)

Ein zentrales Problem, das wahrscheinlich nicht nur für die Gruppe mit diesen Frauen typisch ist, wird zum Schluß noch einmal eingehender dargestellt: Wann ist der bekömmliche Grenzbereich während der Übungen und der gefühlsmäßigen Erinnerung in der Arbeit erreicht, und wie ist die Auswirkung in und durch die unterschwelligen Prozesse in der Gruppe?

Die bioenergetische Körpererfahrung hat die Frauen mit Gefühlen von Angst, erinnerungsmäßigen und gefühlsmäßigen Bewegtsein, Schmerzen usw. konfrontiert. Die Erfahrung „Ich bin mein Körper" scheint dabei mit dem Gefühl von stillem Alleinsein verbunden zu sein. Und hier scheint mir ein zentrales Problem in der Arbeit mit krebskranken Frauen zu liegen. Vielleicht auch mit vielen anderen Kranken, nämlich der Umgang mit dem stillen Schrei des körperlichen Schmerzes und dem Alleinsein in der Krankheit und in einer „fremdbestimmten" medizinischen Behandlung und einem ängstlichen Helfersystem!

Die bioenergetische Erfahrung zeigt, daß, wann immer ich mit Menschen arbeite, ich an den Wirkungszusammenhang von Bewegtsein, Angst, Erinnerung, Schmerz, Körperarbeit und Lebendigkeit stoßen werde. Es ist daher auf keinen Fall günstig, die Übungen alleine zuhause zu machen. Ferner ist es bestimmt gut, die Frauen immer wieder „in Bewegung zu bringen", d.h. nicht nur statische und mechanische Übungen machen zu lassen. Schließlich ist es auf jeden Fall wichtig, über die Erfahrung zu sprechen, die Frauen zu ermutigen, sich körperlich und verbal mitzuteilen. Die gemeinsame Erfahrung in der Gruppe ermöglicht die Wechselbeziehung von Individualität der Erfahrung und des Miteinanders mit anderen Menschen. Bioenergetische Übungen und der Respekt durch den Übungsleiter bzw. Trainer sind also unumgängliche Voraussetzungen, um die Körperkompetenz der Frauen zu entwickeln, so daß sie sich bewußt und nach außen hin auch wirksam abgrenzen lernen und zu unterscheiden lernen zwischen Verantwortung für andere und für sich. Die Erfahrung der Dynamik im Körper, der körperinneren Kreislaufprozesse und der autonomen Körperreaktionen setzt Gefühle von Lebendigkeit und Vertrauen in eigenständige Prozesse in Gang.

Die Erfahrung „ich darf mich spüren und an mich denken" stellt dabei ein Durchgangsziel auf dem Weg zur Reintegration der Frauen dar. Sie wirkt als Kontrapunkt zur langjährigen Patientenerfahrung und den damit verbundenen Gefühlen von Minderwertigkeit und Abhängigkeit. Dieses wurde durch die Brustamputation gewiß wesentlich verstärkt und leider „objektiviert"!

Der Bezug zum Körper und der Aufbau des Selbstvertrauens sind notwendige Voraussetzungen zur Wiedereingliederung in die Familie, die Selbsthilfegruppe usw. Die Reise nach innen (bioenergetische Erfahrung) stellt dabei nicht einen Rückzug dar, sondern dient der Rückbesinnung auf die Realität des Körpers, der Stärkung des Zutrauens in körpereigene Prozesse und somit der Förderung der Körperkompetenz der Frauen. Diese Körperarbeit, verbunden mit dem Erleben entsprechender Gefühle und Erinnerungen, führt zum Miterleben in der Gruppe, zum Austausch der Erfahrungen und Gefühle und zur gemeinsamen fruchtbaren Anregung.

Die Förderung der Körperkompetenz in der Gruppe und die Stärkung des Selbstvertrauens der Frauen und die Motivation, sich am Leben zu beteiligen, stellen mithin notwendige Voraussetzungen in der Rehabilitation dar. Zudeckende Verfahren wie Yoga, Atemtherapie, autogenes Training usw. bleiben auf dem Wege der Erfahrung nach innen stecken. Sie versuchen, den Körper zu entspannen und zu beruhigen. Gleichzeitig vernachlässigen sie nach außen gerichtete Lebensimpulse und die aktive Auseinandersetzung, Beteiligung in der Gruppe. Diese Verfahren sind darüber hinaus nur unter Anleitung wirksam, bzw. wenn sie ständig im Alltag geübt werden.

Gesundheitstrainings, Gesundheitsprogramme sind breiter angelegt, bergen jedoch die Gefahr der Versorgung durch ein „Komplettangebot". Die Verbindung von Selbsterfahrung, Üben, Verstehen, Wissen und Rollenspielen geht bestimmt tiefer als bei den zudeckenden Verfahren. Körpereigene Impulse werden gewiß wachgerüttelt, ohne jedoch im einzelnen in ihrer Auswirkung erlebt, verfolgt und verstanden zu werden. Erst wenn die körpereigenen Impulse wachgerüttelt, bewußt erlebt und verstanden werden, können sie aktiv in der Lebensgestaltung und der Motivation, sich wieder am Leben zu beteiligen, weiterentwickelt werden. Hier stehen wir vor dem Problem, das sich in vielen Bereichen zur Zeit auftut. Man weiß um die komplexe vernetzte Wirkung im Organismus, ohne sich hinreichend im praktischen Umgang mit Kreislaufprozessen und systemeigener

Steuerung im Körper, im menschlichen Organismus vertraut gemacht zu haben.
Verlieren Sie also nicht den Mut!

Literaturliste

Einige ausgewählte Literatur, auf die ich mich besonders gestützt habe:

Lowen, A., Bioenergetik, Reinbek 1988.
Ders., Bioenergetik für jeden, Gauting 1979.
Ders., Der Wille zu leben und der Wunsch zu sterben, aus: Bioenergetische Analyse, Essen 1984.
Simonton, O.C., Wieder gesund werden, Reinbek 1982.
Sollmann, U., Bioenergetische Analyse, Essen 1984.
Ders., Bioenergetik in der Praxis, Reinbek 1988.
Ders., „Wenn Leben wieder erwacht...", in: Themenzentrierte Interaktion 4 (1990), Heft 1, S. 95ff.

Das Lehren und Lernen der Themenzentrierten Interaktion (TZI) vollzieht sich in autorisierter Form in WILL-Organisationen. WILL steht für Werkstattinstitut für Lebendiges Lernen (in der ursprünglichen englischen Fassung Workshop Institutes for Living Learning).

Zur Zeit gibt es 13 regionale WILL-Organisationen in den Ländern:

Belgien	Luxemburg
Bundesrepublik Deutschland	Niederlande
England	Österreich
Frankreich	Schweiz
Israel	USA
Italien	

Organisatorisch haben sie sich zusammengeschlossen in WILL-International.

WILL-Kurse fördern die Bildung von Gruppen entsprechend der Eigenart des einzelnen/der einzelnen, ihrer Kreativität und Kooperationsmöglichkeiten durch Methoden des Lebendigen-Miteinander-Lernens.

WILL bietet an:

1. Ausbildung im Gruppenleiten mit Themenzentrierter Interaktion für Teilnehmer mit und ohne Grundberufe
2. Fortbildung in berufsspezifischem Gruppenleiten auf der Basis von Grundberufen
3. Kurse zur Erweiterung des Studienbereichs durch Kennenlernen anderer Gruppenmodelle und verschiedener Randgebiete
4. Themenzentrierte Interaktionelle Kurse für Interessenten ohne Ausbildungsabsichten zum TZI-Gruppenleiten
5. Projekt- und Studiengruppen

Informationen sind anzufordern bei regionalen WILL-Organisationen oder bei der Geschäftsstelle, c/o Thomas Becher, Schöngrundweg 11, CH-4144 Arlesheim/Schweiz.

Von dort können auch weitere Hinweise auf die Themenzentrierte Interaktion bezogen werden.